La Faculté n'entend donner aucune approbation ni improbation aux théories émises dans les thèses : ces opinions doivent être considérées comme propres à leurs auteurs.

UNIVERSITÉ DE PARIS. — FACULTÉ DE DROIT

Le Traité d'Utrecht et les Lois fondamentales du Royaume

THÈSE POUR LE DOCTORAT

Présentée et soutenue le Mardi 26 Mai 1914, à 3 heures

PAR

SIXTE DE BOURBON

Président : M. CHENON

Assesseurs : MM. PILLET, PAUL FOURNIER — professeurs

PARIS
LIBRAIRIE ANCIENNE HONORÉ CHAMPION
ÉDOUARD CHAMPION
5, QUAI MALAQUAIS
1914

UNIVERSITÉ DE PARIS. — FACULTÉ DE DROIT

Le Traité d'Utrecht et les Lois fondamentales du Royaume

THÈSE POUR LE DOCTORAT

Présentée et soutenue le Mardi 26 Mai 1914, à 3 heures

PAR

SIXTE DE BOURBON

Président : M. CHENON

Assesseurs { MM. PILLET, PAUL FOURNIER } professeurs

PARIS
LIBRAIRIE ANCIENNE HONORÉ CHAMPION
EDOUARD CHAMPION
5, QUAI MALAQUAIS
1914

THÈSE POUR LE DOCTORAT

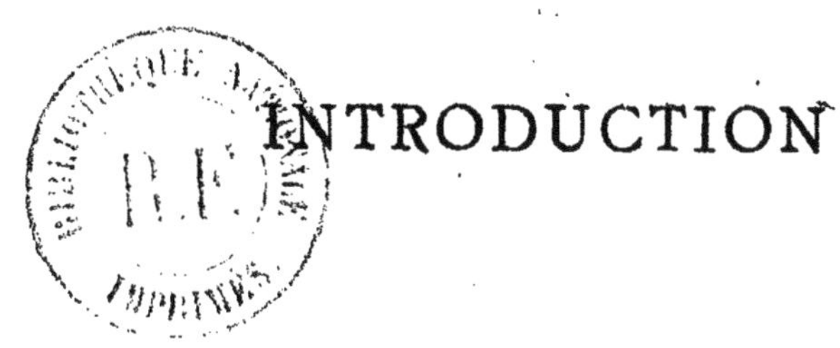

INTRODUCTION

C'est un fait qui s'impose avec évidence à l'histoire que la formation de l'unité française a été l'œuvre des rois capétiens; en réalité, il n'y eut jamais de royauté plus nationale. Contrairement à d'autres souverainetés occidentales, elle est issue de la nation même. Elle se laisse plutôt constituer par la nation qu'elle ne s'impose extérieurement à elle. Quoi qu'elle achève, quoi qu'elle commande, elle ne poursuit jamais ni ne peut poursuivre une ambition privée; elle n'est pas à proprement parler, ni ne peut être une puissance personnelle. L'intérêt général la possède et l'inspire. Elle n'existe que pour le servir ou le diriger(1). Mais si « l'unité de la France est l'œuvre de la dynastie capétienne »(2), à quoi celle-ci dut-elle la puissance de sa discipline et sa

(1) AUGUSTE LONGNON, *De la formation de l'unité française*, Champion, 1904; LOUIS MADELIN, *La formation de l'âme française, le rêve des Capétiens*, conférences du Foyer, 1913, 1re conférence; FUNCK-BRENTANO, *Le Roi*, Paris, 1912.

(2) LONGNON, *op. cit.*, p. 11.

propre unité, si ce n'est à son principe même, qui, la plaçant d'abord au-dessus d'elle-même par la raison divine de son origine(1), la rattachait ensuite si étroitement à la nation qu'ainsi dépouillée deux fois de sa raison d'être personnelle, elle se trouvait toute orientée, toute réduite, toute identifiée à son unique fonction de promouvoir et de sauvegarder le bien commun? Elle était tout par ce service et n'était rien sans lui; mais elle puisait dans cette dépendance même la condition primordiale de tout pouvoir parfait, c'est-à-dire la plus indépendante souveraineté, la seule qui pût maintenir et accroître, au dedans les libertés, au dehors les conquêtes de la nation. Par là aussi, elle était rendue intangible et quasi sacrée, d'abord dans la personne du roi, ensuite dans les membres de cette Maison de France où résidait cette souveraineté; et ceux-ci appartenaient, aussi bien que le roi, d'une façon si étroite à la nation que rien ne pouvait les en séparer, hormis la trahison d'eux-mêmes contre eux-mêmes(2). Ils pouvaient partir pour de lointains pays, conquérir d'autres royaumes, faire fleurir sous d'autres cieux l'éclatante beauté des lys, mais rois de Naples, de Hongrie, de Pologne, d'Espagne, ni les Angevins, ni les Valois, ni les Bourbons n'abdiquaient jamais le droit, ni n'avaient le moyen d'abdiquer leur qualité de princes français. Ils étaient « Fils de France », « Princes aux fleurs de lys », toujours « originaires », « régnicoles ».

(1) Luchaire, *Histoire des institutions monarchiques de la France*, t. I, pp. 40 et suivantes.

(2) Gerson, *Le livre de la vie spirituelle de l'âme*, leçon II; Edit de Charles VII condamnant Jean, duc d'Alençon.

Selon l'admirable mot de Jeanne d'Arc, ils restaient « Sang de France! »

Qui n'aperçoit le miracle d'une semblable royauté, dont la pierre angulaire n'est pas dans la personne du roi, mais dans *l'ordre même de sa nation et de sa famille?* Mais qui ne voit aussi que cette royauté, jaillissant tout entière de son principe et de sa coutume fondamentale, était condamnée, du jour où ce principe et cette coutume seraient battus en brèche, à se dissoudre et à s'écrouler? Et ç'a été le destin pathétique du plus puissant roi de France de porter la main sur cet édifice. Le traité de 1713 fut le fatal accomplissement et la première admission, involontaire, il est vrai, et moins réelle qu'apparente, mais néfaste encore, d'une erreur dont il faut chercher la cause et l'origine dans la substitution du pouvoir personnel à celui de la coutume fondamentale.

Le pouvoir personnel ne peut reposer que sur le génie du souverain ou sur celui des ministres choisis par lui pour collaborer aux desseins de sa volonté. Ce pouvoir personnel naît et grandit par suite de circonstances : souvent un intérêt momentané des peuples l'exige ou l'excuse. Si le prince réalise avec succès cet intérêt, sa royauté triomphe, le génie et la gloire du roi grandissent sous l'acclamation du peuple, mais cette royauté décline avec le prestige de la personne qui l'incarne, et si quelques-unes des œuvres de sa volonté royale se sont accomplies hors des lois, et à plus forte raison contre les lois qui sont la source et le soutien même de sa royauté, ces œuvres, aussitôt le souverain disparu, sont destinées au néant. « Nous pouvons tout ce que nous voulons tant que nous sommes, disait Louis XIV mourant; après nous, nous pouvons moins que les particuliers » (1).

Nul souverain n'a réalisé cette royauté personnelle avec plus de magnificence et de majesté que Louis XIV, mais « cette autorité dont il était idolâtre, à la déification de laquelle il avait employé tout son règne » (2), lui avait dérobé les limites hors desquelles il n'avait pu établir des réalités permanentes. Aveuglé de sa toute-puissance, vit-il jusqu'à l'évidence l'essentielle immoralité du traité de 1713, qui fut en vérité la violation la plus flagrante de la souveraineté interne d'un pays, et qui outrepassait, contre tout droit possible, les extrêmes exigences des vainqueurs et les extrêmes abandons des vaincus? Toujours est-il qu'au lendemain même de sa mort, l'inévitable logique des faits en fit surgir les funestes conséquences.

« Il y eut, pendant la minorité de Louis XV, une question de la succession de France qui occupa la politique, la gouverna et la troubla... » (3). C'est la poli-

(1) « Le lendemain 27 [août 1714], la reine d'Angleterre vint de Chaillot, ou elle étoit presque toujours, chez Madame de Maintenon. Le Roi l'y fut trouver. Dès qu'il l'aperçut : « Madame », lui dit-il en homme plein et fâché, « j'ai fait mon testament; on m'a tourmenté pour « le faire »; passant lors les yeux sur Madame de Maintenon : « j'ai acheté « mon repos. J'en connois l'impuissance et l'inutilité; nous pouvons « tout ce que nous voulons tant que nous sommes; après nous, nous « pouvons moins que les particuliers... » (SAINT-SIMON, *Mémoires*, éd. Boislisle, t. XXV, p. 20.

(2) SAINT-SIMON, *ibid.*, t. XXIII, p. 145.

(3) A. SOREL, *Comptes rendus de l'Académie des Sciences morales*, Nouvelle série, t. XXXVIII, 1892, cité par E. BOURGEOIS, *Le secret du Régent*, Préface.

tique de la France devenue vassale de celle de l'Angleterre, cette politique du Régent et de Dubois que les historiens ont dû défendre avant de l'exalter et qui, même jugée favorablement, n'en a pas moins été la ruine de la grande politique de Louis XIV. C'est la triple alliance de 1717; « c'est la quadruple alliance qui se conclut avec l'Autriche, en 1718, contre l'Espagne, reconstituant la ligue que Louis XIV se vantait d'avoir rompue et y plaçant la France encadrée de ses ennemis héréditaires(1) ».

Mais ce n'est pas seulement la longue suite de la politique extérieure de la France qui est rompue : dès lors la coutume fondamentale de sa royauté est aussi et à chaque instant mise en jeu. Parce qu'il faut sauvegarder à un prince ou à des princes la succession éventuelle au trône de France, on verra, même aux heures décisives où se discutera le maintien de l'ancienne royauté, la Maison de France troublée dans sa séculaire hiérarchie, divisée et dressée contre elle-même.

Quoi qu'il en soit, en dépit des graves changements politiques qu'i traversera notre pays, ses assemblées, ses hommes d'État, ses juristes et ses historiens auront su du moins maintenir, défendre et illustrer le principe historique revendiqué toujours par les fils aînés des Capétiens. La qualité d' « originaires » et de « Français » que leur réserva une tradition ininterrompue, ces princes ne pourraient l'abandonner sans forfaiture ou sans inconscience. Comme les anciens emportaient leurs dieux dans l'exil ou durant une course lointaine, les

(1) Albert Sorel, *loc. cit.*

princes français, fidèles à leur patrie et à leur histoire, ont gardé jalousement la loi et le statut de leur race. Que l'étranger tour à tour le leur reproche ou le leur refuse, que quelques Français le leur disputent, il importe peu : il suffit que la France ne les ait pas démentis.

Première Partie

L'HÉRITAGE ESPAGNOL

FACULTÉ DE DROIT
DE
PARIS
BIBLIOTHÈQUE

Première Partie

L'HÉRITAGE ESPAGNOL

L'avènement de la maison de Bourbon en Espagne est, dans l'histoire, un des derniers grands exemples de ces transplantations de races si fréquentes depuis le haut moyen âge et parmi lesquelles la maison capétienne, la plus prolifique de toutes les maisons royales, s'est tout particulièrement signalée. Héritages, élection, mariages et le plus souvent conquêtes firent briller les fleurs de lis en Portugal, Hongrie, Pologne, Terre Sainte, Italie, et jusqu'à Durazzo d'Albanie... Mais le plus grand de tous les « héritages conquis » par la maison de saint Louis fut celui du trône d'Espagne.

Cette victoire française semble même si extraordinaire que l'on tâche le plus souvent de l'expliquer par l'action diplomatique et machiavélique de Louis XIV, comme par le résultat ou la conséquence de cette action, c'est-à-dire par l'acte de puissance souveraine arraché à Charles II expirant qui, sans appel, aurait remis son peuple dans les mains du roi de France. On se plaît, en effet, à juger des plus embrouillées la question des droits de Philippe V et avant lui du Dauphin. L'acte de puissance souveraine, sorte de glaive tranchant le nœud gordien des lois, apparaît comme l'explication commode : la plupart des « historiens » et « juristes » y ont recours, faute souvent d'avoir su découvrir et critiquer les textes essentiels.

Les droits de Philippe V s'établissent cependant de la façon la plus claire. Les lois nationales appellent au trône le parent le plus proche du dernier roi; celui-ci confirme par acte testamentaire cette loi; le prince cadet au profit duquel ses aînés, appelés au trône de France ont renoncé, monte sur le trône d'Espagne : rien n'est plus simple en droit. Mais cette simplicité n'est pas le fait de certains auteurs : il leur faut, en la circonstance, un « acte de puissance royale » pour pouvoir, treize ans plus tard, invoquer, comme également décisif, un autre acte de puissance royale et aboutir ainsi aux résultats politiques auxquels ils veulent aboutir.

***

Nous suivrons strictement la filière historique pour examiner pas à pas les actes qui touchent à cette question. Seule, en effet, la suite chronologique des événements peut donner une image véritablement sincère du temps et des faits. Nous débuterons donc par étudier le premier acte d'union entre les maisons de France et d'Espagne.

CHAPITRE PREMIER

LE MARIAGE D'ANNE D'AUTRICHE

Aux derniers siècles de la monarchie, l'histoire de France est l'histoire de la lutte opiniâtre entre les deux maisons rivales de Bourbon et de Habsburg. Arrivée à l'apogée de sa puissance avec Charles-Quint, la maison de Habsburg tenait la France encerclée : la France ne cessa de lutter pour briser ce cercle. Depuis François Ier, rois et ministres, — Henri II, Henri IV, Louis XIII, Richelieu, Mazarin, — n'eurent qu'un but : abaisser la maison d'Autriche. Mais cet abaissement pouvait se poursuivre au Nord, à l'Est et au Sud-Ouest de la France. Lors donc que, du côté allemand, la politique de Richelieu et de Mazarin, par son action dans les Pays-Bas et auprès des princes rhénans, eut réussi à établir la suprématie de la France, ce fut vers l'Espagne que la lutte entre l'Autriche et la France devait se porter. Là, s'affaissait graduellement la branche autrichienne régnante, qui d'ailleurs ruinait le pays et donnait à la lutte dynastique avec la France un caractère contraire aux intérêts économiques et politiques de la péninsule : par leur position géographique, la France et l'Espagne étaient faites pour se protéger et se compléter l'une l'autre ; une communauté de race, de religion et d'intérêts les rapprochaient. Sous un prince de la maison d'Autriche, l'Espagne sentait la tutelle allemande : un Bourbon, au contraire, pouvait apporter à ce pays, avec l'appui de la France, l'indépendance souhaitée.

Cette œuvre de libération française et espagnole, entreprise déjà, inaugurée par Mazarin, fut accomplie par Louis XIV, après avoir été son long espoir et son long souci.

La paix de Vervins (1598) avait laissé deux adversaires aigris. Mais la mort de Philippe II et le couteau de Ravaillac mirent en présence Philippe III et Marie de Médicis, régente de France, qui ménagèrent une entente sur la base de deux mariages : celui de Louis XIII avec Anne d'Autriche et celui de l'infant Philippe (plus tard Philippe IV) avec Élisabeth de France (1615). Affaire de famille encore plutôt qu'affaire d'État, ces unions préparaient cependant le terrain sur lequel devait s'établir la politique française en Espagne. C'est pourquoi, malgré l'existence d'un fils (l'infant Philippe), le roi d'Espagne exigea de sa fille des renonciations. Prévoyait-il que sa famille, déjà affaiblie, s'éteindrait un jour? entendait-il simplement faire acte de jalousie hautaine en face de la maison de France? Quoi qu'il en soit, son exigence trahissait la crainte d'un souverain régnant sur un pays où les filles, à défaut de mâles, pouvaient succéder.

On fixa les clauses de cette renonciation dans le contrat de mariage (1). Une affection et une tendresse profondes y étaient proclamées bien haut; mais, ajoutait le contrat, « pour empescher que lesdits royaumes ne

(1) Voir l'acte dans le *Corps universel diplomatique*, de Dumont, t. V, 2e partie.

s'unissent et prévenir les occasions par lesquelles ils pourroient s'unir », il était convenu que jamais ni l'infante ni ses enfants « ou leurs descendants, à quelque degré qu'ils se trouvent, ne pourraient succéder aux Royaumes, États et Seigneuries qui appartiennent à Sa Majesté Catholique ». C'est donc la crainte seule de voir un jour unie sur une même tête les couronnes de France et d'Espagne, qui dicte alors ces lignes solennelles et précises. Ce sont les princes issus du présent mariage qui sont exclus en tant qu'héritiers directs et non en tant que princes français (1). Ainsi, nous touchons dès maintenant à l'axe autour duquel tourneront tous les conflits futurs : la réunion des deux couronnes. L'idée d'un équilibre européen s'oppose à une telle réunion. Et cette idée de l'équilibre s'est enracinée en Europe avec les débuts des grandes nations homogènes. L'action des diplomates remplace désormais l'action plutôt familiale des rapports entre souverains, l'esprit féodal des luttes individuelles entre seigneurs fait place aux larges conceptions de la politique européenne.

Anne d'Autriche confirma de nouveau ces renonciations. Arrivé à sa majorité, Louis XIII les souscrivit encore. En Espagne elles devinrent loi d'État le 3 juin 1619.

(1) Cf. Giraud, *Le Traité d'Utrecht*, p. 19.

CHAPITRE II

LE MARIAGE DE LOUIS XIV ET DE MARIE-THÉRÈSE D'AUTRICHE

§ 1. — *Mariage et Contrat.*

Le mariage de Louis XIII n'avait été qu'un premier pas rapprochant la maison de Bourbon du trône d'Espagne. Mazarin eut le génie de poursuivre la marche. Il est le lointain encore, mais le véritable artisan de l'avènement de la maison de France en Espagne.

De son mariage avec Élisabeth de France, Philippe IV eut deux enfants : l'infant Balthazar (1) et l'infante Marie-Thérèse. Mais, devenu veuf, il se remaria à la fille de l'empereur Ferdinand III, Marie-Anne d'Autriche, dont il eut l'infante Marie-Marguerite-Thérèse, — mariée par la suite à l'empereur Léopold — et, en 1661, l'infant Charles (futur Charles II).

Or, la frêle santé de cet enfant laissait présager un prompt changement de dynastie. Et le mariage de Louis XIV avec Marie-Thérèse, née du premier lit, avait

(1) Mort en 1646 sans postérité.

mis du côté de la maison de France toutes les chances d'hériter du trône d'Espagne. De même que Jeanne la Folle avait apporté cette couronne au Habsburg Philippe le Bel, Marie-Thérèse l'apporterait aux Bourbons. La loi salique, en effet, n'existait pas en Espagne : c'était même par les femmes que non seulement l'héritage de Ferdinand d'Aragon et d'Isabelle de Castille, mais aussi celui de Charles le Téméraire — à l'exception du duché de Bourgogne — était passé aux Habsburg.

Philippe IV, qui n'avait pu s'opposer au mariage de Marie-Thérèse avec Louis XIV, avait résolu du moins, pour la gloire du nom de Habsburg, de marier sa seconde fille à un membre de sa maison et de la faire héritière éventuelle de ses couronnes. En prévision de tout cet avenir, il avait fallu, dès 1660, faire renoncer l'infante Marie-Thérèse à tous ses droits, et c'est cette prétention qui avait rendu fort laborieuses les négociations du mariage.

L'Espagne, en effet, posa comme *condition première* les renonciations de l'infante : à quoi Mazarin et de Lionne s'opposèrent vivement et formellement. S'ils finirent par céder, ce fut après avoir acquis la certitude que les renonciations étaient nulles. Et tout d'abord, de Lionne fit insérer la déclaration que « la validité de la renonciation à la couronne était subordonnée à l'exactitude des payements de la dot » (1).

A vrai dire, le plénipotentiaire espagnol Don Luis de Haro, juriste autant que diplomate, ne se faisait aucune illusion sur la valeur des renonciations : c'était pour lui une simple formalité destinée à résoudre les difficultés

(1) MIGNET, *Négociations relatives à la succession d'Espagne sous Louis XIV*, Paris, 1835, t. I, pp. 45 et suiv. — Voir aussi à ce sujet : *Hugues de Lionne, Ses ambassades en Espagne et en Allemagne, La paix des Pyrénées, d'après sa correspondance*, par J. VALFREY, Paris, 1881.

dû moment. Ces renonciations exigées comme condition *sine qua non* par le roi et le parti autrichien, le temps et la suite des événements les annihileraient. « Il représentait... que si la couronne d'Espagne était assez malheureuse » pour manquer d'infants, « il n'y aurait aucun sujet de leur monarchie, et les Espagnols plus que les autres, qui, nonobstant toutes les renonciations qu'on pouvait exiger de l'infante, ne la regardât après cela comme la seule véritable reine, qui ne se déclarât en faveur de son droit et ne se soumît plus volontiers à son obéissance qu'à celle de tout autre, par ce, disait-il, qu'outre l'amour et le respect qu'on a pour sa personne, un simple article de traité ne peut pas détruire les maximes fondamentales d'une monarchie, ni rompre le lien indissoluble que les lois d'Espagne ont depuis tant de siècles établi entre les rois et leurs sujets sur le fait de la succession des filles à défaut des mâles,... que l'effet n'en pouvait être empêché... par une renonciation informe, invalide et nulle de toute nullité » (1).

D'autre part, ni Mazarin, ni Louis XIV ne doutèrent un moment de l'inefficacité des renonciations (2). Elles furent donc exigées et acceptées comme un véritable « expédient ».

L'acte de mariage faisant partie intégrante du traité des Pyrénées fut enregistré le 27 juillet 1660 par le Parlement de Paris. Les parlements de Rouen, Grenoble, Rennes, Montpellier, Aix, Pau, Dijon, Metz et Toulouse l'enregistrèrent successivement. La Cour des Aides ainsi que la Chambre des Comptes firent de même.

(1) *Narration de la Négociation du Mariage de la Reyne*, pièce écrite tout entière de la main de M. de Lionne. L'original se trouve aux Archives des Affaires étrangères, correspondance d'Espagne, t. XXXIX, f°s 305-309; elle a été reproduite dans le *Recueil des Instructions données aux ambassadeurs et ministres de France*, t. XI, pp. 139-147. — Cf. aussi MIGNET, *op. cit.*, t. I, pp. 43-44.

(2) *Ibid.*

Mais, le premier terme de la dot échu et non payé, Louis XIV se dispensa de la seconde renonciation prévue par le contrat.

Aubusson de la Feuillade (1), archevêque d'Embrun, fut même envoyé en ambassade à Madrid pour y réclamer une première fois la dot et proposer d'annuler les renonciations (juin 1661). Or, dès les jours qui suivirent son arrivée, l'ambassadeur put recueillir la certitude qu'on les tenait en Espagne pour non valides; que « c'était plutôt un style de contrat qu'une obligation qui portât aucun effet » (2). Quant aux dépêches de Louis XIV à son ambassadeur, elles exposent avec une vigueur et une précision juridique remarquables les droits que, du chef de sa femme, il avait sur le trône d'Espagne et ne laissent pas de prévoir et de résoudre les objections qui devaient résulter du mariage inévitable de l'empereur Léopold avec l'infante Marie-Marguerite-Thérèse. Les négociations préliminaires pour la reconnaissance de la nullité des renonciations n'aboutirent point; mais, fait observer Mignet qui les résume, « elles ne furent ni sans signification ni sans portée : Louis XIV affaiblit la valeur intrinsèque de la renonciation de la reine sa femme à la succession espagnole; il exprima hautement l'opinion de sa nullité; il fit plus, il en demanda la révocation, et, s'il ne l'obtint point, il força la Cour d'Espagne à en admettre la justice et à en entrevoir la possibilité. Don Luis de Haro avait regardé l'acte de renonciation comme devant être inefficace; le duc de Medina de las Torres convint

(1) Georges d'Aubusson de la Feuillade, né en 1609, mort le 12 mai 1697. — Les instructions données lors de son départ pour Madrid, ainsi que diverses autres pièces importantes, se trouvent au t. XI du *Recueil des Instructions données aux ambassadeurs et ministres de France*, Paris, 1894.

(2) Paroles de D. Christoval Angelati, secrétaire de D. Luis de Haro, à l'archevêque d'Embrun, Mignet, *op. cit.*, t. I, p. 73.

qu'il était nul » (1). « Louis XIV qui regardait un contrat particulier comme ne pouvant pas déroger à une loi fondamentale, réputait cet acte nul en lui-même ; mais il se fortifia encore davantage dans l'opinion de son invalidité en voyant la Cour de Madrid le violer de son côté » (2).

La dot ne fut jamais payée, et Louis XIV se garda bien d'insister pour le paiement. La perspective d'un agrandissement de la France lui tenait infiniment plus au cœur que les 500000 écus d'or sol.

§ 2. — *Contestation publique des renonciations. — Traité des droits de la Reyne.*

La mort de Philippe IV, survenue en 1665, posa derechef le problème et suscita des querelles aiguës. Le roi de France n'hésita plus à rendre publique sa pensée. Ambitieux et impatient, Louis XIV devait, en effet, trouver dans cette affaire d'Espagne de quoi occuper son désir de gloire et d'agrandissement de la France. « Cependant, dit fort judicieusement Giraud, il faut reconnaître que si l'on a pu reprocher à Louis XIV l'ambition de réunir les deux monarchies, ses désirs ont été singulièrement provoqués par la négociation même du mariage et par les circonstances qui l'entourèrent » (3).

Donc, en 1667, une déclaration parut, éditée à Paris sans nom d'auteur et intitulée : *Traité des droits de la Reyne très chrétienne sur divers États de la monarchie d'Espagne.* C'était un véritable manifeste-programme écrit sout l'inspiration directe de Louis XIV (4).

(1) MIGNET, *op. cit.*, pp. 43-44.

(2) *Ibid.*, pp. 157-158.

(3) *Le Traité d'Utrecht*, pp. 22-23.

(4) D'après le P. Le Long *(Bibliothèque historique de la France)*, ce manifeste aurait eu pour auteur Antoine Bilain, avocat au Parlement, et

On y soutient les droits de la reine sur les Pays-Bas tout d'abord, puis sur tous les domaines de la couronne d'Espagne. Le fait du non-paiement de la dot y est exposé amplement : or le paiement de la dot était la contre-partie essentielle des renonciations. Mais tel n'est pas le point saillant de cet écrit. Toute la force des arguments porte sur l'invalidité d'un contrat, même enregistré en toutes formes, qui empiète sur le terrain intangible des lois fondamentales. Le point de vue royal y est exposé en paroles sincères et éloquentes.

Voici quelques extraits de ce document capital :

P. 168. — Le nœud qui attache la postérité Royale au Sceptre et qui luy impose une obligation comme naturelle de le recevoir chacun à son rang dans l'ordre de la succession du Prince, est un lien si fort et si serré, que nul de ceux qui viennent à naître de ce rang ne peut s'en tirer de sa propre autorité ny s'exempter par luy-même d'obéir aux ordres de la Patrie, qui l'appellent aux fonctions du Gouvernement et de la Royauté...

P. 169. — La raison est, que la Loy fondamentale de l'État, ayant formé une liaison réciproque et éternelle entre le Prince et ses descendants, d'une part, et les Sujets et leurs descendants, de l'autre, par une espèce de Contrat qui destine le Souverain à régner, et les Peuples à obéir, nulle des parties ne peut seule, et quand il luy plaît, se délivrer d'un engagement si solennel, dans lequel ils se sont donnés les uns aux autres pour s'entr'aider mutuellement : l'autorité de régner n'étant pas moins une servitude en sa manière que la nécessité d'obéir en est une; puisqu'il est constant que ceux qui naissent d'une condition privée ne sont pas plus obligés par leur naissance à servir l'État et à obéir, que les Princes du Sang Royal le sont par la leur

Amable de Bourzeïs, abbé de Saint-Martin de Cores, membre de l'Académie française, aurait eu la principale part aux recherches. Mais, en l'envoyant à l'archevêque d'Embrun, de Lionne revendique l'honneur d'y avoir consacré plus de douze jours de travail. Le roi envoya le manifeste à toutes les cours d'Europe, y compris celle d'Espagne. L'ambassadeur fut chargé de le répandre le plus possible en Espagne. — Cf. aussi *Mémoires et instructions pour servir dans les négociations et affaires concernant les droits du roi de France*, Amsterdam, 1665, ouvrage attribué à Denis Godefroy.

à commander et à régner chacun à leur rang. De sorte que comme ils ne sont entrez dans cette union et dans cette alliance de Prince et Sujets, que par la voye d'un consentement mutuel, il est certain qu'ils n'en peuvent sortir que par la même voye d'un commun consentement...

P. 173. — Car si un Prince a le pouvoir de faire renoncer ses Enfants aux droits du Sceptre, et de les en exclure en faveur même des étrangers de la Famille, comme on a fait en cette occasion, il sera donc vrai de conclure qu'il a droit d'avancer ou reculer leur rang à la Royauté sans garder l'ordre de la naissance, ou de partager entre eux le Royaume à sa volonté, puisque c'est bien davantage de le faire entièrement sortir de sa Maison par la voye d'une renonciation, que le conférer dans sa Famille à son choix, ou de le diviser entre ses enfants selon ses affections. Mais passant encore plus en avant il sera vrai de dire sur ce même principe que le Prince pourra faire renoncer les mâles aussi bien que les femelles au droit de régner, n'y ayant point d'autre différence en Espagne entre les sexes, pour ce qui concerne la succession au Trône, sinon qu'en égalité de degrez les mâles y sont appellez avant les filles; la distinction n'étant que dans le rang et non pas dans le droit. Cependant l'Espagne a-t-elle une maxime plus inviolable que celle qui se trouve consacrée dans son histoire par tant de fameux exemples, qui apprennent que les Enfants du Souverain ne viennent pas à la Couronne par un droit qu'ils tiennent de luy, mais par un sacré Fidéicommis de la Loy de l'État, qui les appelle nécessairement après leur Père à la Royauté; qui par une chaîne infinie et perpétuelle substituant toujours le vif au mort produit elle seule tout le titre et tout le droit de succession des Sceptres indépendamment de la volonté du défunt?..

P. 181. — Aussi voit-on que tout se rallie pour combattre ces sortes de renonciations. La Nature ne les peut souffrir, car les Royaumes ne venant point au plus proche par hérédité mais par droit du Sang, nul n'y peut renoncer par quelque Acte que ce soit, parce que les droits du Sang sont des droits de la Nature inséparables de la personne, inaliénables et incessibles par renonciation ou par quelque autre voye que ce puisse être. La Justice y résiste aussi, d'autant que la succession aux Royaumes est un droit tout public, qui regarde particulièrement l'intérest des Sujets; Dieu n'ayant pas donné les Couronnes aux Roys pour l'amour d'eux-mêmes, mais bien pour le gouvernement et la conduite des peuples qui ne peuvent pas se passer d'un Chef.

On ne saurait trouver un exposé plus noble des obligations réciproques entre roi et nation, une figure plus juste des devoirs royaux, une précision plus exacte dans l'exposé des lois fondamentales auxquelles tout souverain est soumis. Louis XIV y apparaît bien différent du roi que l'on veut souvent nous montrer, ne tenant nul compte du droit des autres et prétendant s'emparer de l'Espagne comme d'une proie, uniquement par la force et la violence.

§ 3. — *Les guerres de dévolution : le droit de dévolution.*

La légitimité de son droit établie, Louis XIV était incapable, il est vrai, d'hésiter à réaliser les conquêtes.

C'est ce qui eut lieu dans l'affaire des provinces « dévolues », dont Marie-Thérèse, seule survivante, depuis la mort de l'infant Balthazar, des enfants du premier mariage de Philippe IV, était, de ce fait, seule héritière. Louis XIV s'empressa de les revendiquer, et dut les conquérir. Ce fut la première des guerres dites de dévolution. Mais d'autres suivirent. Les campagnes se terminèrent par les traités de paix d'Aix-la-Chapelle, de Nimègue et de Ryswick.

La question du droit de dévolution mérite quelque attention, car c'est en l'invoquant que Louis XIV, passant du domaine juridique aux faits, prendra pour la première fois possession d'une partie des terres espagnoles.

Le roi de France envisageait les terres relevant de la couronne d'Espagne à un point de vue double. Il distinguait celles où seule l'extinction des mâles pouvait ouvrir la question de la succession, — ces terres formant, d'ailleurs, la majeure partie de la monarchie, — et celles, composées de quelques provinces des Pays-Bas, où une loi particulière, dite loi de dévolution, réglait la succession. Quant aux premières, il n'hésita jamais à affirmer l'invalidité des renonciations de Marie-Thérèse et à prétendre aux droits qui, pour sa maison, découlaient de cette invalidité. Quant aux secondes, il partait d'un principe établi dans ces provinces pour les réunir immédiatement à la couronne de France. Ainsi faisait-il acte de politique éminemment nationale, poursuivant ici la politique de ses prédécesseurs et s'efforçant comme eux de reculer le plus possible les frontières de l'État.

L'argument sur lequel il se fondait donna lieu à de longues controverses. « C'est une coutume établie dans quelques provinces des Pays-Bas, particulièrement dans le Brabant, qu'en faveur des premières noces, les biens immeubles du père et de la mère sont affectés aux enfants du premier lit ; en sorte que, lorsqu'il arrive la dissolution du premier mariage, ils héritent, par droit de succession, des biens de celui qui est décédé, et ceux du survivant leur sont *dévolus* et tellement assurés, qu'une fille du premier lit est préférée pour ces biens dévolus à des garçons du second lit (1). Cela présupposé, il est constant que toutes les seigneuries du Pays-Bas, où cette coutume a lieu et que le roi Philippe IV possédait, lorsque la reine Élisabeth, sa première femme, mourut, furent dévolues à don Balthazar, son fils, et, après la mort de ce prince, à l'infante Marie-Thérèse, qui resta seule du premier lit. C'était donc un droit déjà acquis à l'infante par la mort de son frère don Balthazar, lorsqu'elle fut mariée au roi, auquel par conséquent elle n'avait pu renoncer étant mineure et qui n'était point compris dans la renonciation

(1) Ajoutons que le conjoint survivant restait de ce fait simple usufruitier, et que les enfants en devenaient les nu-propriétaires.

qu'elle fit à la succession de son père et de sa mère (1). » Les adversaires objectèrent que non seulement les droits de Marie-Thérèse aux provinces dites de dévolution étaient annulées par sa renonciation à toute espèce de droit successif, mais qu'il était impossible d'admettre que le sort des provinces se réglât d'après des coutumes dérivées du droit civil à l'encontre des lois fondamentales des Pays-Bas. C'est alors que Louis XIV riposta par le *Traité des droits de la Reyne.* Il spécifiait les droits de Marie-Thérèse, droits résultant du fait qu'étant héritière de plein droit lors de sa minorité, sa renonciation sur ce point était nulle, et de cet autre fait que la dot, contrepartie essentielle, était toujours restée impayée. Répondant enfin aux arguments espagnols tirés du testament de Philippe IV, par lequel le roi excluait Marie-Thérèse « de tout droit et espérance de succéder à tous ses royaumes, états et seigneuries », la France objectait que, suivant la loi de dévolution, Philippe IV était, dès la mort de sa première femme, réduit à la situation de simple usufruitier, que partant il ne pouvait en tant qu'usufruitier deshériter la nu propriétaire, en l'espèce sa fille Marie-Thérèse (2).

(1) VAST, *Les grands traités du règne de Louis XIV*, t. II, p. 3. Il cite ici les mots de Saint-Priest.— Cf. sur la question : MIGNET, *op. cit.*, t. I, 2e partie, section I, pp. 159 et suiv.; VIOLLET, *Le Roi et ses ministres*, Paris, 1912, pp. 20 et suiv.; VIOLLET, *Histoire du droit civil français*, 3e éd., § 843, p. 901.

(2) La coutume du droit de dévolution n'est point inconnue en France. Non seulement nous trouvons des coutumes presque identiques au XVIe siècle à Orléans et Lorris-Montargis, et jusqu'à la fin de l'ancien régime dans le Nord-Est de la France, mais le célèbre « Édit des secondes noces », rendu en 1560 sous François II, envisage des cas analogues, afin de soustraire les enfants d'un premier lit aux fâcheux effets qu'une libéralité excessive du conjoint veuf envers son second conjoint pourrait entraîner. C'est encore du même principe que s'est inspiré le Code civil à l'art. 1098 lorsqu'il n'autorise les dons faits au nouvel époux par le conjoint veuf et ayant des enfants d'un autre lit que lorsqu'ils ne dépasseront pas une part d'enfant légitime le moins prenant, et sans que, dans aucun cas, ces donations puissent excéder le quart des biens.

Quelles étaient, d'ailleurs, les seigneuries précises des Pays-Bas où cette coutume était admise? Il nous semble que nous pouvons dire avec M. Legrelle que, « le droit [général] de dévolution que Louis XIV attribuait à sa femme Marie-Thérèse ne reposait pas sur un fondement assez solide pour le mettre à l'abri de la controverse et du doute. La réserve en faveur des enfants issus du premier mariage, sur laquelle il fondait son argumentation, existait bien en effet, et probablement de temps immémorial, dans une fort grande partie des Pays-Bas. [Mais] on pouvait discuter sur le plus ou moins de la région où cette coutume s'était perpétuée et avait pris force de loi. [Toutefois], pour le Brabant, la seigneurie de Malines, le comté de Namur, le fait paraissait certain » (1).

Aussi bien, cette succession espagnole devait-elle faire naître d'éternels litiges. Les traités de partage se succédèrent. On vit également les diplomates des grandes puissances s'agiter sans trêve à Madrid, où la Cour même se divisait en deux fractions : « les Autrichiens » et les « Français », tandis que l'infortuné Charles II, déjà vieillard à l'âge de 39 ans, assistait égrotant et impuissant aux âpres luttes soulevées par son héritage éventuel.

(1) LEGRELLE, *La diplomatie française et la succession d'Espagne*, t. I, p. 72. — Les livres et opuscules sur la question de la dévolution abondent. La *Bibliothèque historique de la France* du P. LELONG en cite environ 40.

CHAPITRE III

LE TESTAMENT DE CHARLES II

Le testament du roi était le point de mire de tous les efforts. Non que le roi eût le pouvoir, par sa seule volonté, de désigner son successeur, mais l'effet moral de cet acte serait considérable en faveur de celui qui serait désigné.

L'empereur se souciait peu de la loi de succession d'Espagne. Il s'inquiétait surtout du successeur. Pour parer à de grandes surprises, la diplomatie de Louis XIV se montra d'une habileté consommée, gagnant les hommes les plus influents à la Cour de Charles II, les Villafranca, les Medina Sidonia, le cardinal de Portocarrero, dès lors amis aussi dévoués à la France qu'ils étaient ardents patriotes. C'était presque la victoire assurée. Au sortir des entretiens entre Français et Espagnols, il apparaissait à ceux-ci que l'Espagne sous un roi Bourbon devenait libre et qu'unie enfin d'une amitié, non seulement naturelle, mais politique, à sa grande voisine, elle sortait du rang de puissance quasi-vassale de l'Empire et devenait un royaume réellement indépendant.

D'ailleurs, parmi les puissances attentives à la lutte, une conception, nouvelle dans sa précision, se faisait jour. Le traité de 1700 la révèle en proclamant un principe :

ce ne sont plus les familles de Habsburg et de Bourbon qui se considèrent mutuellement comme exclues, c'est l'union des deux couronnes qui est prohibée. Désormais, invariablement, on reviendra sur ce point. « La souveraineté d'Espagne et des Indes ne pourra jamais appartenir à un prince qui serait en même temps Empereur ou Roi des Romains, roi de France ou Dauphin » (1). Et, en effet, ce n'est plus pour eux-mêmes, c'est pour deux princes cadets, le duc d'Anjou et l'archiduc Charles que le roi de France et l'empereur font valoir leurs droits à Madrid.

Tourmenté de doutes, irrésolu, désespéré et sentant sa fin prochaine, Charles II s'adressa au pape. Le duc d'Uzeda fut envoyé à Rome avec une lettre du roi datée du 13 juin 1700 (2). Le pape prit conseil des cardinaux Spada, Albani et Spinola-San Cesareo (3).

La question à résoudre avait l'avantage d'être précise : en Espagne les fils héritent par ordre de primogéniture ; à défaut de fils, ce sont les filles par ordre d'aînesse, avec représentation de fils et de filles de la même façon ; à défaut de fils et de filles on remonte aux frères,

(1) Dumont, *Corps universel diplomatique*, t. VII, p. 477.

(2) Texte aux Pièces justificatives. Voir Hippeau, *l'Avènement des Bourbons au trône d'Espagne*, Paris, 1875, t. II, p. 229.

(3) Torcy, *Mémoires*, La Haye, 1756, t. I, p. 140. — Il existe deux autres éditions des *Mémoires* de Torcy : celle d'Amsterdam, 1756, et celle de Londres, 1788. M. Frédéric Masson en a retrouvé une manuscrite à Londres portant le titre : *Relation des causes de la guerre commencée en l'année 1701 et de la paix signée à Utrecht en l'année 1713*. Elle fait suite au *Journal de Torcy*, publié par M. Masson. Enfin, aux Archives des Affaires étrangères, le volume « France 430 » contient la copie du texte original par le duc de Saint-Simon. Elle est intitulée : « *Relation des causes de la guerre commencée en l'année 1701 et de la paix signée à Utrecht en 1713*, par M. de Torcy, alors ministre et secrétaire d'État ayant le département des Affaires étrangères ». C'est de ce manuscrit que parle Saint-Simon dans ses *Mémoires*, t. XXIII, p. 122, éd. Boislisle. — Nous avons fait rechercher dans les Archives du Vatican des textes à ce sujet. Malheureusement, il a été impossible d'y retrouver aucun texte plus explicite.

puis aux sœurs du père, du grand-père et ainsi de suite. Donc, l'infant Balthazar et Charles II morts, le droit passait à Marie-Thérèse et à ses descendants. Si la renonciation avait de l'effet, le droit passait à la branche de Marie-Marguerite-Thérèse épouse de l'empereur Léopold. La clause que les puissances regardaient comme condition *sine qua non*, c'est-à-dire celle de la non-réunion des deux couronnes, tombait par le fait de la présence de l'archiduc Charles et du duc d'Anjou. Restaient donc seules les renonciations de Marie-Thérèse.

L'avis unanime du conseil du roi avait été que les renonciations, acte contraire à la loi fondamentale dite de *las siete Partidas* (1), étaient nulles de plein droit. Les cardinaux, après étude attentive des pièces que Charles II leur avait fait parvenir par son ambassade, furent du même avis. Par lettre en date du 6 juillet 1700, Innocent XII conseilla donc à Charles II de désigner, après renonciation des princes ses aînés, et conformément au droit, pour son successeur le duc d'Anjou (2).

Que sont donc devenus tous les serments d'Anne et de Marie-Thérèse, serments solennels jurés sur les Évangiles pour elles, « leurs enfants et descendants de leur mariage »? Dans le serment de Marie-Thérèse se trouve cette phrase piquante : « Je ne demanderai point dispense de ce serment à N. S. P. le Pape », et [pour le cas où on voudrait l'y forcer] « je ne m'en prévaudrai point ». Marie-Thérèse, sans doute, était morte en 1683; mais si jamais héritier a pu renoncer à ses droits pour lui

(1) Loi coutumière datant du xe siècle, consignée par le roi Alphonse le Sage dans son livre : *Las siete Partidas*, vers 1260; elle devint loi positive par acte royal du roi Alphonse XI en 1338. — Reconfirmée en 1505 par les Cortès à Toro, elle le fut à nouveau par Philippe IV dans sa *Nueva recopilacion de las leyes de Castilla*, en 1640.

(2) Texte aux Pièces justificatives. Voir Hippeau, t. II, pp. 233-235.

et ses descendants, on conviendra qu'il est difficile de trouver une renonciation plus précise, plus étendue, plus absolue. Serment sans base, serment nul : *le Pape ne crut même pas nécessaire d'y faire allusion dans sa lettre.*

La reine de France, cependant, avait pu voir sa renonciation sanctionnée par le roi d'Espagne, son père, et par Louis XIV, son mari. La ratification du contrat de mariage par ce dernier est même d'une netteté pareille. Comme dans les renonciations des infantes, les textes y sont d'une précision qui semblerait exclure toute possibilité de révocation : « Nous, de l'advis de la Reyne, nostre tres honorée Dame et Mère, de Nostre très cher et amé Frère unique le duc d'Anjou, plusieurs Princes, Ducs, Pairs et officiers de Nostre Couronne, et autres grands et notables personnages de nostre Conseil : Après Nous estre fait lire de mot à autre ledit Traitté, avons iceluy, en tous et chacuns ses Points et Articles agréé, approuvé et ratifié, agréons, approuvons et ratifions par ces presentes signées de Nostre main : promettant en bonne foy et parole de Roy, de l'accomplir, faire, garder et entretenir inviolablement, sans jamais aller, ny venir au contraire directement ny indirectement en quelque sorte ou manière que ce soit, dérogeant à cette fin, comme nous dérogeons à toutes Loix, Coustumes et dispositions contraires. Car tel est nostre plaisir. En tesmoin de quoy, nous avons fait mettre nostre Scel à cesdites Présentes : Donné à Thoulouze, le 24e jour de Novembre, l'an de grâce 1659, et de nostre Règne le 17e. Signé : Louis. Et plus bas, Par le Roy. De Loménie » (1).

(1) *Traité de Paix entre les couronnes de France et d'Espagne : avec le contract de Mariage du Roy Tres-chrestien et de la Sérénissime Infante Fille aisnée du Roy catholique. Le 7 novembre 1659. Avec l'explication de l'art. XLII du susdit*

Le 2 octobre, Charles II signe son testament. Et « le 1er novembre à 3 heures de l'après-midi se terminèrent cette vie qui avait appartenu tout entière à la souffrance, et ce règne dont le seul événement considérable avait été le choix d'un successeur » (1).

En vertu de la loi constitutionnelle d'Espagne, en dépit de tous les efforts faits par les puissances pour en éloigner la France, Louis XIV héritait pour ses enfants des couronnes du roi catholique (2).

Ainsi, le luxe des précautions dont la maison d'Autriche avait entouré les renonciations forcées des infantes tombait devant le droit.

Jamais l'Espagne ne contesta ce droit (3). Il est même

Traité concernant le Roussillon : Du 31 may 1660. Leüs, publiez et enregistrez en Parlement, Chambre des Comptes et Cour des Aides ès mois de juillet et d'aoust ensuivans, à Paris, par les imprimeurs et libraires du Roy, MDCLX, avec privilège de Sa Majesté. — Un exemplaire se trouve aux Archives Nationales, Monuments historiques, IX, Négociations, Espagne, Carton coté K. 1332, pièce n° 9.

(1) TOPIN, *L'Europe et les Bourbons sous Louis XIV*, 3e édit., 1879, p. 171.

(2) Notons une fois de plus les idées de Louis XIV à ce sujet. Ayant appris deux ans plus tôt que, par testament, Charles II léguait sa couronne au Prince Électoral de Bavière, le roi de France fit faire la protestation suivante par son ambassadeur : « Protestation de M. le Marquis d'Harcourt, Ambassadeur de France à Madrid, le 17 janvier 1699 au Roy d'Espagne touchant son dernier testament par lequel Sa Majesté catholique déclare le Prince Électoral de Bavière son héritier ». Après d'autres considérations, l'ambassadeur dit : « Dans ce cas, Sire, auquel le Roy mon Maître ne pouvoit s'attendre, par l'entière confiance qu'il prenoit à la parole Royale de Votre Majesté, Il croiroit manquer à cette amitié, de laquelle Votre Majesté a reçu tant de marques de Sa part, dans la conclusion de la Paix ; et ce qu'il doit à la conservation du repos de l'Europe, et *enfin au maintien du droit, que les loix et coustumes inviolables de la Monarchie establissent en faveur de Monseigneur le Dauphin, Son fils unique...* » (Archives Nationales, Monuments historiques, IX, Négociations, Espagne, K. 1332, pièce 21, Copie traduite de l'espagnol).

(3) En 1712, Bonnac envoie à Louis XIV un traité en espagnol sur le droit de succession à la couronne en Espagne. A propos de Marie-Thérèse, il y est dit : « Les filles aînées, par le manque de mâles fils du dernier possesseur, sont appelées à la succession en vertu du degré plus prochain de

curieux de rappeler qu'en 1789 les évêques d'Espagne, et à leur tête l'archevêque de Tolède, revinrent, à l'occasion d'un avis sur la Pragmatique de 1713, sur cette question des renonciations, nulles à leurs yeux : « A cette époque (1700), l'avis des meilleurs théologiens et des plus savants jurisconsultes fut que les droits de l'infante et de ses descendants restaient dans toute leur force sans avoir été le moins du monde altérés par les traités de capitulation et de renonciation » (1).

parenté, à l'exclusion des mâles d'un degré plus éloigné... Il s'ensuit de ce principe infaillible que les Rois, ny par eux-mêmes, ny avec le consentement ou approbation de leurs sujets, ne peuvent déroger à ces loix fondamentales ; que la règle et la forme de la succession ne peut point être changée, que le Prince régnant ne peut aliéner, céder ou renoncer en tout ou en partie à ses royaumes et domaines au préjudice de son successeur légitime, à qui, de droit propre, appartient la succession aux Royaumes ». — Archives des Affaires étrangères, Espagne, t. 213, f°s 29-47, Texte espagnol et français.

Pendant les négociations d'Utrecht, on proposa à Philippe V de faire faire une renonciation en sa faveur par la maison d'Autriche. Philippe V écrit à ce sujet à son grand-père Louis XIV : « Il faut qu'on n'ait pas bien entendu ma pensée sur le point de la renonciation de l'Archiduc et de sa maison à la couronne d'Espagne, puisque mon droit à cette couronne préférablement à celui de l'Archiduc est si clair, qu'on ne peut pas seulement s'imaginer que je puisse prétendre la renonciation de ce prince dont je n'ai nullement besoin par rapport à mes intérêts et à ceux de mes descendants ». (Lettre du 7 octobre 1712, Archives des Affaires étrangères, Espagne, t. 216, f°s 10-13.)

Seule, l'Angleterre envisage dès lors la situation d'un point de vue tout particulier. En 1698, Torcy et Pomponne proposèrent au comte de Portland d'envoyer le duc d'Anjou en Espagne dès l'âge de quinze ans, ou à son défaut le duc de Berry, pour les y faire élever à l'espagnole et éviter ainsi toute éventualité d'une réunion des deux couronnes, l'éducation espagnole des jeunes princes pouvant corroborer l'effet de renonciations éventuelles. Mais Portland répondit que : « If renunciations were of any value the Dauphin and his posterity were excluded from the spanish succession, and if renunciations were of no value it was idle to offer England and Holland a renunciation as a guarantee against a great danger ». (Lord Macaulay, *The history of England from the accession of James the Segond*, Tauchnitz, 1861.)

(1) Lettre datée de Madrid, 7 octobre 1789, citée par Zöpfl, *Die spanische Successionsfrage*, Heidelberg, 1839, et dans l'ouvrage : *Droits des Bourbons d'Espagne*, Paris, 1840.

Le testament de Charles II n'est donc point la source des droits de la maison de Bourbon sur le trône d'Espagne. Que Louis XIV acceptât ou non ce testament, qu'il en observât les clauses ou non, son attitude ne changeait rien au droit. En fait, les convenances politiques dictèrent seules certains ménagements au roi (1). En vertu de la loi fondamentale, dite des Partidas, qui fixait qu'à défaut de mâles les filles hériteraient, Philippe V, après le désistement de son père et de son frère aîné, appelés au trône de France, monta de plein droit sur le trône de Ferdinand le Catholique. Si tant de guerres et tant de malheurs suivirent ce grand événement, c'est uniquement parce que la dernière partie de la grande lutte entre

(1) M. Baudrillart dit, en parlant du testament de Charles II (t. I, p. 45) : « Par son testament, acte de sa pleine puissance royale, il avait virtuellement aboli la renonciation de Marie-Thérèse, acte de pleine puissance royale de Philippe IV. » C'est attribuer au roi un droit absolu, en contradiction avec l'opinion des juristes ou hommes d'État du temps, avec les propos des ministres à l'archevêque d'Embrun, avec la lettre du Pape, la lettre des évêques, les idées exprimées dans le *Traité des droits de la Reine.* C'est enfin méconnaître les propres termes du testament de Charles II, voulant qu'à sa mort, « le duc d'Anjou s'appelât et fût appelé, *comme il serait en effet, Roi de tous ces royaumes et états, nonobstant toutes renonciations et actes faits au contraire, comme dépourvus de raison et de fondement* ».

Voici les paroles mêmes du testament de Charles II :

« 13. Y reconociendo, conforme a diversas consultas de Ministros de Estado, y justicia, que la razon, en que se funda la renuncia de las Señoras Doña Anna, y Doña Maria Theresa Reynas de Francia, mi tia y hermana, a la subcesion de estos Reynos, fue evitar el perjuycio de unirse a la Corona de Francia, y, reconociendo que, viniendo a cesar este motivo fundamental, subsiste el derecho de la subcesion en el pariente mas immediato, conforme a las leyes de estos Reynos, y que oy se verifica este casso en el hijo segundo del Delphin de Francia, por tanto, arreglandome a dichas leyes, declaro ser mi subcesor... el Duque de Anjou...

« 14 .. y quiero que, luego que Dios me llevare de esta presente vida, el dicho Duque de Anjou se llame y sea Rey, como ipso facto lo sera de todos ellos, no obstante qualesquiera renuncias y actos, que se hayan hecho en contrario, por carecer de justas razones y fundamentos. »

L'original du testament se trouve aux Archives nationales, K. 1684. — Une copie aux Archives des Affaires étrangères, Espagne, t. 85, f°s 219-265.

Bourbons et Habsburg devait fatalement se jouer sur le sort des possessions espagnoles. Le droit traditionnel était parfaitement clair (1).

(1) Voici comment Mably traite cette question : « L'empereur Léopold fondoit ses droits à la succession de Charles II sur la renonciation de Marie-Thérèse d'Autriche, ratifiée par le traité des Pyrénées et confirmée par le testament de Philippe IV. Mais jamais titre fut-il établi sur des fondemens moins solides? L'objet qu'on s'étoit proposé dans la renonciation dont je parle, c'étoit de prévenir l'union des couronnes de France et d'Espagne ; et pour s'en convaincre il ne faut que lire cet acte même et le dix-septième article du testament de Philippe IV. Dès que ce motif cessoit, l'ordre naturel et légitime de succession, comme le reconnoît Charles II dans le treizième article de son testament ne pouvoit être changé; et par une conséquence nécessaire, le Duc d'Anjou étoit appellé au Trône d'Espagne ». (*Le droit public en Europe*, 2 vol., Amsterdam, 1748, t. II, p. 11.)

CHAPITRE IV

L'ACCEPTATION DU TESTAMENT DE CHARLES II

PHILIPPE V PREND POSSESSION DU TRÔNE D'ESPAGNE

§ 1. — *Acceptation du testament de Charles II.*

Neuf jours après la mort de Charles II, Louis XIV connaissait le texte du testament du roi d'Espagne (1). C'était une victoire diplomatique de premier ordre : néanmoins, le roi n'en laissa rien paraître.

Après avoir travaillé de longues années pour arriver à ce résultat, Louis XIV hésitait : il se trouvait en ce moment dans la nécessité de prendre une des plus graves décisions de son règne. Il consulta donc ses ministres, sa famille, le Dauphin, Torcy, Beauvilliers, Pontchartrain, probablement même Mme de Maintenon (2). Pendant que les appels arrivaient pressants d'Espagne, Louis XIV se renfermait, gagnait du temps, travaillait sans relâche.

Allait-il s'en tenir à l'acte de partage de 1700 conclu

(1) La date du mardi 9 novembre semble bien être exacte, contrairement à celles du 7 ou du 8. Saint-Simon et Dangeau corroborent les assertions du *Mercure*.

(2) Point de litige entre les *Mémoires* de Torcy et ceux de Saint-Simon.

avec l'Angleterre et la Hollande et qui attribuait au Dauphin les Deux-Siciles, les ports de la Toscane, la Lorraine, le Guipuzcoa, laissant les autres territoires de la couronne d'Espagne à l'Archiduc Charles? ou bien allait-il accepter pour son petit-fils l'héritage entier de la couronne de Charles II?

Les avis de ses conseillers se partagèrent. Le Dauphin soutint avec force ses droits au trône d'Espagne, pour lui et ses enfants; Torcy (1) proposa l'acceptation du testament; le duc de Beauvilliers se prononça pour le traité de partage; enfin, le chancelier de Pontchartrain, résumant les inconvénients des diverses solutions proposées, s'en remit au roi (2). Or il était déjà facile à celui-ci de

(1) Le rôle de Torcy dans les affaires de la succession d'Espagne est trop important pour que nous ne disions pas quelques mots de ce ministre. — Jean-Baptiste Colbert, marquis de Torcy, fils de Charles Colbert de Croissy, frère du grand ministre de Louis XIV, naquit à Paris le 14 septembre 1665. Après qu'il eut conquis sa licence en droit, son père, secrétaire d'État aux Affaires étrangères, le fit entrer dans la carrière diplomatique. Dans un premier voyage, il se rend au Portugal (1684), puis en Espagne où il apprend à connaître la cour expirante des Habsburg. Ensuite, il est envoyé en mission auprès du roi de Danemark, et après avoir vu le Nord, il passe par l'Allemagne et Vienne et séjourne à Rome. Il devait y retourner pour le conclave qui suivit la mort d'Innocent XI (1689), ayant entre temps fait un court voyage en Angleterre. Dès lors, il commence à remplir les fonctions de son père. En 1699, il devient secrétaire d'État aux Affaires étrangères. Dans cette charge il eut maintes occasions de prouver sa fidélité, son attachement sincère à Louis XIV dans tous les moments critiques de la guerre de Succession d'Espagne. Un tel homme ne pouvait convenir au Régent. Il tomba peu à peu en disgrâce et cessa définitivement toute fonction en 1723. Il se retira dans son château de Sablé. Il était très heureux en ménage : sa femme, épouse parfaite, fille du ministre Pomponne, adoucit les tristesses de sa retraite. Avant de mourir, le 2 septembre 1746, il devait assister à la ruine de tout l'édifice politique de Louis XIV, auquel il avait donné ce qu'il avait de meilleur. « Dans la suite des ministres des Affaires étrangères de France, dit M. Masson dans sa belle Introduction au *Journal Inédit du Marquis de Torcy*, Torcy est le plus grand parce qu'il est, sans contradiction possible, le plus honnête » (p. LII).

(2) Torcy, *Mémoires*, t. I, pp. 150-158; Saint-Simon, *Mémoires*, éd. Boislisle, t. VII, pp. 294 et suiv

prévoir que le duc de Savoie aurait un jeu ambigu, et nul n'ignorait que l'empereur avait toujours refusé de souscrire au traité de partage...

Louis XIV se persuada donc que c'était le parti de la paix qu'il embrassait en acceptant le testament de Charles II.

Rien n'est plus clair à ce sujet que les notes diplomatiques échangées en ce grand moment. « Charles II, dit Torcy dans son mémoire à Lord Manchester, avait eu égard à la tranquillité de l'Europe, au bien de ses États, aux droits des légitimes héritiers. Elle (la paix) est assurée lorsque Sa Majesté accepte le testament. Les deux monarchies de France et d'Espagne demeurent séparées comme elles l'ont été depuis tant d'années. Cette balance égale, désirée de toute l'Europe, subsiste bien mieux que si la France s'agrandissait par l'acquisition des frontières de l'Espagne, par celle de la Lorraine, par celle enfin des royaumes de Naples et de Sicile (1). » De même, Louis XIV, s'adressant à l'ambassadeur de la Sérénissime République de Venise, lui dit qu'« il n'avait pas balancé à se déterminer à un parti qui, à la vérité, portait préjudice à ses propres intérêts et à ceux de sa couronne, mais dont, au moins, on devait espérer la tranquillité et la paix de l'Europe » (2).

Si donc Louis XIV violait le traité de partage de 1700, il disait et croyait le faire dans l'espoir de conserver la paix (3).

(1) Archives des Affaires étrangères, Angleterre, t. 189, f°s 348-359; LEGRELLE (t. IV, pp. 44-47) cite tout le document.

(2) Dépêches vénitiennes, ms ital. 1918 (filza 195), pp. 38-45; v. Appendice XVI, pp. 604-607 du t. VII des *Mémoires de Saint-Simon*, éd. Boislisle.

(3) A ceux qui font un reproche amer à Louis XIV d'avoir, violant ainsi sa parole, accepté le testament de Charles II, on ne peut que répondre par les propres paroles du roi : « Je suis sûr que quelque parti que je prenne

Le mardi 16 novembre 1700, — une semaine après avoir reçu le courrier qui apportait le texte du testament de Charles II, — Louis XIV proclamait solennellement son petit-fils le duc d'Anjou roi d'Espagne.

C'était, avant tout, combler les vœux du peuple espagnol. On sait, en effet, que jamais avènement ne souleva plus d'enthousiasme : c'est avec des transports de joie que Philippe V devait être accueilli en Espagne. Le pays ruiné par les gouvernements antérieurs espérait réaliser, avec ce petit-fils du plus glorieux monarque de l'Europe, l'union mystique. Le mariage entre roi et nation se consommait sous les plus heureux auspices, entre un prince jeune et plein de promesses et une nation fière et fidèle (1).

« Soyez bon Espagnol, dit au jeune roi son aïeul, c'est présentement votre premier devoir, mais souvenez-vous que vous êtes né Français pour entretenir l'union entre les deux nations ; c'est le moyen de les rendre heureuses et de conserver la paix de l'Europe ».

beaucoup de gens me condamneront ». Accepter le trône d'Espagne, c'était faire œuvre de grande politique. S'en tenir au traité de partage eût été, selon l'avis de certains, plus honnête, mais c'était replacer la France dans l'étau, entre les bras des deux monarchies Habsburg.

(1) Le père d'Aubenton, jésuite, confesseur du roi, écrit de Saragosse le 17 sept. 1702 : « La passion de ces peuples, soit pour l'amour ou pour la haine, sont [*sic*] si outrés, que le roy, toutes les fois qu'il sort et qu'il se fait voir, est sur le point d'être écrasé, et hier en arrivant, il étoit obligé à tous moments de faire arrêter son carrosse ou son cheval. Il y avoit ce matin nombre d'hommes et de femmes pendus à ses mains ; en sortant d'une église, les femmes grosses se sont jetées sur lui à corps perdu comme des bacchantes, et sont entrées jusque dans sa chambre pour l'embrasser. Hier, ceux qui purent s'approcher de son cheval, touchoient la selle ou la croupe avec les mains, ou ses étriers, ou sa jambe et se portoient ensuite les mains aux yeux, à la bouche et au cœur, comme si c'eût été une relique ». (Archives Nationales, Monuments historiques, IX, Espagne, K. 1332 ; — Copie de cette lettre dans *Pièces et Mémoires historiques du règne de Philippe V, roy d'Espagne*, par le frère Léonard de Sainte-Catherine de Sienne, Augustin déchaussé, p. 144.)

Roi d'Espagne, Philippe V ne devait jamais oublier, en effet, qu'un Bourbon reste toujours Français de cœur.

§ 2. — *Droits de Philippe V au trône d'Espagne.*

Philippe V est roi d'Espagne... Mais sur quoi s'appuie donc son droit? Est-ce seulement, est-ce bien sur l'acceptation du testament de Charles II? Non, certes.

Ainsi qu'il a été démontré au sujet des Renonciations d'Anne et de Marie-Thérèse, ce qui donne aux héritiers de cette dernière le droit de succéder à Charles II, ce n'est point du tout le testament du roi d'Espagne, c'est la loi fondamentale dite des Partidas. C'est elle, et non la volonté du roi défunt, qui règle la succession royale. Les renonciations de Marie-Thérèse jugées nulles, il n'y avait aucun doute sur l'héritier légitime : c'était le Dauphin, fils de Louis XIV. Par la cession volontaire de son père et de son frère aîné, le duc d'Anjou devenait l'héritier naturel de Charles II. Personne en 1700 ne songeait à faire dériver les droits de Philippe V d'un acte de puissance royale dû à Charles II. Le premier président de Harlay, venant avec tout le Parlement de Paris complimenter à Versailles le nouveau roi d'Espagne, lui dit (1) : « Dieu... a respandu l'esprit de sa sagesse et de sa justice dans le cœur du feu Roy prédécesseur de Votre Majesté pour luy faire reconnoistre le droit qu'elle avoit de succéder à ses couronnes après que Monseigneur et Monsieur le duc de Bourgogne destinés successivement à un autre empire auroient préféré le plaisir de vivre sujets du Roy à celuy de commander dès

(1) Archives Nationales, Registre coté X[1A] 8417 du Conseil secret.

à présent à tous ces peuples qui vont estre soumis à Vostre Majesté » (1).

Le testament n'a pu être, qu'une reconnaissance royale de ce droit (2). Or ce testament n'était point l'œuvre de la France. Sans doute, en face des menées autrichiennes, la France ne pouvait se désintéresser des dernières volontés de Charles II : mais l'acte fut l'œuvre personnelle du roi d'Espagne et de ses conseillers (3).

(1) Il est amusant de noter au passage l'une des innombrables pièces de vers qu'inspira cet événement. Elle est du Père Cleric, de la Compagnie de Jésus, qui publia, dans une élégante plaquette, un poème de 300 vers où la bonne volonté supplée à l'envolée poétique; on y trouve des vers dans le genre suivant : Thémis s'adressant à Charles II lui dit :

Ouy, Prince, je t'entens, et le Destin ordonne
De remettre aux Bourbons ton auguste couronne,
Ils sont ton plus beau Sang, et Térèse ta sœur
Dès longtemps dans leur Race a mis ton successeur.
Ton Sceptre est une dette; et Philippe ton Père
Le remit dans tes mains pour le rendre à leur Mère.

(Extrait du poème : *Philippe V, roy d'Espagne, poème présenté à Monseigneur le Duc de Berry*, par le père Pierre Cleric de la Compagnie de Jésus, à Paris, chez L. Sevestre, imprimeur-libraire, rue Saint-Jacques, vis-à-vis St-Yves, MDCCI.)

(2) Louis XIV exprime clairement son idée à ce sujet dans une lettre au marquis de Bonnac : « Si son père et son frère eussent été plus sensibles à leurs intérêts personnels, qu'à celui de leur maison, il (Philippe V) ne seroit pas roi d'Espagne, car il est certain que le droit sur cette couronne appartenoit premièrement à mon fils, ensuite à son fils aîné et à ses descendants. Le testament du roi Charles II ne pouvoit y donner atteinte, et ce n'est qu'en vertu de la renonciation qu'ils firent volontairement, que le Roi, mon petit-fils, règne aujourd'hui. » (Louis XIV à Bonnac, Archives des Affaires étrangères, Espagne, t. 213, f° 145).

(3) Lavisse, *Histoire de France*, dit : « La diplomatie française ne fut pour rien dans l'événement » (t. VIII, p. 73). — Cf. la note de Boislisle au t. VII, p. 348, note 1, des *Mémoires de Saint-Simon*. — Contrairement aux dénégations de plusieurs auteurs, « M. le marquis de Vogüé dans son livre : *Villars d'après sa correspondance et des documents inédits*, vient de démontrer une fois de plus (t. I, pp. 72 et suivantes), — et cela en s'appuyant même sur les auteurs les plus défavorables à la France, — que Louis XIV, sincèrement désireux d'éviter une rupture d'équilibre et le renouvellement de la guerre européenne, fit tout pour assurer la paix par un partage pondéré; que le testament vint d'un mouvement spontané de Charles II sous le coup d'in-

En « acceptant » ce testament, Louis XIV témoigna qu'il préférait s'en tenir à l'avènement pur et simple du duc d'Anjou sur le trône d'Espagne, plutôt qu'aux partages prévus dans le traité de 1700. Il n'y a là aucune *acceptation* dans le sens que lui donne le droit civil. En quel sens la maison de France pouvait-elle déclarer qu'elle « acceptait » avec toutes ses conditions un testament qui lui donnait le trône d'Espagne, alors qu'elle y avait un droit fondé sur la loi fondamentale de succession, droit que ne pouvait changer en aucune façon une décision testamentaire du souverain ? On ne peut trouver un mot plus juste pour caractériser cette « acceptation » du testament de Charles II que celui « d'acceptation du mezzo termine » (1).

Louis XIV, et Torcy le disent, en effet, clairement : c'est afin de garantir la paix qu'ils acceptent le testament désignant le duc d'Anjou, car seul le testament peut rassurer les puissances, toujours anxieusement préoccupées

fluences parties à la fois d'Espagne et de Rome et qu'on ne l'accepta à Versailles, avec ses conséquences, que forcé par l'attitude de l'Autriche et par le fatalisme de l'empereur Léopold. Mme de Maintenon a dit la vérité lorsque, plus tard, elle écrivait à la princesse des Ursins (*Lettres*, éd. 1826, t. III, pp. 244-245) que la désignation du duc d'Anjou avait été provoquée par les Espagnols eux-mêmes, convaincus que l'empereur serait impuissant à maintenir l'intégrité de leur monarchie. Voyez une lettre de Tallard aux Additions et corrections, p. 634. En 1774, le roi Frédéric de Prusse écrivait à Voltaire : « On a condamné Louis XIV pour avoir entrepris la guerre de « Succession. A présent on lui rend justice et tout juge impartial doit avouer « que ç'auroit été lâcheté de sa part de ne pas accepter le testament du roi « d'Espagne ».

(1) *Droits des Bourbons d'Espagne, de Naples et de Parme*, Paris, 1840, p. 37. — A ce sujet, Pierre LABORDERIE (*Le droit public et le Traité d'Utrecht*) dit : « En réalité, le roi voulait seulement accepter dans le testament de Charles II les dispositions qui n'étaient pas contraires aux lois fondamentales de la monarchie. Si absolu qu'il fût, il respectait ces lois. Il respectait cette constitution purement traditionnelle et non écrite, bien qu'elle fût coutumière ». (*Feuilles d'histoire du XVIIe au XXe siècle*, 1re année, n° 10, 1er octobre 1909).

de voir solidement établi le principe de la séparation des deux couronnes. Le droit national espagnol, qui avait amené déjà une fois l'union de la couronne d'Espagne à celle de l'empire germanique sous Charles-Quint, aurait pu, en effet, amener l'union des couronnes d'Espagne et de France. Si le Dauphin fils de Louis XIV eût recueilli l'héritage espagnol; si d'ailleurs il avait survécu à son père; si enfin la France eût été capable de tenir tête aux autres puissances, il serait un jour devenu de par les lois nationales française et espagnole roi de France et roi d'Espagne. « La balance européenne » ne l'aurait jamais permis. Jamais ni l'Empire ni l'Angleterre n'auraient pu consentir à voir se former une telle puissance européenne. C'est donc pour prévenir une guerre mondiale que la maison de France, abandonnant le système du traité de 1700, système plus dangereux pour la France encerclée, plus arbitraire aussi, et qui, du reste, ne satisfaisait pas l'empereur, choisit le duc d'Anjou pour monter sur le trône d'Espagne, accédant ainsi au vœu testamentaire du dernier roi habsburg espagnol comme au vœu général de l'Espagne.

§ 3. — *Droits de Philippe V à la succession éventuelle en France. — Les lettres patentes de Louis XIV à Philippe V.*

Soucieux cependant de suivre la tradition déjà plusieurs fois observée en des cas semblables, Louis XIV, en décembre 1700, signa et fit enregistrer les lettres patentes par lesquelles il déclarait maintenir à Philippe V et à ses descendants tous leurs droits de naissance, c'est-à-dire leur droit de succession éventuelle en France (1).

(1) L'original des lettres patentes se trouve aux Archives Nationales, Carton J. 931, Trésor des Chartes, II, Supplément, Mélanges, Espagne,

Le texte de ces lettres patentes est presque identique à celui des lettres qu'obtint Henri III partant pour la Pologne, à celui des lettres qu'on allait donner au prince de Conti appelé, lui aussi en Pologne, en 1657, à celui des lettres préparées pour le duc d'Alençon au moment où se négociait pour lui un mariage avec la reine Élisabeth d'Angleterre.

Cette observation suffit à infirmer les dires des historiens qui ont cru voir dans cet acte traditionnel une manifestation d'orgueil et de défi de la part de Louis XIV (1). Puisque de semblables lettres patentes avait été employées déjà trois fois, sans jamais exciter la moindre remontrance de la part des autres puissances, les lettres enregistrées pour Philippe V ne devaient pas sembler étranges ou provocatrices. Elles ne faisaient, en la circonstance, qu'affirmer le droit inattaquable du prince français, qu'un revers en Espagne pouvait forcer de rentrer en France ou que des deuils dans la maison royale

Philippe V, Pièce n° 1 : Original sur parchemin de 715 mm. de larg. et 430 mm. de haut., plus 145 mm. de repli ; Scellés sur le repli, par deux incisions à senestre en lacs de soie verte et rouge, du grand sceau de cire verte du diamètre de 115 mm. Notre copie a été prise sur l'original. Voir aux Pièces justificatives. — Datées de décembre 1700, les lettres patentes furent enregistrées au Parlement le 1er février 1701. Des copies se trouvent aux Archives des Affaires étrangères, Espagne, t. LXXXV, fos 536-544, et t. LXXXVI, fos 64-83. Elles furent imprimées à Paris chez François Muguet, premier imprimeur du Roy et de son Parlement, ruë de la Harpe, aux trois Rois, MDCCI. Elles ont été publiées entre autres par Hippeau, t. II, pp. 404-407.

(1) « Par ces lettres patentes Louis défie l'Europe » (Courcy, p. 14). — « C'était ouvrir les voies à la réunion des deux monarchies, c'était provoquer l'Europe en l'inquiétant outre mesure, c'était, par une faute capitale, justifier l'attitude hostile des autres puissances » (Baudrillart, t. I, p. 57). — Il fallait donc pour obéir aux désirs des puissances ignorer les lois du droit interne ? Nous ne contestons pas que l'acte de Louis XIV était superflu en droit, qu'il était peut-être maladroit en politique, mais dans l'affirmation des droits de Philippe V nous ne pouvons trouver en aucune façon qu'il ouvrait la voie à la réunion des deux monarchies.

pouvaient appeler un jour à ceindre la couronne de saint Louis.

Le cas d'Henri III étant identique à celui de Philippe V, c'est évidemment à ce précédent qu'il est le plus utile de se reporter. Or, il se trouve que les lettres patentes de 1573 sont claires entre toutes.

Précisons bien les faits. — Au moment où l'aîné de ses frères cadets allait partir pour régner en pays étranger, Charles IX a, par deux actes différents, affirmé les droits au trône de France de ces dits frères, même résidant à l'étranger, et de leurs enfants, même nés à l'étranger.

Un premier acte est daté du 22 août 1573 (1). C'est une déclaration signée par tous les membres de la famille, sorte de pacte de famille que les princes établirent afin de se garantir réciproquement leurs droits. Malgré sa longueur, il faut citer ce texte capital, indispensable à la compréhension des lettres patentes de 1700.

« Aujourd'huy, vingt deuxiesme jour d'Aoust, l'an mil cinq cens soixante treize, le Roy estant à Paris, considérant que les événemens des choses futures sont en la

(1) *Déclaration du roi signée de lui, des neuf princes de son sang et de ses quatre conseillers secrétaires d'État, établissant le droit éventuel à la succession de la couronne de France, de ses agnats nés et à naître, bien qu'ils s'établissent et naissent hors du royaume, pourvu qu'ils soient issus de loyal mariage, et ce nonobstant le ordonnances du royaume qui rendant les étrangers incapables de toute succession les frappent à leur mort du droit d'aubaine.* — Bibliothèque Nationale, Manuscrits français, nouvelles acquisitions, n° 21697, *Original.* — Édité dans la *Bibliothèque de l'École des Chartes*, t. LXXII, 1911, pp. 223-224, par P. de Cenival : *Un document relatif à la succession de Charles IX.* De cet original récemment acquis la Bibliothèque Nationale possédait déjà plusieurs copies : 1° Mss fr., nouv. acq., 7733 (collection Fontanien); 2° Mss. fr., 3951, f° 179; 3° Collection Dupuy, t. 500, f° 85. Le marquis de Noailles a publié ce texte d'après la première de ces copies dans son livre : *Henri de Valois et la Pologne.* — Il existe, d'ailleurs, une quatrième copie à Chantilly, Musée Condé, Catalogue, t. III, p. 202, note 1016, n° 1599, manuscrit transcrit à la suite des « justifications des lettres patentes ».

main de Dieu seul, qui en dispose selon sa Providence, le conseil de laquelle est incogneü, et affin d'obvier à tous doubtes et scrupules que le tems, par les occasions, pourroit engendrer à l'advenir, à cause que Messeigneurs, frère dudict seigneur Roy, pourroient estre absens et demeurer hors ce royaume et que leurs enffans, à l'adventure, naistroient et demeureroient en pays estrange et hors cedict royaume, a dict et declairé, ou il adviendroit (que Dieu ne veuille) qu'icelluy seigneur Roy décédast sans enffans masles, ou que ses hoirs masles deffaillissent, en ce cas le roy esleü de Pollogne, duc d'Anjou et de Bourbonnoys, comme plus prochain de la couronne seroit le vray et legitime heritier d'icelle, nonobstant qu'il fust lors absent et résidant hors cedict royaume. Conséquemment et immédiatement après, ou en deffault dudict seigneur roy esleü de Pollogne, ses hoirs masles procréez en loyal mariage viendroient a ladicte succession, nonobstant qu'ils fussent naiz et habitassent lors hors cedict royaume. Après, ou en deffault desdicts hoirs, Monseigneur le duc d'Alançon viendroit à ladicte succession, et après luy ses hoirs masles descenduz par loyal mariage, nonobstant aussi que ledict seigneur duc fust à l'adventure absent et résidant hors ce royaume et que ses enffans naquissent et demeurassent lors hors icelluy. Dict en outre et declaire ledict seigneur Roy que, pour les causes susdictes, mesdicts seigneurs ses frères, ny leurs enffans respectivement, ne seront censez et repputez moins capables de venir à ladicte succession, ni aultre qui leur pourroit escheoir en cedict royaume, ains leur demeureront tous droictz et aultres choses quelzconques, qui leur pourroient à présent et à l'advenir competer et appartenir, saulves et entières, comme s'ilz residoient et habitoient continuellement en cedict royaume, jusques à leur trespas et que leurs hoirs fussent originaires et régnicoles, et ce nonobstant les ordonnances de cedict royaume lesquelles rendent les estrangers et aulbains incapables de toute succession et declairent les biens qu'ilz auroient audict royaume, à l'heure de leur trespas, acquis au Roy par droit d'aubeine, ausquelles ordonnances ledict seigneur Roy declaire mesdicts seigneurs ses frères et leurs hoirs n'estre subjectz ny comprins et néanmoins déroge à icelles ordonnances, en tant que besoin seroit. Et d'abundant, dès maintenant comme pour lors que lesdictz enffans seroient naiz, ledict seigneur Roy les a habilitez et habilite pour estre capables tant de la succession de la couronne que de toutes aultres et droictz quelzconques, tout ainsi que s'ils estoient originaires et regnicoles. En tesmoin de quoy, ledict seigneur Roy a voulu signer ce présent acte et déclaration de sa propre main, icelluy faire aussi signer par mesdicts seigneurs ses frères, roy de Navarre et aultres princes de son sang, et contresigner par nous ses conseillers secrétaires d'Estat :

« Charles « Henry « François « Henry (1)
« Charles, Cardinal de Bourbon (2)
« Loys de Bourbon (3) « François de Bourbon (4)
« Henry de Bourbon (5)
« Françoys de Bourbon (6)
« Charles de Bourbon (7) ».

(1) Henri de Bourbon, roi de Navarre.

(2) Charles, cardinal de Bourbon, né le 22 décembre 1523, + 9 mai 1590.

(3) Louis de Bourbon, duc de Montpensier, né le 10 juin 1513, + 23 septembre 1582.

(4) François de Bourbon, dauphin d'Auvergne, + 4 juin 1592.

(5) Henri de Bourbon, prince de Condé, duc d'Enghien, né le 29 décembre 1552, + 5 mars 1588.

(6) François de Bourbon, prince de Conti, né le 19 août 1558, + 3 août 1614.

(7) Charles de Bourbon, cardinal de Bourbon, né le 30 mars 1562, + 30 juillet 1594.

Le texte est d'une netteté parfaite : les princes ne sont point sujets aux lois et ordonnances qui règlent l'état civil et la propriété des particuliers. Le droit d'aubaine ne peut leur être appliqué. Ils restent princes de France partout et en tout temps. Et ceci s'explique facilement lorsqu'on envisage la situation des princes de la maison de France en face de la nation. Liés fermement entre eux, princes et peuple ne peuvent se dissocier. Si un des princes est appelé à augmenter le prestige de la France dans le monde en montant sur un trône étranger, il reste néanmoins toujours prince français avec tous les droits et tous les devoirs attachés à ce titre. Ce n'est point dans un pays à esprit féodal qu'on trouverait semblable institution. Seule la royauté patriarcale des Capétiens pouvait la produire : cette royauté, née dans l'Ile-de-France, reste toujours familiale; de plus, la dynastie capétienne est, de toutes les dynasties européennes, la seule et unique qui soit « nationale » au point de confondre son nom avec celui de son pays. Comment les enfants d'une telle maison auraient-ils jamais pu devenir étrangers au sol et au droit héréditaire français lorsque, pour la gloire du nom français qui était le leur, ils avaient dû ceindre des couronnes étrangères? Aussi n'y a-t-il dans toute l'histoire de la maison de France aucun exemple d'une semblable répudiation. L'acte du 22 août 1573 est une affirmation solennelle du maintien de leur droit à l'étranger.

Or, Charles IX n'entendit pas même se contenter de cette déclaration. Les temps étaient troublés, les guerres civiles ravageaient les provinces; la Pologne se trouvait à de longues journées de voyage de Paris; enfin les grandes maisons féodales songeaient plus ouvertement que jamais à une nouvelle révolte de la noblesse contre le pouvoir royal. Le roi ajouta donc à la déclaration la forme plus solennelle, plus majestueuse des lettres patentes (1).

Datées du 10 septembre 1573, ces lettres furent enregistrées au Parlement le 17 septembre de la même année, « le roi y séant en lit de justice ». Leur texte, — plus court, — contient cependant presque identiquement les mêmes mots, si ce n'est qu'on y emploie le formulaire de lettres patentes où les clauses de style ne doivent point être confondues avec le fond même de l'acte. Ainsi lorsque Charles IX y parle de sa « grâce spéciale, plaine puissance et autorité royale », il ne faut point prendre ces mots au pied de la lettre, mais les envisager comme de pures formules de diplomatique.

Les lettres patentes de 1573, lues avec cette attention, permettent de comprendre pleinement celles de 1700, dont les formules doivent être examinées avec la même méthode et les mêmes précautions. Ici encore il ne faut point confondre texte et clauses de style. Tout ce que fait Louis XIV, c'est d'affirmer — *ex cathedra* — les droits de son petits-fils à sa succession éventuelle. Il ne dit point que c'est grâce aux lettres patentes que Philippe V pourra lui succéder et que sans elles il serait exclu de la succession royale ; non ! il affirme simplement les droits inaliénables de son petit-fils.

Sans doute les circonstances donnent-elles à ce document un ton particulièrement grave et touchant.

(1) Archives Nationales, Registre $x^{1A}8630$, coté « FF ordonnances de Charles IX commençant le 22 mai 1572, finissant le 11 décembre 1573 », f°s IIII^c IIII^xx XIII r^o — IIII^c IIII^xx XIIII r^o, collection d'Enregistrement sur parchemin en forme authentique. — Des copies se trouvent à la Bibliothèque Nationale, mss fr., nouv. acq., 7733, f° 359 ; Coll. Dupuy, vol. 86, f° 223 ; mss. fr., 3751, f° 177 ; cinq cents de Colbert, vol. 4, f° 89. — Voir le texte aux Pièces justificatives.

Louis XIV semble prévoir les tristes événements qui vont se produire dans sa famille : tout le préambule est empreint de ces visions de mort. Son affection sincère pour Philippe V, affection qu'il ne cessa de lui témoigner toujours, y met un accent de véritable tendresse paternelle, bien rarement employé dans les actes publics du roi. « Ainsi persuadé, dit-il, que le Roy d'Espagne nostre Petit fils conservera toujours pour Nous, pour sa Maison, pour le Royaume où il est né la mesme tendresse et les mesmes sentimens dont il Nous a donné tant de marques, que son exemple unissant ses nouveaux Sujets aux nostres va former entr'eux une amitié perpétuelle et la correspondance la plus parfaite ; Nous croyrions aussi luy faire une injustice dont Nous sommes incapable, et causer un préjudice irréparable à Nostre Royaume, si Nous regardions désormais comme Étranger un Prince que nous accordons aux demandes unanimes de la Nation Espagnolle. A ces causes, etc. ».

Mais le ton ne change rien à la valeur du fond. Le roi veut et déclare (ici encore les formules consacrées ont induit en erreur des lecteurs peu versés dans la diplomatique royale française) qu'en cas de mort du duc de Bourgogne et de ses descendants, « le Roy d'Espagne usant des droits de sa naissance, soit le vray et légitime successeur de Nostre Couronne et de nos Estats, nonobstant qu'il fût alors absent et résident hors de nostre dit Royaume. Et immédiatement après son deceds, ses hoirs masles procréez en loyal mariage, viendront à ladite succession, nonobstant qu'ils soient nez et qu'ils habitent hors de nostre dit Royaume, voulant que pour les causes susdites nostre dit Petit Fils le Roy d'Espagne, ny ses enfans masles ne soient censez et reputez moins habiles et capables de venir à ladite succession, ny aux autres qui leur pour-

roient écheoir dans nostredit Royaume; Entendons au contraire que tous droits et autres choses généralement quelconques qui leur pourroient à present et à l'avenir competer et appartenir, soient et demeurent conservez saines et entières, comme s'ils résidoient et habitoient continuellement dans nostre Royaume jusqu'a leur trépas et que leurs hoirs fussent originaires et regnicolles, les ayant a cet effet en tant que de besoin est ou seroit habilités et dispensés, habilitons et dispensons par ces dites Présentes. »

Deux expressions démontrent d'une façon particulièrement éclatante le véritable esprit de ces lettres. Le roi d'Espagne, dit Louis XIV, « usant des droits de sa naissance », sera le successeur au trône de France; il ne dit point : usant du droit que lui confèrent ces lettres patentes, par l'effet de notre toute-puissance royale. C'est au contraire l'infraction imaginée aux lois fondamentales, que le roi qualifie éventuellement de « préjudice irréparable » pour le royaume, et c'est afin de dissiper toute controverse que Louis XIV ajoute, ainsi que l'avait fait Charles IX : « les ayant a cet effet en tant que de besoin est ou seroit habilités et dispensés ». Si la seule volonté du roi avait pu accorder à Philippe V la succession éventuelle à la couronne de France, le roi n'aurait certes point dit qu'il le dispensait « en tant que besoin est ou seroit » des empêchements attachés à la qualité d'étranger d'hériter en France. Il aurait — ainsi que cela se pratiquait pour de semblables dispenses du droit d'aubaine — déclaré qu'usant de son droit royal il le dispensait de toutes incapacités *attachées à son état étranger* (1). Nous ne sommes

(1) La question du droit d'aubaine, bien que résolue définitivement par le mémoire de d'Aguesseau que nous citons plus loin, nous semble cependant demander un court éclaircissement. Le mot aubain est synonyme

donc pas ici en présence d'un texte exemptant un sujet étranger du droit d'aubaine; mais bien en présence d'une lettre qui se contente de proclamer solennellement les droits d'un prince français.

Aussi ne pouvons-nous, dès maintenant, nous empêcher de citer quelques mots d'une opinion sur laquelle nous reviendrons, celle d'un des plus grands juristes de ce grand siècle, le procureur général d'Aguesseau. Parlant de ces lettres, il dit : « Ce sont des lettres de précaution et non pas de nécessité. Il est de la prudence de tous les hommes et encore plus de ceux qui règlent les destinées des Empires, de prévoir et de prévenir jusqu'aux mauvaises difficultés » (1).

d'étranger; or l'étranger, « l'aubain » ne pouvait ni succéder ni tester sous l'ancien droit féodal. A sa mort, ses biens revenaient tous au seigneur dans les terres duquel il vivait. Ce droit qui, ainsi que tous les autres, se concentra petit à petit entre les mains du roi, gênait trop les étrangers riches pour que ceux-ci ne cherchassent point à s'y soustraire; moyennant finances, ils obtinrent du roi des « lettres de naturalité », en vertu desquelles l'aubain pouvait tester, et ses successeurs hériter de lui. Ces lettres, fort demandées par les étrangers que des intérêts ou des alliances appelaient en France, formaient une prérogative royale contre laquelle les États de Blois de 1576 élevèrent en vain des doléances. La résidence en France n'était même point strictement exigée des aubains admis à user de lettres de naturalité; le roi pouvait accorder des dispenses d'incolat.

Ce qui nous intéresse particulièrement à ce sujet, c'est que des princes étrangers demandèrent et obtinrent de semblables lettres de naturalité. Nous ne citerons ici que Laurent de Médicis (1519) (v. l'acte aux Pièces justificatives), le cardinal Barberini (1652) (l'acte se trouve aux Archives Nationales, O[1*] 345, f° 118) et le duc de Savoie (1702) (Pièces justif.). La simple lecture des actes que nous reproduisons *in extenso* montrera la différence qui existe entre de semblables documents et les lettres patentes données à Philippe V.

(1) Archives des Affaires étrangères, Espagne, t. 220, f°s 62-71. — Nous ajouterons quelques lignes écrites au milieu du XVIIIe siècle à ce sujet : « Elles supposent (certaines allégations que l'auteur réfute) que, pour conserver l'Incolat et les droits de leur naissance, nos Princes, en montant sur un trône étranger, ont besoin de Lettres Patentes du Roi régnant : il y a de fortes raisons d'en douter. La première est que les deux maisons d'Anjou qui ont régné à Naples, n'avoient point pris de pareilles lettres et conservèrent néanmoins le droit de succéder. Cet usage est donc nouveau? Henri d'Anjou est

*
* *

Résumons-nous. En s'en tenant à la formule du « mezzo termine », c'est-à-dire au testament de Charles II, Louis XIV, d'abord, proclamait hautement que jamais les deux couronnes ne seraient unies (1) : cette clause fut, de toutes les renonciations ou autres actes, la seule que la France respecta et admit, comme sacrifice indispensable à l'équilibre européen. Jamais l'Espagne n'avait réclamé un abandon des droits naturels de Philippe V, mais « l'objet qu'on s'était proposé était d'empêcher l'union des deux couronnes de France et d'Espagne. Dès que le motif cessait, l'ordre naturel et légitime de succession ne pouvait être changé » (2). Ces paroles de Mably, relatives aux renonciations de Marie-Thérèse, s'appliquent tout aussi bien à l'acceptation du testament de Charles II.

Quant aux lettres patentes, elles n'allaient en aucune façon à l'encontre des dernières volontés du roi Charles II.

1° Leur ton même est loin de respirer l'orgueil qu'on veut leur attribuer. Comblé de gloire et de bonheur, le vieux roi ne voit l'avenir qu'avec crainte. Un sombre pressentiment semble le saisir devant trop de succès :

le premier qui en demanda, sans doute à cause des troubles qui agitaient la France. La seconde est que les Princes du Sang Royal tiennent leurs droits de la Nation et de leur seule naissance; que le Roi régnant ne peut ni les leur ôter ni les leur donner; qu'ils ne peuvent le perdre que pour cause de haute trahison jugée selon les lois ou par une renonciation volontaire et formelle. La troisième, qu'un Prince qui parvient à un Trône étranger par succession, élection ou conquête fait un tel honneur à sa maison et à sa nation qu'il doit être toujours censé présent au milieu des siens. Ce rang suprême fait taire la loi de l'Incolat ». (*Réponse aux objections et Résultat des pièces de ce Recueil*, par M. de Sozzi, dans *Recueil de mémoires et dissertations*, Amsterdam, Paris, Musier, 1769, p. 267, *ad finem*.)

(1) Voir notamment l'article 13 du testament.

(2) Mably, *Droit public de l'Europe*, t. II, p. 9.

« Au milieu des réjouissances de nostre royaume, Nous envisageons comme une chose possible un triste avenir que Nous prions Dieu de détourner à jamais. »

2° C'est au seul point de vue du droit national, point de vue trop négligé des historiens, qu'on les mesure exactement : précautions diplomatiques, elles sont inexistantes devant le droit national. Le droit que gardèrent Henri III, le prince de Conti, le duc d'Alençon (1), Philippe V de rentrer en France le jour où l'ordre de succession les appellerait au trône, ne découle point de la volonté royale exprimée dans les lettres patentes : il provient uniquement des lois fondamentales françaises (2). Nul prince, nul roi ne peut — hors le cas de traîtrise et de félonie — exclure du trône le prince, saisi du droit, que la loi fondamentale de succession appelle à ceindre la couronne (3).

Si donc nous pouvons conclure, avec les historiens qui ont fait à Louis XIV grief de cet acte, que le roi pouvait s'abstenir de publier les lettres patentes, c'est dans un sens bien différent du leur. Ils lui reprochent d'avoir non seulement jeté le trouble en Europe, mais « justifié l'attitude hostile des autres puissances » ; nous estimons,

(1) François, duc d'Alençon, puis d'Anjou, dernier fils de Henri II, fut en fait souverain d'États étrangers. En 1582, il s'était fait couronner duc de Brabant et comte de Flandre.

(2) M. Baudrillart juge ainsi la valeur des lettres patentes . « Car ce prince (Philippe V), en devenant roi d'une autre nation, n'est pas devenu étranger à la sienne, il a gardé tous ses droits. *Louis XIV les lui a conservés* par un des actes les plus solennels de son règne, les fameuses lettres patentes de décembre 1700 ». On remarquera que, si nous indiquons au passage quelques-unes des propositions de M. Baudrillart, c'est afin de préparer le lecteur à la démonstration que l'ensemble des conceptions juridiques de cet auteur se fonde sur le système d'absolutisme le plus pur et le plus complet qui se puisse imaginer.

(3) Voir plus loin la partie qui traite des lois fondamentales de la monarchie française.

nous, que la loi fondamentale, intangible et inviolable, dispensait le roi, sujet à cette loi, d'exprimer son avis sur une question aussi nette et aussi nationale que celle de la succession royale.

En résumé, c'est en vertu de la loi nationale espagnole que Philippe V monte sur le trône d'Espagne; c'est en vertu du droit national français qu'il garde ses droits de naissance en France (1).

(1) Faut-il répondre ici à une objection bien connue, à un argument simpliste, qui trahit l'ignorance du droit français? D'après certains auteurs, Philippe V, du fait de son avènement au trône d'Espagne, serait devenu « prince étranger » : il aurait donc perdu ses droits à la succession de France, nul étranger ne pouvant régner en France.

Mais, en France, on ne qualifie « princes étrangers » que ceux qui ne sont pas issus du sang de France, *qui ex sanguine regio non sunt prognati* : de sorte que tout prince de la maison de France, même né à l'étranger, même héritier ou souverain d'un royaume étranger, reste toujours investi de ses droits. D'Aguesseau l'affirme et le fait de Henri IV le prouve.

On a tenté de nier la portée de cet avènement du roi de Navarre au trône de France, en alléguant que la Navarre faisait en somme partie de la France et que, de ce seul fait, Henri de Navarre, d'ailleurs possesseur de fiefs en France, était presque Français.

Relevons tout d'abord que le roi d'Angleterre avait possédé en France des fiefs beaucoup plus importants que ceux du roi de Navarre sans que ces droits de suzeraineté lui conférassent aucun droit à la couronne de France;

Quant au royaume de Navarre, c'était bel et bien un royaume étranger, totalement indépendant de la France et ne relevant que « de Dieu seul ».

Les preuves de l'indépendance de la Navarre surabondent. Les rois de Navarre, comme il est affirmé au couronnement de Jean d'Albret (1494), « prennent leur couronne et espée sur l'autel pour démontrer qu'ils ne tiennent leur royaume que de Dieu seul, et ne sont feudataires ny tributaires de prince du monde » (A. Favyn, *Histoire de Navarre*, Paris, 1612, p. 615). Le père de Henri IV, Antoine de Navarre, revendiqua hautement ses droits de souverain indépendant, lorsque fut faite la remise solennelle d'Élisabeth de France, fille d'Henri II, mariée au roi Philippe II. Cette remise aurait dû avoir lieu sur les frontières de France et d'Espagne. Or elle se fit sur la Bidassoa, c'est-à-dire aux frontières de la haute et de la basse Navarre. Le roi Antoine de Navarre exigea donc et obtint que, dans l'acte de délivrance, il fût déclaré que la cérémonie avait eu lieu, non aux confins de la France et de l'Espagne, mais *sur la frontière de la basse et de la haute Navarre* (cette dernière, bien que possédée par l'Espagne, était toujours réclamée par le roi de Navarre), ne voulant pas qu'à l'avenir « le Béarn et la Basse Navarre,

Le testament de Charles II, les lettres patentes de Louis XIV ne sont guère que l'expression plus ou moins parfaite de ce double droit.

fussent tenues pour confins de la France et la Haute Navarre pour finages de l'Espagne ». Enfin, depuis l'avènement de Henri IV, le titre même de roi de Navarre, aussi bien que les armes de Navarre, ont été maintenus et portés par nos rois, en même temps que le titre de roi de France, fait qui ne s'était produit pour aucun des duchés ou comtés réunis par les Capétiens au cours des siècles (1).

Bref, à la mort de Henri III, Henri de Bourbon était incontestablement souverain d'un royaume étranger. Mais sa qualité d'originaire empêchait, en vertu des lois fondamentales, de le considérer comme un « prince étranger », exclu du trône de France. C'est donc à peine si les plus acharnés ligueurs osèrent élever contre lui la question d'extranéité. On sait pourtant combien ils étaient enclins à discuter les droits de celui que son surnom même de Béarnais dénotait comme « prince étranger ».

C'est en faveur de ce « Béarnais », à l'encontre du duc de Mayenne et des Guises, qu'un arrêt du Parlement en date du 28 juin 1593 statue : « qu'aucun traité ne se fasse pour transférer la couronne en la main des princes ou princesses étrangers » (2) ; et que l'année suivante, — le 30 mars 1594, — le Parlement de Paris rend un arrêt dans le même sens : « La cour aïant dès le douzième jour du mois de janvier dernier, interpellé le duc de Mayenne de *reconnoitre le Roi que Dieu et les Loix ont donné à ce Roïaume...* » (3)

(1) En ce qui concerne les actes royaux adressés à *certaines provinces*, le roi ajoutait à ces deux titres royaux, constamment portés, les titres relatifs à ces provinces : notamment, pour le Dauphiné il prenait les titres de « Dauphin de Viennois, comte de Valentinois et de Diois » ; pour la Provence, il prenait ceux de « comte de Provence, de Forcalquier et terres adjacentes ».

(2) *Mémoires de la Ligue*, Amsterdam, 1758, t. v, p. 377.

(3) Arrest de la Cour du Parlement de Paris, du trentième jour de mars 1594, sur ce qui s'est passé durant les présents troubles : contenant la révocation de ce qui a été fait au préjudice de l'autorité du Roi et des Loix du Royaume.

Deuxième Partie

LA LUTTE POUR LE DROIT

Deuxième Partie

LA LUTTE POUR LE DROIT

CHAPITRE PREMIER

LA GUERRE DE LA SUCCESSION D'ESPAGNE

Si l'on veut se mettre à même d'étudier impartialement les questions qui se traiteront avant et pendant les conférences d'Utrecht, il est indispensable de repasser, au moins brièvement, les événements qui signalèrent la guerre de la Succession d'Espagne. Il faut se remettre en mémoire les luttes inégales, terribles, sans trêve, que Louis XIV dut soutenir contre huit puissances alliées, pendant près de treize ans. Alors seulement on pourra comprendre l'état de la France au début des conférences de la paix, ainsi que les conditions auxquelles elle pouvait discuter avec ses ennemis. Alors seulement on apercevra comment ceux-ci purent finalement lui imposer de vive force un traité de paix qui dans l'histoire de France ne peut être comparé qu'au traité signé à Troyes, en 1420.

Bouleversant le droit national, les alliés en arriveront à faire signer à Louis XIV l'exclusion de Philippe V et de ses descendants des droits de leur sang; sous leur pression et pour sauver la France de la ruine certaine, le plus fier des monarques accomplira un acte qu'il désavouera lui-même devant son Parlement avant de le faire enregistrer.

La conférence d'Utrecht n'étant, d'ailleurs, que la résultante des divers essais d'entente proposés par Louis XIV pendant les années terribles de la défaite, nous devrons étudier également la correspondance du roi de France avec son petit-fils et avec ses ennemis. La suite des documents et des faits peut seule nous faire comprendre le traité de paix de 1713 et nous faire apprécier à sa juste valeur la violation des lois fondamentales commise par Louis XIV au détriment de son petit-fils Philippe V.

§ 1. — *Les causes de la guerre.*

Nous croyons avoir suffisamment démontré que les lettres patentes de 1700, loin d'être un acte d'agression contre les puissances, ne constituaient qu'une déclaration de la reconnaissance par le roi des lois fondamentales de la monarchie française. Elles ne peuvent en aucune façon être considérées comme constituant une cause de rupture et de guerre entre la France et ses ombrageux voisins, si du moins l'on refuse d'admettre comme un principe de droit que le droit national d'un pays est toujours soumis à la sanction d'autres puissances. Au reste, si Philippe V gardait son droit de naissance que le roi ne pouvait lui ôter, le principe de l'équilibre européen était sauvegardé par l'expression très nette qu'en avait donnée la France en

« acceptant » le testament : jamais les deux couronnes ne seraient réunies.

Malheureusement, Louis XIV se laissa entraîner à deux autres actes d'une tout autre importance et qui, eux, blessaient directement ses voisins. Il reconnut officiellement le prétendant Jacques III, fils de Jacques II, comme roi d'Angleterre; et après cession, faite par la Junte espagnole, des places frontières, il en refoula les Hollandais, faisant occuper ces « Barrières » par les troupes françaises. C'était se faire des ennemis mortels de Guillaume d'Orange et des Hollandais. Le contre-coup de ces coups d'audace ne se fit pas attendre. L'Angleterre et la Hollande n'eurent pas de peine à entraîner dans une « Grande Alliance » l'empereur toujours jaloux des succès de la politique française en Espagne, l'électeur de Brandebourg qui cherchait l'occasion de s'agrandir et de se faire octroyer la couronne royale, enfin le Danemark, la Suède, l'Électeur Palatin et le duc de Hanovre. A eux allaient se joindre deux ans plus tard le Portugal, sollicité par l'Angleterre, et la Savoie dont la politique unique fut et resta toujours d'attendre les premiers événements pour se mettre ensuite du côté victorieux.

§ 2. — *Les faits.*

Aussitôt se manifeste, dans son ampleur patiente, le travail du roi et de ses ministres pour préparer la défense du pays. Bien que la mort ait déjà enlevé à Louis XIV ses meilleurs collaborateurs et ses plus grands généraux, il peut néanmoins se mettre en campagne avec une armée nombreuse et bien équipée, commandée par des chefs tels que Catinat, Villars, Berwick, et une flotte d'environ quatre-vingt-dix vaisseaux de ligne. Les finances étaient en bon état. Au département des Affaires étrangères, Torcy secondait habilement le roi.

L'empereur commença la guerre. Après les échecs de Carpi et Chiari, Vendôme remporta la victoire de Luzzara qui nous assurait le Milanais. Mais la guerre éclatait en Allemagne. L'électeur de Bavière y fit preuve d'une belle fidélité à Louis XIV. Marchant avec les troupes françaises commandées par Catinat et Villars, il refoula les Autrichiens et collabora vaillamment aux succès de Villars. A Friedlingen, le prince de Bade est battu; à Hochstedt, l'armée allemande est mise en fuite. Marsin et Tallard poursuivent la victoire, Landau et Spire sont occupés. Mais ce fut ce moment, où la France engagée dans le Nord avait dû retirer ses troupes d'Italie, que le duc de Savoie choisit pour se déclarer allié de l'empereur et tomber sur notre dos. Dans les Pays-Bas, la lutte s'était engagée indécise entre l'armée hollandaise secondée par Marlborough et une armée française commandée par le maréchal de Boufflers et le duc de Bourgogne.

La guerre qui avait donc débuté en maintenant la balance assez égale entre les victoires et les défaites allait bientôt nous mener à de grands revers. Les ennemis devenaient trop. Attaqué sur quatre fronts par huit puissances, Louis XIV lutta avec énergie; mais la fortune l'abandonnait. A partir de 1704, les échecs se succèdent. Tallard et Marsin, battus par Marlborough et le prince Eugène, durent évacuer tout le bassin du Danube; ce n'est que grâce à l'habileté de Villars que la France ne fut pas envahie par les frontières d'Alsace. En Italie, où la campagne s'était annoncée heureuse, les troupes du prince Eugène jointes à celles du duc de Savoie infligèrent une défaite à l'armée commandée par le duc d'Orléans, Marsin et La Feuillade; la retraite précipitée des Français dans les Alpes acheva la victoire des Impériaux. Enfin sur les champs de bataille des Pays-Bas si souvent illustrés par des victoires françaises, Marlborough battit le maréchal de Villeroi et le rejeta sur Lille. L'ennemi était aux portes de la France.

Or, pendant que se déroulaient les différents actes de cette longue et sanglante campagne, l'Espagne était, elle aussi, le théâtre de luttes acharnées. Là encore, les débuts furent heureux : l'invasion anglo-hollandaise dut s'arrêter à Cadix. Puis les revers vinrent : la défection du Portugal, la proclamation par les coalisés de l'archiduc Charles sous le nom de Charles III, son entrée en Espagne avec un corps de troupes anglaises, enfin la prise de Gibraltar par les Anglais. Cependant le duc de Berwick, commandant des troupes franco-espagnoles, refoula l'invasion de l'archiduc, et le comte de Toulouse livra le glorieux combat naval de Malaga à l'amiral anglais Rooke. Changeant de tactique, les coalisés attaquèrent et prirent Barcelone, et bientôt toute la Catalogne. Vainement, l'armée de Berwick coopérant aux efforts de l'armée de Philippe V, de Tessé et de Noailles s'opposa-t-elle à la marche victorieuse de l'archiduc; Madrid fut conquise. Alors l'archiduc proclamé solennellement roi d'Espagne parut avoir définitivement conquis ce trône si ardemment disputé. Mais l'année 1707, si malheureuse pour la France, allait rendre sa capitale à Philippe V et ce succès put balancer un peu l'effet désastreux des infortunes subies à Ramillies et à Turin.

Battu sur le continent, Louis XIV tenta un coup hardi sur mer. Une flotte commandée par le comte de Forbin devait amener le prétendant Jacques III en

Écosse. L'entreprise, si elle réussissait, toucherait au cœur l'ennemie implacable qu'était l'Angleterre. Mais les insuccès continuèrent de poursuivre le vieux monarque. L'expédition manqua. Puis Vendôme, qu'accompagnait le duc de Bourgogne, reprit l'offensive dans les Pays-Bas. La défaite d'Oudenarde, suivie de la capitulation de Lille, de Bruges et de Gand, ramena notre armée en plein Artois. L'année 1709 continua la série des malheurs. Villars et Boufflers se retrouvèrent dans les Flandres en face de leurs deux grands adversaires : Marlborough et le prince Eugène. La bataille de Malplaquet, encore qu'échec glorieux, restant cependant une défaite, la France se trouvait acculée à la défaite finale. Nous ne trouvons guère que les sombres pages de 1870-71 ou les débuts des guerres de la Révolution qui puissent, dans l'histoire moderne, rivaliser de tristesse avec celles des cruelles années 1709 et 1710. La famine, la maladie accablaient la population exténuée par les nécessités d'une guerre sans merci ni trêve. Un hiver terrible acheva de semer la mort et la misère. La diminution de la population était, d'après l'ambassadeur vénitien, de deux millions d'âmes depuis les débuts de la lutte. Le découragement avait gagné toutes les classes.

Louis XIV, à bout de ressources, tenait seul tête aux orages (1). Il savait tous les yeux fixés sur lui, et pas un

(1) Citons la belle page de Giraud sur l'attitude de Louis XIV pendant les revers de cette grande guerre. La date même à laquelle paraissait l'article devait ajouter au tragique de l'histoire :

« Quoique la durée des conférences d'Utrecht ait été moins longue que celle du congrès de Westphalie, elle n'en a pas moins été marquée par des incidents imprévus, aussi considérables qu'émouvants et qui lui ont donné une couleur dramatique. En lisant les belles dépêches de Louis XIV pendant la négociation, on ne saurait se défendre d'un sentiment d'admiration pour la grandeur calme et sereine du vieux roi. Ses lettres ne respirent pas seulement la fierté d'un monarque qui a donné son nom à un siècle; elles

jour il ne montra de la faiblesse. Il tenta d'amadouer les Hollandais en envoyant le président Bouillé à La Haye; il ne reçut qu'un refus plein d'insolences. Il renouvela cependant sa tentative l'année suivante. Ses ambassadeurs proposèrent aux conférences de Gertruydenberg les extrêmes concessions que le roi de France pouvait faire : cession des places fortes des Flandres ou « Barrières », démantèlement des forts de Dunkerque et de l'Alsace, reconnaissance de l'archiduc comme roi d'Espagne, sous la seule réserve que Philippe V obtiendrait Naples et la Sicile. Le maréchal d'Huxelles et l'abbé

expriment, en face d'injustes exigences, le sentiment profond du droit et la confiance religieuse dans son triomphe définitif. On éprouve même à cette lecture un sentiment national très prononcé. La passion qui a égaré quelquefois le grand roi était une passion de la France. Pour la satisfaire on avait beaucoup lutté, beaucoup souffert et nul en ce pays ne pouvait se résoudre à la reléguer au rang des chimères. Voilà le secret des sympathies et de la fidélité dont Louis XIV malgré ses fautes a été l'objet dans ses vieux jours, et que Denain a éclairé d'un reflet inattendu d'espérance et de gloire; mais à travers les nobles inspirations percent les vieux mépris, les ressentiments vivaces de Louis XIV contre ses ennemis et parfois la velléité de reprendre ces airs de hauteur qui avaient soulevé l'Europe contre lui; peu s'en faut même qu'après Denain il ne rompe encore en visière. Le bon sens de M. de Torcy pèse visiblement sur le roi, et les plénipotentiaires d'Utrecht secondent merveilleusement le prudent ministre. Louis XIV a des visions d'orgueil incroyables jusque dans ses calamités : il faut qu'on fléchisse son courroux en faveur des Hollandais, ses vainqueurs de la veille, et ses ministres, si bien persuadés des périls de la situation, ont soin de ménager ces sentiments du roi. Quoi qu'il en soit, ce langage imperturbablement hautain sur le bord même de l'abîme est d'un effet extraordinaire, et n'a d'égal que l'incomparable habileté avec laquelle la négociation fut conduite. Le roi lui-même parut s'y surpasser. Ce fut la dernière grande affaire de son règne ». (Ch. Giraud, de l'Institut, *Le Traité d'Utrecht*, *Revue des Deux Mondes*, 14 octobre 1870.)

A ce jugement sur Louis XIV nous ajouterons celui qu'a porté Guizot : « Il y a eu des rois plus vertueux et meilleurs; d'autres ont été, par eux-mêmes, de plus grands hommes; aucun n'a été plus national dans son égoïsme; aucun n'a plus fait pour la force, la gloire et la civilisation de son pays ». (*La France et la Maison de Bourbon avant 1789*, extrait de la *Revue contemporaine* du 15 avril 1853, Paris.)

de Polignac ne rencontrèrent que duretés et refus (1). On exigeait du roi qu'il détrônât lui-même son petit-fils. C'en était trop.

« Puisqu'il faut faire la guerre, répondit Louis XIV, j'aime mieux la faire à mes ennemis qu'à mes enfants. »

La France tout entière vibra à l'appel de son roi. Et ce fut un relèvement sublime. La victoire revint d'abord en Espagne. Là aussi les Espagnols écrasés par les coalisés firent un effort héroïque pour sauver leur roi chassé de nouveau de sa capitale (2). Aidés du duc de Vendôme, ils reprirent Madrid et infligèrent aux Impériaux la sanglante défaite de Villaviciosa. De plus, l'horizon politique s'éclaircit bientôt par suite de deux faits inattendus. En Autriche, la mort de Joseph Ier rappela d'Espagne l'archiduc et lui conféra la couronne impériale. En Angleterre, la chute des whigs écarta Marlborough du pouvoir et mit au gouvernement un cabinet tory moins hostile à la France.

(1) Louis XIV, dans une lettre contresignée par Torcy, exposa aux gouverneurs des provinces, pour qu'ils en fissent part au peuple, les raisons qui le forçaient à continuer la guerre. Cette lettre mériterait d'être citée tout au long. Nous nous contenterons cependant de répéter les paroles de M. Frédéric Masson qui en résument toute la portée : « Ce n'était point en diplomate ou en courtisan que Torcy avait parlé, c'était en patriote. Il avait révélé aux Français la patrie. Alors se retrouva de l'argent, il se retrouva du pain, il se retrouva des armées. La France se groupa irrésistiblement autour de son vieux roi, faisant face partout et prête à mourir avec lui. Il y eut, dans la nation, un de ces élans de fidélité magnanime qui sauvent les peuples et changent les fortunes ». (Frédéric Masson, *Journal inédit de Jean-Baptiste Colbert, marquis de Torcy*, Paris, 1903, p. XXXIV.)

(2) « Depuis que l'Espagne avait adopté le duc d'Anjou, la cause de ce jeune prince s'était confondue avec celle de l'indépendance nationale, et il faut reconnaître qu'il se montra digne de la vigueur déployée pour le soutenir. Philippe V gagna des batailles pendant que Louis XIV en perdait et il s'affermit dans la lutte pendant que son aïeul semblait y succomber. Le bon état dans lequel sa constance et ses généraux avaient mis ses affaires ne fut pas sans influence sur le rétablissement de celles de son aïeul ». (Ch. Giraud, *Revue des Deux Mondes* du 14 octobre 1870.)

Mais le prince Eugène était toujours avec son armée en Flandre, et le nouvel empereur Charles VI n'oubliait pas Villaviciosa. Et tandis que la mort s'abattait sur toute la famille royale, il n'y avait plus, vers la frontière, qu'une armée à opposer aux 130000 hommes qui s'apprêtaient à marcher sur Paris par la vallée de l'Oise. Le roi confia cette armée au maréchal de Villars. On ne peut trouver de pages plus belles que celles des *Mémoires* de Villars racontant son entrevue avec Louis XIV (1). Le roi, après avoir laissé paraître toute sa douleur de grand-père, se montra roi jusqu'au bout, prêt à partir lui-même avec ce qui resterait de noblesse et de soldats pour mourir en défendant l'accès de sa France à l'ennemi. Villars fut audacieux : il fut heureux. Denain sauva le pays de l'invasion finale. Exténuée, ruinée, la France pouvait néanmoins conclure la paix. Mais à bout de forces, d'hommes et d'argent, le roi allait verbalement sacrifier les droits de son petit-fils au salut de son peuple.

(1) *Mémoires du maréchal de Villars*, publiés d'après le manuscrit original pour la Société de l'Histoire de France par le marquis de VOGÜÉ, 6 vol., Paris, 1884-1904, t. III, pp. 137 et suivantes.

CHAPITRE II

LA LUTTE POUR LES RENONCIATIONS

§ 1. — *Débuts de la Conférence à Utrecht. — La mort des Dauphins.*

Nous l'avons vu, l'année 1709 avait marqué le moment du plus grand abaissement de la France. Mais dès la fin de 1710, on pouvait prévoir un changement vers le mieux, le désir de la paix se faisant déjà sentir en Angleterre.

Bien que peu apparent encore, caché sous l'éblouissement de constantes victoires, ce désir s'affirma peu à peu comme un besoin nécessaire au pays anglais et ne put échapper à la clairvoyance d'hommes tels que Henry Saint-John, devenu plus tard (14 juillet 1712) vicomte de Bolingbroke, et Robert Harley, comte d'Oxford. Les succès des armes espagnoles à Brihuega et à Villaviciosa, le réveil qui se manifestait partout en France et en Espagne, tout donnait, en effet, à réfléchir. Il semble même que telle fut la raison qui décida du changement de gouvernement à Londres. A la fin de 1710, les tories succèdent aux whigs; Bolingbroke remplace Sunderland aux affaires étrangères, Harley devient grand trésorier; Marlborough, le favori omnipotent de la reine

Anne, tombe en disgrâce; et les élections donnent au nouveau parti l'assentiment de la majorité du pays.

Depuis la rupture entre les deux nations, la France ne possédait plus aucun représentant en Angleterre. Seul, un petit abbé était resté à l'ambassade déserte ; plus fin et plus agissant qu'il n'en avait l'air, ce fut lui qui devint le premier négociateur de la paix. La mission de l'abbé Gautier, dont les débuts datent de janvier 1711, aboutit dès le 22 avril de cette année à l'envoi d'un mémoire de Torcy à Bolingbroke. L'annonce de la mort de l'empereur Joseph Ier (17 avril) ne devait que fortifier les principes développés succinctement et avec circonspection par l'habile ministre de Louis XIV.

Alors, en effet, un changement complet s'est produit. Tandis qu'à Gertruydenberg la volonté des alliés avait été de chasser Philippe V d'Espagne pour l'y remplacer par l'archiduc Charles, l'Angleterre admettait maintenant la possession de l'Espagne au petit-fils de Louis XIV. L'héroïque campagne des armées espagnoles avait certainement contribué d'une façon toute particulière à l'adoption de ce principe ; mais la mort de Joseph Ier arrivait aussi à point, car poursuivre la politique de la Haye et de Gertruydenberg et s'obstiner à placer sur le trône d'Espagne un prince qui devenait l'empereur Charles VI, c'eût été, de la part des alliés, refaire un empire de Charles-Quint tout aussi menaçant pour les Hollandais et l'Angleterre que pour la France.

Les préliminaires de la Haye et de Gertruydenberg furent donc regardés comme inexistants. On partait sur un terrain nouveau qui était celui de la reconnaissance de l'avènement de Philippe V. Mais si par là on donnait satisfaction à la maison de Bourbon, on entendait bien que celle-ci accordât des compensations aux alliés.

Ménage ayant accompagné Gautier à Londres dès le mois d'août, les deux diplomates parvinrent en septembre à faire admettre une base de discussion. Tandis qu'on renvoyait à l'étude de la conférence de la paix toutes les questions concernant la politique commerciale et le règlement des frontières, on établissait comme fondement essentiel à toute entente le principe de la séparation des deux couronnes d'Espagne et de France. L'article II était formel : Sa Majesté [Louis XIV] « consentira volontiers et de bonne foi qu'on prenne toutes les mesures justes et raisonnables, pour empêcher que les couronnes de France et d'Espagne ne soient jamais réunies en la personne d'un même prince, Sa Majesté étant persuadée qu'une puissance si excessive serait contraire au bien et au repos de l'Europe ».

Cette terreur de voir réunies les deux couronnes de France et d'Espagne fut la hantise de l'Europe depuis le mariage de Louis XIII avec Anne d'Autriche et le secret principe de tant de longues guerres. Autour de ce principe, durant plus d'un siècle, ont tourné sans relâche, se nouant et se dénouant, toutes les négociations diplomatiques. Séparer les deux couronnes, tel fut le but exclusif, unique, des négociations d'Utrecht.

Aussi cette préoccupation s'y fit-elle jour aussitôt qu'il fut possible, dans les propositions mêmes qu'apportait, au nom du roi de France, le maréchal d'Huxelles. Le congrès d'Utrecht s'était ouvert le 29 janvier, mais c'est le 10 février seulement qu'après les séances consacrées aux compliments d'usage, on aborda les questions fondamentales. « Le Roi, déclara d'Huxelles, consentira volontairement et de bonne foi à prendre de concert avec les alliés toutes les mesures les plus justes pour empêcher que les couronnes de France et d'Espagne ne soient jamais réunies sur une même tête, c'est-à-dire qu'un même prince ne puisse être tout ensemble Roi de l'une et de l'autre » (1).

C'est aussi ce jour-là qu'éclata pour la première fois aux yeux des ambassadeurs réunis le fait d'une entente entre l'Angleterre et la France sur un fondement nouveau, la reconnaissance de Philippe V comme roi d'Espagne. Bolingbroke, à cette occasion, eut même à se prévaloir de tout le désir de paix qu'en des séances mémorables les Communes affirmèrent à la reine Anne pour oser poursuivre sa politique en dépit des menées des Hollandais et de l'empereur, qui croyaient, pour leur part, retrouver les mêmes conditions qu'à Gertruydenberg. Si, d'ailleurs, l'Angleterre resta fermement attachée au nouveau système, elle n'en sut pas moins réclamer constamment, exiger de la France le principe de la séparation des couronnes : et ce principe, le roi ne le contesta jamais.

Il est vrai que les prohibitions, toutes sévères qu'elles fussent, ne sortaient guère du cadre des règles générales édictées par le testament de Charles II. Philippe V n'était en France qu'un cadet et avait été comme tel désigné dans le testament ; il ne semblait donc guère possible qu'il devînt un jour héritier du trône de France.

Ainsi, tout s'annonçait pour le mieux. Le vieux roi, pouvait-on croire, allait enfin, après des années d'angoisses et de malheurs, retrouver la tranquillité au soir de sa vie, quand un événement soudain et humainement imprévisible vint changer toute la marche des affaires et rejeter en pleine crise la France et l'Espagne.

Après les malheurs politiques, les malheurs domestiques fondirent sur le roi dans son grand âge. Le Grand

(1) *Articles préliminaires de la part de la France pour parvenir à une paix générale. — Actes et mémoires touchant la paix d'Utrecht*, t. I, pp. 162 et suiv.

Dauphin était mort le 14 avril 1711. Son fils, le charmant duc de Bourgogne, devenu Dauphin, mourut à son tour le 18 février 1713; six jours après, mourut la duchesse de Bourgogne, laissant deux enfants en bas âge, dont l'aîné, le duc de Bretagne, devenu à son tour Dauphin, ne lui survécut que jusqu'au 8 mars. En moins d'un an le titre de Dauphin avait donc passé sur la tête de trois princes, et l'enfant (futur Louis XV) qui le portait maintenant, chétif et malade, ne semblait guère devoir survivre à son frère et à ses parents. Philippe V se trouvait donc à proximité du trône, dont seul un frêle enfant le séparait. Les morts des princes donnaient à la clause de désunion des deux couronnes une importance insoupçonnée.

§ 2. — *L'Angleterre exige des renonciations. — Défense de Louis XIV et de Philippe V. — Louis XIV cède.*

Louis XIV se rendit de suite compte des difficultés que ces tristes événements feraient surgir. A sa douleur privée s'ajoutaient de nouveau les plus graves préoccupations nationales et dynastiques.

Deux jours après la mort du fils aîné du duc de Bourgogne, dans une lettre où le style délibérément froid dissimule mal la douleur et l'inquiétude, il annonça son deuil à Philippe V. « Nous ignorons les secrets de la Providence, ajoutait-il, mais Votre Majesté est regardée présentement de toute l'Europe comme prochain héritier de ma couronne et cette opinion générale augmentera les difficultés de la paix. Je suis persuadé qu'au milieu de ces événements funestes vous sentirez plus de tendresse que jamais pour votre famille, que vous vous intéresserez encore plus vivement au bien d'un royaume qui pourroit vous appartenir un jour » (1). — Le même jour, le roi transmettait au marquis de Bonnac (2), son ambassadeur à Madrid, la triste nouvelle et lui faisait part des difficultés grandissantes qu'il prévoyait. Toute l'Europe, répète-t-il, verra dans le roi d'Espagne le futur Dauphin de France, et celui-ci doit par conséquent plus que jamais songer à l'intérêt de la France qui un jour peut devenir son héritage. « Si l'amitié que je suis persuadé qu'il a pour moy l'a conduit jusqu'à présent, son intérêt y doit être mêlé désormais et lorsqu'il n'a devant lui qu'un enfant de deux ans, il est naturel qu'il fasse les mesmes réflexions que toute l'Europe et qu'il croye qu'il pourroit un jour recueillir la succession de ses Pères ». Mais cette mort amènera certainement les ennemis à demander « des seuretés qu'il sera peut-être difficile de leur donner, pour assurer que les couronnes de France et d'Espagne ne seront jamais réunies sur la mesme tête » (3).

Ce qu'il y a de remarquable dans ces réflexions du roi, c'est que le droit de Philippe V à la succession de France n'est jamais mis en doute et que *jamais* le roi ne fait allusion aux lettres patentes de 1700 comme constituant la base des droits de son petit-fils.

(1) 11 mars 1713, Archives des Affaires étrangères, Espagne, t. 218, f° 102.

(2) Jean-Louis d'Usson, marquis de Bonnac, né en 1672, mort en 1738. Diplomate de mérite, il débuta dans la carrière en Allemagne, puis passa en Suède et en Pologne. Nommé en 1711 au poste difficile de Madrid, il le quitta après la conclusion de la paix, pour occuper celui de Constantinople. Il mourut lieutenant-général du pays de Foix, maréchal de camp et conseiller d'État d'épée. Il avait épousé Françoise-Madeleine de Gontaut-Biron, fille du duc de Biron, pair et maréchal de France. — Sur l'ambassade de Bonnac, voir le *Recueil des Instructions données aux ambassadeurs et ministres de France*,... publié sous les Auspices de la Commission des Archives diplomatiques au ministère des Affaires étrangères, t. XII (Espagne), avec introduction et notes de A. Morel-Fatio et H. Léonardon, Paris, 1898.

(3) Archives des Affaire étrangères, Espagne, t. 218, f° 100.

De même, les lettres plus étendues que Torcy, à l'occasion de discussions avec les ministres anglais, écrivit en Espagne sur ce sujet, nous ramènent à la stricte et pure tradition des lois fondamentales de la monarchie française. Lui aussi, le fidèle collaborateur du roi, il voit toute son œuvre compromise par les morts survenues. « L'union des deux monarchies sur la tête d'un même prince, dit-il, est un sujet de crainte pour toute l'Europe et va devenir un prétexte dont les ennemis de la paix ne manqueront pas de se servir pour la traverser » (1).

La douleur et les craintes du roi et de son ministre trouvèrent un écho ému en Espagne. Négligeant même la politique, le roi répond à son grand-père une lettre exclusivement débordante de douleur et d'affection filiale (2). Mais il n'en va pas de même de la princesse des Ursins, dont la lettre de condoléances, adressée à Torcy, affecte un caractère politique et constitue la première page d'une longue correspondance diplomatique (3).

Dans ces conjonctures, c'est aux mains de l'Angleterre que se trouvait la décision : car il en fallait prendre une. Si l'Angleterre abandonnait la France, ou encore se tournait contre elle, tout était perdu. Or, l'empereur, les Hollandais, la Savoie travaillaient de toutes leurs forces à disjoindre les deux puissances pour ensuite se jeter à la curée sur le royaume hors d'état de se défendre. Le déplacement des sympathies anglaises entraînait donc l'échec final. Bref, il appartenait à l'Angleterre seule de pronon-

(1) Archives des Affaires étrangères, Espagne, t. 218, f° 98, lettre du 11 mars 1712.

(2) Philippe V à Louis XIV, 22 mars 1712, Archives des Affaires étrangères, Espagne, t. 218, f° 137.

(3) Lettre du 21 mars 1712, *ibid*, f° 130.

cer le jugement suprême, le mot décisif qui sauvait ou perdait la France.

Aussi la France devait-elle tout sacrifier à l'amitié anglaise. Telle est désormais sa politique nécessaire, inéluctable. Les Anglais exigeant la renonciation de Philippe V, cette renonciation sera donc acceptée de force par la France, tout en restant l'œuvre de l'Angleterre dont elle porte l'estampille juridique : car seule une nation ayant un droit public tel que le sien pouvait imaginer et imposer à la France un acte juridiquement aussi insolite et aussi nul.

Torcy jugea prudent d'aborder les questions nouvelles, — faits et opinions, — par une discussion courtoise. Le 10 mars 1712 (1), il annonce au comte d'Oxford la mort du Dauphin et les difficultés que cette mort fera certainement surgir. Mieux vaudrait s'entendre ensemble sur ce point avant de porter la question à Utrecht devant l'Europe réunie. Le roi, du reste, est prêt à accorder toutes les sûretés requises pour empêcher la réunion des deux couronnes, union qu'il regarderait « comme un malheur essentiel pour son Royaume »... « L'intérêt de la France et celui de l'Espagne s'accordent en ce point avec l'intérêt général de l'Europe. »

L'Angleterre ne tarda pas à donner sa réponse contenue dans un mémoire que l'abbé Gautier apporta à Versailles. On y trouve formulée dès lors avec une netteté parfaite la volonté dont le gouvernement anglais ne devait plus se départir : il exigeait de Philippe V une renonciation formelle à l'un des deux trônes.

En même temps, il faisait parvenir à Harley, son plénipotentiaire à Utrecht, deux notes additionnelles aux

(1) Archives des Affaires étrangères, Angleterre, t. 237, f° 87.

instructions déjà transmises. Dans la première, l'Angleterre insistait pour que « le droit de succession à la couronne d'Espagne fût expressément fixé dans le traité ». Elle proposait d'assimiler le cas d'avènement de Philippe V au trône de France à « l'extinction de la branche espagnole de Bourbon ». Quant au nouveau souverain, le choix en serait, si possible, déféré aux États d'Espagne. Tout ceci était chose faisable, et rentrait dans les attributions de la diplomatie. Mais dès la seconde note additionnelle, la crainte toujours croissante que soulevait la mort du troisième Dauphin, porta l'Angleterre à exiger de Philippe V et de ses descendants des renonciations formelles à tous leurs droits à la couronne de France (1).

Telle est, désormais fixée, la volonté de l'Angleterre : elle exigera à tout prix une renonciation formelle de Philippe V. Les ministres français auront beau objecter la nullité de l'acte, la contradiction flagrante du fait avec les lois fondamentales françaises : l'Angleterre exigera et elle obtiendra. *Sic volo, sic jubeo, sit pro ratione, voluntas,* dira-t-elle à la France.

S'il était possible, de qualifier cette renonciation imposée d'acte « à la fois européen et national aussi irrévocable dans la forme que dans le fond », il faudrait ajouter du coup à la liste des actes intangibles du droit public français ancien, et le traité de Troyes, et la quadruple alliance. Il faudrait même, selon ce principe, mettre au rang des lois constitutionnelles françaises modernes les traités de 1814 et de 1815, — et le traité de Francfort !

Torcy répondit au mémoire anglais par un mémoire français. « Ce seroit, disait-il dans sa lettre à Bolingbroke du 28 mars 1712, un bien de pouvoir mettre en usage

(1) *Correspondance de Bolingbroke*, t. II, p. 189.

l'expédient que vous proposez pour empescher à jamais le grand inconvénient de l'union des couronnes de France et d'Espagne. Mais il ne faut pas dans ces occasions bâtir sur du sable et prendre inutilement bien des précautions pour asseurer des actes qui d'eux-mêmes seraient nuls. En voulant éviter un mal on tomberait en d'autres beaucoup plus dangereux » (1). Et il ajoutait, écrivant au comte d'Oxford au sujet de son mémoire : « Vous verrez qu'en croyant trouver un remède on augmenterait le mal et que les suites en seraient terribles » (2).

Le mémoire de Torcy doit être cité à longs traits. « Il place nettement la question sur le terrain du droit public français, dit M. Pierre Laborderie, et montre dans le diplomate un défenseur de notre vieille constitution » (3). C'est en effet une belle page de droit public français que cette dépêche. Elle rappelle la netteté et la plénitude de Jean de Terre-Rouge. Elle réfléchit et développe la plus pure tradition française. Le principe statutaire y est rappelé ainsi que toutes ces dispositions si logiques, si claires, qui font du droit français l'image même d'une structure nationale, la plus organique qui fût jamais. Il n'est plus question du roi franc propriétaire de ses droits et de ses États : le roi de France est le Père du peuple, le patriarche gouvernant d'après la volonté de Celui qui crée les rois et les empires. Intangible est le contrat entre le prince et le peuple. Le roi est à vrai dire la propriété même de son peuple. Le roi et sa famille sont à celui-ci, et ils ne sont qu'à lui (4). Et c'est pourquoi les rois de France gouvernent

(1) Archives des Affaires étrangères, Angleterre, t. 237, f° 112.

(2) *Ibid.*, f° 113, lettre du 28 mars 1712.

(3) *Le droit public et le traité d'Utrecht*, dans *Feuilles d'histoire* du 1er octobre 1909.

(4) Tous ces points sont admirablement traités dans le beau livre de M. F. Funck-Brentano : *Le Roi*, Paris, 1912.

leur peuple en se succédant d'après des lois immuables et que Dieu seul pourrait changer. Seul, Dieu est au-dessus de cette loi qui est l'essentiel et souverain patrimoine de la France ; seul, il pourrait délier les liens qui rattachent la dynastie capétienne et la France à leur contrat. Ni le roi, ni le peuple ne le pourraient. Il s'agit ici de cette loi de « substitution immémoriale » dont nous avons le droit d'être fiers, puisque seule, entre tous les royaumes, la France a continué depuis le haut moyen âge de l'observer, gardant intacte durant dix siècles son alliance avec la maison des ducs de France.

Après avoir affirmé la volonté du roi de faire la paix, Torcy aborde ainsi la question des lois fondamentales :

RÉPONSE AU MÉMOIRE

apporté par le sieur Gaultier, le 23 *mars* 1712. — *Envoyée à M. de Saint-Jean avec la lettre du* 28 *mars* 1712 (1).

Le Roy ne souhaite pas moins sincèrement que la Reyne de la Grande Bretagne de prévenir les événements de la campagne et de convenir avant qu'elle soit ouverte des conditions de la paix...

Le dernier article du mémoire demande certainement une grande discussion et d'être mûrement examinée. La matière est si importante qu'on ne doit pas s'arrêter aux premières idées. Plus elles sont spécieuses, plus il est dangereux de se laisser tromper par la facilité qu'on croit trouver a les suivre.

La France ne peut jamais consentir a devenir province de l'Espagne et l'Espagne pensera de mesme a l'égard de la France. Il est donc question de prendre des mesures solides pour empescher l'union des deux monarchies. Mais on s'écarteroit absolument du but que l'on se propose et l'on tomberoit en des maux infinis, pires s'il est possible que celuy qu'on veut unanimement eviter si l'on contrevenoit aux lois fondamentales du Royaume.

Suivant ces loix le prince le plus proche de la Couronne en est l'héritier nécessaire. C'est un patrimoine qu'il ne reçoit ni du Roy son

(1) Archives des Affaires Étrangères, Angleterre, t. 237, f°s 115 et suiv. — Saint-Jean est Bolingbroke.

prédécesseur ni du peuple mais du bénéfice de la loy; en sorte qu'un Roy cessant de vivre, l'autre lui succède aussitôt sans attendre le consentement de qui que ce soit. Il succède non comme héritier mais comme le maître du Royaume dont la seigneurie lui appartient, non par choix, mais par le seul droit de sa naissance.

Il n'est redevable de sa couronne ni au testament de son prédécesseur ni a aucun Édit ni a aucun décret ni enfin a la libéralité de personne, mais a la loy. Cette loi est regardée comme l'ouvrage de celuy qui a estably toutes les monarchies, et nous sommes persuadés en France que Dieu seul la peut abolir.

Nulle renonciation ne peut donc la détruire et si le Roy d'Espagne donnoit la Sienne pour le bien de la paix et par obéissance pour le Roy son Grand père on se tromperoit en la recevant comme un expedient suffisant pour prevenir le mal qu'on se propose d'eviter.

Ce seroit au contraire la source de plus grands maux, et ce seroit ouvrir la porte a des guerres intestines dans le Royaume, dont le feu embraseroit encore toute l'Europe.

Il faut donc chercher d'autres expedients pour empêcher a jamais une union également dangereuse a la France a l'Espagne et a toute l'Europe.

Le feu Roy d'Espagne Charles II avoit sagement prévu l'inconvenient de la réunion des deux monarchies. Il y avoit aussi remédié par son testament car en même temps qu'il appelle le Roy Philippe V alors Duc d'Anjou a la succession des ses Royaumes, il déclare que si ce prince héritant de la Couronne de France en prétère la jouissance a celle de la Monarchie d'Espagne, la succession de cette monarchie doit passer a M. le Duc de Berry; et si M. le Duc de Berry succède a la couronne de France, l'archiduc second fils de l'Empereur est appellé par le même Testament a la succession d'Espagne. Le fils aîné de l'Empereur estant exclu par la même raison d'empêcher l'union de la Couronne Impériale avec celle de l'Espagne.

Depuis que le Roy Philippe V regne, il a déclaré et fait enregistrer dans les Conseils d'Espagne la déclaration portant que les descendants de la Reyne Anne d'Autriche devoient succeder a la couronne d'Espagne au deffaut des descendants de la feu Reyne Marie Therese; ainsi M. le Duc d'Orléans succéderoit au deffaut de M. le Duc de Berry.

Cete disposition conforme aux loix et de France et d'Espagne pouroit estre confirmée par le traité de paix, autorisée nouvellement s'il estoit nécessaire par les Cortes ou États du Royaume d'Espagne, elle asseureroit la séparation perpétuelle des deux Monarchies, elle ne seroit point sujette aux inconvénients d'une renonciation qui ne peut jamais être solide estant faite contre les loix (1).

Cette théorie si juste et si précise est encore développée une fois à Utrecht par l'abbé Gautier (2). Voilà donc fixé le point de droit français.

Mais l'Angleterre, sûre de sa force matérielle, continuera d'imposer son point de vue à la France ; à Utrecht ainsi qu'à Troyes, la France sera régie par le droit anglais.

« Nous voulons bien croire, répondait Bolingbroke à Torcy, que vous êtes persuadés en France que Dieu seul peut abolir la Loy sur laquelle le droit de votre succession est fondé ; *mais vous nous permettrez d'être persuadés dans la Grande Bretagne qu'un prince peut se départir de son droit par une cession volontaire*, et que celuy en faveur de qui cette renonciation se fait, peut être justement soutenu dans ses prétentions par les Puissances qui deviennent garantes du Traitté. » L'obscurité n'est pas le défaut de la langue politique anglaise. La France et son droit public sont donc vaincus par l'Angleterre qui lui impose son droit; car ajoute Bolingbroke, « la reine... ne consentira jamais à continuer les négociations de paix à moins que l'expédient qu'elle a proposé ne soit accepté ou quelque autre également solide » (3).

Cette lettre qui exprime toute la théorie juridique des Anglais vaut la peine d'être lue avec attention. Bolingbroke qui n'a jamais été juriste se permet cette fois des

(1) Torcy dit dans ses *Mémoires*, 1756, t. III, p. 291, que les « termes employés autrefois par un fameux magistrat (Jérôme Bignon, avocat général) servirent à répondre ». En conclure que c'est là seulement l'opinion de Bignon, c'est faire preuve d'ignorance en histoire du droit français.

(2) Cf. Courcy, p. 55.

(3) Lettre du 23 mars/3 avril 1712, Archives des Affaires étrangères, Angleterre, t. 237, f° 132.

anomalies juridiques éclatantes. Dans une même phrase, il décide des droits de Philippe V et de ceux de ses descendants, et il confond droit public interne et droit public international, avec un flegme insulaire.

Philippe V pouvait à la rigueur renoncer à ses droits : non point qu'il pût se dessaisir d'un droit que sa naissance lui imposait, mais il pouvait abdiquer personnellement, comme un roi fatigué du pouvoir. Mais ce qui était juridiquement inadmissible, c'est que cet acte de renonciation ou d'abdication personnelle entraînât pour ses descendants la déchéance d'un droit quelconque. Les textes du droit public interne français dont seul relève l'acte de Philippe V sont, nous le verrons, absolument formels dans ce sens. Faut-il rappeler les mots de Jean de Terre Rouge à propos du traité de Troyes et du Dauphin Charles VII : « patre vivente habet ius formatum successionis in regno, adeo solidissimum, quod per voluntatem aut dispositionem aut alterius avocari non potest ab eodem in humanis superstite » ? Faut-il rappeler Juvenal des Ursins, du Moulin, Claude de Seyssel, du Tillet, Hotman et Jean Bodin ? Il serait abusif de citer dès ce chapitre l'opinion de tous ces juristes, que nous exposerons plus loin et à loisir : il suffit d'invoquer leur nom et leur autorité pour prouver le néant des dires de Bolingbroke, c'est-à-dire l'invalidité des actes imposés de renonciation.

C'est donc par une obstination singulière qu'on mêle le droit public national français avec le droit public international. Cette confusion intéressée marque et vicie dans leur fond les négociations, comme les jugements que l'on portera plus tard sur elles. Elle s'étend au surplus jusqu'à la confusion constante du droit public et du droit privé. Des historiens invoqueront, en faveur de cette paix anglaise, et contre la juste révolte de Philippe V, le principe de la royauté propriété personnelle et absolue du roi, ils invoqueront les partages de l'époque franque, — Childebert et Thierry, Chilpéric et Gontran ! — Un pas de plus, et ils nous montreraient sans sourire, en l'an de grâce 1713, deux donjons mérovingiens, soumis à la seule loi de leurs maîtres et s'érigeant l'un à Paris, l'autre à Madrid !

Le cas pourtant était limpide, la question était très nettement posée : il fallait accepter la proposition anglaise, toute contraire qu'elle fût au droit français, ou trouver encore en dernière heure une contreproposition équivalente.

Or, en même temps que Torcy développait la thèse française aux ministres anglais, Louis XIV exposait dans une lettre à Bonnac ses propres idées. La proposition anglaise de faire renoncer Philippe V à ses droits est un acte qu'il ne peut accepter. « Cette proposition, dit-il, est si contraire aux loix fondamentales de mon Royaume qu'un pareil engagement de la part du Roy d'Espagne ne pourroit jamais subsister, et, bien loin d'asseurer la paix, il pourroit donner lieu à des guerres dont personne ne verroit la fin ».

Ces mots prennent une singulière importance sous la plume de Louis XIV. Non seulement il y affirme toute la puissance des lois fondamentales françaises, mais en face même d'un adversaire prêt à recommencer la guerre il ne peut se décider à passer outre. Il propose donc que, dans le cas de la mort du Dauphin, Philippe V revienne en France, laissant l'Espagne à son frère cadet le duc de Berry (1).

En Espagne, les préoccupations n'étaient guère

(1) Louis XIV à Bonnac, 28 mars 1712, Archives des Affaires étrangères, Espagne, t. 213, ° 48. — Charles de France, duc de Berry, qui devait

moindres. Philippe V, sans doute, se savait très aimé du peuple et aimait lui-même son royaume, bien que la faction de certains Grands pût encore lui créer des difficultés, ainsi qu'à la reine : mais, rapportait Bonnac à Torcy (1), dans le cas de la mort du Dauphin, « je crois qu'on ne serait pas longtemps à voir l'un ou l'autre passer en France ».

Enfin, le marquis de Torcy ne cessait de répéter qu'une renonciation du roi Philippe V était chose impossible. Le 4 avril, il écrivait à la princesse des Ursins (2) : « C'est un expédient qui ne peut jamais être bon, quand même Sa Majesté Catholique seroit assez mal conseillée pour l'accepter. Les lois du royaume s'y opposent et l'ordre qu'elles établissent pour la succession à la couronne ne se peut renverser, pour quelque raison que ce puisse être. On ouvriroit la porte à des guerres civiles dont il serait bien difficile de voir la fin ».

Il fallait cependant trouver un biais. Le 8 avril, Torcy répondait à Oxford (3) que le principe de la séparation des deux couronnes était également essentiel, tant pour l'Espagne que pour la France ; mais que, quant à l'assurer, il proposait, lui, d'attendre que le cas se présentât, c'est-à-dire que Philippe V eût, par le fait de la mort du Dauphin, à choisir pour lui et ses enfants entre les deux couronnes, et qu'on établît en prévision de ce cas un traité garanti par toutes les puissances signataires qui fixerait le successeur au trône d'Espagne. Que si Philippe refusait de rentrer en France, dans ce cas-là seulement et en vertu

mourir le 4 mai 1714, était le dernier des trois fils du Grand Dauphin. Marié en 1710 à Marie d'Orléans, fille du duc, il n'avait eu d'elle jusqu'alors qu'une fille morte en naissant (1711). Ses autres enfants moururent en bas âge.

(1) 4 avril 1712, Archives des Affaires étrangères, Espagne, t. 213, f° 98.

(2) *Ibid.*, f° 60.

(3) Archives des Affaires étrangères, Angleterre, t. 237, f° 143.

d'un acte international, les puissances conviendraient solidairement d'empêcher une tentative d'union des deux couronnes. Torcy proposait donc qu'on laissât la question pour le moment ; mais, si l'Angleterre tenait à la résoudre de suite, le seul terrain d'entente possible était le droit international.

Ainsi cherchait-il à tourner ou à ajourner la difficulté. Mais Bolingbroke ne cédait pas. Dans une longue réponse (1), il établit de nouveau la volonté formelle de l'Angleterre d'obtenir de Philippe V une renonciation immédiate, soit à la France, soit à l'Espagne. Ce prince que le gouvernement anglais ne désigne pas encore sous le nom de roi, mais par des circonlocutions diplomatiques telles que : « le prince dont il s'agit », « ce prince dont nous parlons », est actuellement trop faible pour résister aux Anglais ; et ceux-ci le savent trop bien pour ne pas profiter sur l'heure de l'anéantissement de la puissance des deux pays. Car la fin de la lettre de Bolingbroke laisse clairement percer cette idée, qu'après tout, dans l'avenir, lorsque Philippe V pourra se trouver en face d'un choix entre deux couronnes, la France et l'Espagne pourront bien aussi avoir reconquis leur force antérieure et empêcher toute immixtion des puissances, actuellement unies par la Grande alliance, dans leurs règlements intérieurs.

Il n'y a donc plus de doute sur la nécessité de prendre un parti, ni même sur le parti à prendre. Toute-puissante, l'Angleterre réclame comme prix de la paix la renonciation de Philippe V.

Dans les lettres toujours nobles et mesurées du Roi on sent cette fois passer un frisson de colère contre l'en-

(1) 17 avril 1712, Archives des Affaires étrangères, Angleterre, t. 237, f° 157.

nemi implacable, dont il devait en ce moment, lui, le souverain jadis le plus obéi du monde, subir la loi : « Quoique j'ay, écrit-il à Bonnac (1), rejetté cette proposition comme estant insoutenable et contraire aux lois de mon Royaume... », cela « n'a pas empesché les ministres de la Grande-Bretagne d'insister encore de nouveau sur ce mesme expédient comme le seul qu'ils croyent capable d'asseurer non seulement l'Angleterre, mais l'Europe entière contre la crainte de la réunion ». Une dernière fois il tâchera par des contre-propositions d'éviter la renonciation à son petit-fils, mais, ajoute-t-il, « je m'attends au contraire que la réponse que je recevray, sera une déclaration plus précise que jamais, qu'il faut que le Roy mon petit-fils choisisse ou d'abandonner dez à présent l'Espagne et de revenir auprez de moy pour jouïr des droits qu'il n'aura peut-estre jamais sur ma succession ou de renoncer à cette mesme succession pour luy et pour ses descendants et de conserver à ce prix l'Espagne et les Indes ». Que Bonnac le prépare donc à se décider dans un sens ou dans l'autre, le roi ne l'influencera pas.

En ce moment critique, une longue lettre de Torcy à la princesse des Ursins vient nous éclairer sur les idées intimes du gouvernement français (2). Après avoir pesé les diverses propositions, Torcy constate l'impossibilité d'empêcher la guerre si la question de l'union des deux couronnes n'est pas résolue conformément aux désirs de l'Angleterre. Or, « les moyens de la soutenir sont plus épuisés que jamais, pour ne pas dire qu'ils manquent absolument ». La guerre serait donc un désastre dont la France accuserait Philippe V d'être l'auteur. Que faire

(1) 9 avril 1712, Archives des Affaires étrangères, Espagne, t. 213, f° 76.

(2) Même date, *ibid.*, f° 79.

alors? « Un politique alerte lui diroit de tout promettre pour faire la paix parce que la renonciation qu'il fera, étant contre les lois, ne pourroit jamais subsister... » En tout cas, « il faut que la résolution soit prompte et la réponse de même, car les instances vont être vives de la part de l'Angleterre et il est dangereux de laisser rompre la négociation ». Il s'agit donc, pour le roi d'Espagne, ou bien de « revenir en France attendre le sort incertain d'un enfant qui le précède dans l'ordre de succession à la couronne, ou de renoncer, ce qu'il ne peut faire valablement selon nos loix (1), aux droits qu'il a sur cette couronne ».

Ainsi, même dans cette lettre où il est obligé de constater l'absolue nécessité de la paix, l'abattement complet de la France, Torcy ne peut se résigner à voir piétiner les lois fondamentales. Et il conseille indirectement au roi de tout souscrire en faveur de la paix, tout en sachant bien l'inanité de ces actes. On ne pourra cependant pas l'accuser de duplicité. Car on accuserait du même fait tout gouvernement qui, après la défaite, signe la paix avec l'idée intérieure très arrêtée, très définie, d'une revanche à prendre en de meilleurs jours.

Cependant les événements se précipitent. L'Angleterre va recommencer les hostilités si on ne lui donne pas satisfaction. Louis XIV presse son petit-fils de lui donner réponse. « La nécessité de la paix augmente chaque jour, lui écrit-il le 18 avril (2), et les moyens de soutenir la guerre estant épuisés, je me verrai enfin obligé de traiter à ces conditions également désagréables et pour moy et

(1) Le marquis de Courcy omet sans indiquer l'omission ces mots : « ce qu'il ne peut faire valablement selon nos lois ». Ils ont cependant une importance qu'on ne saurait nier.

(2) Archives des Affaires étrangères, Espagne, t. 218, f° 158.

pour Votre Majesté. » Cette dépêche se croisera en route avec celle de Bonnac annonçant à Louis XIV les résolutions de Philippe V. Ce prince, moins convaincu peut-être que son aïeul de l'imminence du danger anglais, s'en tient encore aux principes du droit. Et pourtant, un mois plus tôt, Bonnac plus perspicace avait déjà mandé à Torcy : « Je crains qu'il ne faille s'arrêter moins à cela, au fondement qu'on peut tirer du droit, qu'à la volonté de nos ennemis » (1). Philippe V se dit qu'au cas où il serait appelé en France, un de ses fils hériterait de l'Espagne et qu'ainsi le partage de la maison de Bourbon en deux branches se ferait logiquement. Quant à céder l'Espagne au duc de Berry, ce serait faire préjudice à ses enfants et créer pour plus tard des occasions de guerre. Il ferait cependant élaborer par les plus habiles gens du royaume « un projet afin de prévenir la réunion des deux couronnes sur une même tête » (2).

C'était raisonner selon le droit et les lois ; mais en avril 1712 les lois et le droit français ne comptaient plus guère. Seule la volonté de l'Angleterre décidait tout.

§ 3. — *Philippe V est forcé de céder.*

Avant même de recevoir la lettre par laquelle Bonnac lui faisait part des idées de son petit-fils, Louis XIV exposa dans une nouvelle lettre à son ambassadeur à Madrid toute l'urgence d'une décision (3).

« Le gouvernement d'Angleterre, écrit-il, demandera plus fortement que jamais que le Roy d'Espagne renonce

(1) 14 mars 1712, Archives des Affaires étrangères, Espagne, t. 213, f° 27.

(2) Bonnac à Louis XIV, 11 avril 1712, *ibid.*, f° 138.

(3) 18 avril 1712, Archives des Affaires étrangères, Espagne, t. 213, f° 102.

à ses droits et à ceux de ses enfants sur ma succession. Malgré le peu de solidité d'un pareil acte, les ministres d'Angleterre ne peuvent se contenter d'une moindre précaution puisqu'ils la croyent bonne. » En deux mots : la France est épuisée, et le roi ne peut achever de la ruiner pour sauver le trône d'Espagne.

D'un autre côté, il lui semble impossible qu'après onze ans de luttes en commun, pendant lesquelles les Espagnols donnèrent tant de marques de fidélité, Philippe V se décide à les abandonner.

Il fait donc appel aux sentiments de famille de son petit-fils, pour l'engager à accepter la renonciation imposée par les Anglais : « Je suis mesme persuadé que le Roy d'Espagne pensant à la grandeur de sa maison, autant qu'à ses intérêts particuliers, jugera qu'il est plus glorieux pour luy que mes petits enfants règnent un jour en France et en Espagne, que d'abandonner l'Espagne à des étrangers ».

A la fin de sa lettre, le vieux roi se fait presque menaçant : les moyens de faire la guerre étant épuisés, la paix sera faite à n'importe quelle condition.

Un *post-scriptum* vient, d'ailleurs, annoncer presque le fait accompli : « La réponse définitive de l'Angleterre est arrivée. La paix est absolument rompue si le Roy d'Espagne ne renonce à ses droits sur ma succession, et si le duc de Berry ne renonce en mesme temps aux siens sur la couronne d'Espagne. Il ne reste plus qu'à décider si je veux la paix à ce prix ou la continuation de la guerre. Comme le second parti ne se pourroit soutenir, je prendrai certainement le premier ; j'espère que Dieu conservera la vie au Dauphin, qu'ainsi je ne ferai nul tort au Roy mon petit fils. »

Cette dernière phrase, émouvante dans sa simplicité,

démontre une fois de plus combien le roi était persuadé du bon droit de Philippe V à la couronne de France en cas de mort du Dauphin ; combien l'esprit des lois fondamentales était encore fort.

Torcy faisait parvenir par le même courrier une lettre où l'état de la France et la nécessité de faire la paix en se pliant aux exigences anglaises est encore plus sombrement décrit (1) : « Ceux qui connoîtront l'état du Royaume diront tous qu'il faut à quelque prix que ce soit faire la paix, parce qu'il est absolument impossible de soutenir la guerre. Les ennemis, beaucoup plus diligens qu'à l'ordinaire, s'assemblent et menacent Arras et Cambray. Quelques ordres que le Roy ait donnés, les moyens estant épuisez, tout manquera bientôt, subsistance, argent. La frontière est faible, et peut-être, il faudra malgré qu'on en ait, s'exposer au risque d'une bataille dont l'enemi s'il étoit malheureux bouleverseroit tout le Royaume. Voilà, Madame, en quelle situation l'on se trouve, et cet estat pressant oblige le Roy à donner à M. de Bonnac des ordres encore plus positifs de sçavoir les intentions du Roy d'Espagne et même de le déterminer s'il est nécessaire sur le parti qu'il doit prendre par rapport à la demande de l'Angleterre. L'indécision peut causer la perte de deux Royaumes, de celuy de France et de celui d'Espagne ».

La route de Madrid à Paris est longue... L'impatience, la nécessité d'emporter de vive force la renonciation de son petit-fils font écrire une fois de plus Louis XIV à Bonnac. Les propositions du roi d'Espagne sont assurément justes, dit-il, « mais il y a des conjonctures où les raisonnements ne suffisent pas et le meilleur droit est peu considéré lorsqu'il est fortement attaqué et que les forces

(1) Torcy à la princesse des Ursins, 18 avril 1712, Archives des Affaires étrangères, Espagne, t. 213, f°s 109 et suivants.

manquent pour le soutenir ». Quant à la consultation que le roi d'Espagne fait préparer, elle ne calmera guère « l'appréhension véritable ou feinte » de toute l'Europe. « Ces ouvrages de gens habiles sont bons lorsqu'on peut les soutenir par la force des armes, mais quand l'estat des affaires oblige à faire la paix, il faut que les raisons les mieux expliquées, mesme les plus justes, cèdent à cette nécessité » (1).

Cette nécessité devient si évidente qu'avant d'avoir la réponse de Philippe V, la France s'engage à obtenir « mesme par la force le choix du Roy catholique, pour assurer à l'Europe la paix » (2).

Or, Philippe ne donne toujours pas de réponse affirmative. De nouveau, le 28 avril, le Roi s'adresse à son petit-fils. « Tous les instants, écrit-il, sont précieux ; déterminez-vous au plus vite et faites-moi faire une paix glorieuse » (3). Un courrier extraordinaire apportait à Bonnac la question, cette fois catégorique, du roi à son petit-fils : Philippe V acceptait-il ou refusait-il la proposition anglaise? Pour sa part, Louis XIV déclarait net : je suis décidé de « faire la paix de quelque manière que ce soit, si le Roi mon petit fils ne concourt pas, avec moi, à la faire aussi avantageuse et aussi glorieuse, pour lui, que je l'ai toujours désirée » (4).

Mais déjà la résolution de Philippe V était prise. Dans une lettre datée du 22 avril 1712, c'est-à-dire antérieure aux dernières lettres de Louis XIV, il annonce avec un langage plein de noblesse et de dignité royale

(1) 25 avril 1712, Archives des Affaires étrangères, Espagne, t. 213, f° 125.

(2) Torcy à Bolingbroke, 26 avril 1712, Archives des Affaires étrangères, Angleterre, t. 237, f° 166.

(3) Archives des Affaires étrangères, Espagne, t. 218, f° 137.

(4) Louis XIV à Bonnac, 28 avril 1712, *ibid.*, t. 213, f° 145.

sa soumission aux désirs de son aïeul et de la France (1).

Après avoir récapitulé brièvement la marche des événements, Philippe V s'étonne « qu'avant de faire des propositions telles que les dernières, on n'ait pas songé à en faire qui fussent suivant les loix de la succession naturelle et rassurassent, en mesme temps, les ennemis de la crainte qu'ils ont de la réunion des deux monarchies ». Partager les deux trônes le cas échéant entre lui et l'un de ses enfants eût été plus simple et conforme au droit ; le résultat de la scission de la maison de Bourbon en deux branches eût ainsi été atteint légalement, et en satisfaisant à la fois l'Espagne, la France et les alliés. « Mais si malgré cela les Anglois, aveuglés de l'envie d'asseurer, dès cette heure, que les deux couronnes ne se puissent jamais réunir, persistent à demander comme il y a beaucoup de fondement de le craindre, que je renonce à la succession de France, et que la continuation de la guerre ou la conclusion de la paix en dépendent, *malgré l'obligation où je suis d'avoir égard au droit naturel et incontestable que nous avons, moi et mes descendants, à la succession des deux couronnes*, considérant la malheureuse situation où la France se trouve, et voulant faciliter la paix de l'Europe, achever une aussi sanglante guerre et faire voir ma reconnaissance à mes sujets, qui ont contribué, par leur fidélité et par tous les efforts qu'ils ont faits, à me maintenir sur le Trône, enfin par la tendresse que j'ai pour vous, qui me ferait sacrifier encore plus, si cela était possible, pour Votre bonheur et Votre repos, je suis déterminé, au cas où l'on ne trouvera pas d'autre expédient pour conclure la paix, à renoncer à la succes-

(1) Philippe V à Louis XIV, 22 avril 1712, Archives des Affaires étrangères, Espagne, t. 213, f° 165, et *ibid.*, t. 218, f° 181.

sion de la couronne de France, en la manière dont vous le jugerez le plus à propos ».

On ne peut caractériser avec plus de netteté un acte de renonciation forcée. Philippe V développe à nouveau la thèse française. Après Louis XIV, après Torcy, après tous les juristes et diplomates qui ont eu à s'occuper de la question, le jeune roi d'Espagne affirme son droit à la succession française, reposant, non point sur quelque lettre patente comme celle de 1700, mais sur le fondement juridique de la monarchie capétienne, sur les lois fondamentales, sur ce « droit naturel et incontestable » qui est le principe même de tout le droit public français. Si, tout en protestant de son droit, il y renonce, c'est que la perte de la France et de l'Espagne dépendant, comme l'avait dit Torcy, de sa résolution, Philippe V ne pouvait agir autrement. Et c'est cet acte de vaincu, cédant tout ce que désire le vainqueur le genou sur sa poitrine, qu'on a voulu appeler un « acte national » !

Avant d'envoyer à son aïeul sa lettre décisive, Philippe V la montra à Bonnac. Il lui expliqua ses idées et les causes déterminantes de son acte. Bonnac les rapporte à Louis XIV en ces termes : « Il me dit : qu'ayant l'estime qu'il devoit avoir pour sa naissance, et pour les droits qui y estoient attachés, il n'avoit jamais passé par son imagination que rien ne fust capable de l'y faire renoncer, que cependant, considérant l'estat des affaires de Votre Majesté et celuy des siennes propres, la supériorité des forces des ennemys et leur obstination ; le désir de complaire à Votre Majesté, l'amour qu'il avait pour la Nation française, et la reconnaissance qu'il devoit aux Espagnols l'avoient déterminé à renoncer pour luy et pour les Princes ses enfants à ses droits à la succession de la couronne de France » (1). Tout entier à la douleur du sacrifice qu'il avait dû faire, Philippe V put donc se trouver blessé des lettres que son aïeul lui avait adressées avant de connaître sa décision (2).

Mais Louis XIV, désormais sûr de la décision de son petit-fils, pouvait avec plus de tranquillité envisager l'avenir. Ayant en main la lettre du roi d'Espagne qui lui permettait, le cas échéant, de tout céder aux Anglais, il chercha encore, avec son esprit éminemment politique et tenace, à tirer les événements en longueur.

Torcy s'ingénie à des propositions nouvelles : on fera tout, sinon pour empêcher, du moins pour retarder le plus longtemps possible l'acte de renonciation du roi d'Espagne. Le ministre écrit à cet effet à la princesse des Ursins, lui exprimant d'abord le contentement du roi pour l'acte généreux de son petit-fils, mais ajoutant qu'on le tiendra secret tant que le dernier espoir ne sera pas évanoui (3). Louis XIV, quelques jours plus tard, reprend ce thème dans une lettre à Bonnac (4) : la renonciation du roi d'Espagne lui répugne à tel point qu'il préfère prolonger les discussions épineuses, plutôt que de laisser consommer l'acte sans avoir tout fait pour l'empêcher. « J'aime mieux perdre quelques jours d'un temps précieux, écrit-il, que de la négliger [l'espérance d'arrêter les Anglais] ». Il les perdit si bien, et les Anglais se montrèrent si fatigués de ces lenteurs à « renoncer » que les

(1) Bonnac à Louis XIV, 23 avril 1712, Archives des Affaires étrangères, Espagne, t. 213, f°s 171-174.

(2) Philippe V à Louis XIV, 2 mai 1712, Archives des Affaires étrangères, Espagne, t. 218, f° 203.

(3) Torcy à la princesse des Ursins, 2 mai 1712, Archives des Affaires étrangères, Espagne, t. 218, f°s 179-180.

(4) 9 mai 1712, *ibid.*, t. 213, f° 190.

négociations faillirent encore être rompues : Bergeick, ministre de Philippe V, en fit même le reproche à Torcy et put écrire à son maître cette phrase vraiment émue : « Il [Torcy] a si fortement écrit que Votre Majesté ne pouvait pas faire cette renonciation et qu'elle serait nulle ; il a si fortement appuyé cette nullité sur les lois du royaume de France que j'ai craint, sire, un instant que les Anglais en prendraient ombrage et s'en seraient cabrés » (1).

Mais voici que soudainement, contre toute attente, l'Angleterre change de projet et fait au roi d'Espagne une proposition nouvelle.

§ 4. — *Nouveau projet anglais. — Philippe V le refuse. — Les renonciations solennelles.*

Au cas où le roi d'Espagne refuserait de renoncer à ses droits sur la France, l'Angleterre maintenant proposait un nouveau partage : l'Espagne et les Indes seraient attribuées au duc de Savoie ; Philippe V aurait toute l'Italie à l'exception de la Sicile et du Milanais, qui resteraient à l'empereur, et, bien entendu, des États pontificaux. Si la Providence réservait à Philippe le trône de France, ce prince pouvait ainsi devenir le roi d'un royaume agrandi de tous les états de Naples et de Savoie.

Le projet séduisit vivement Louis XIV. Avoir peut-être, pendant les dernières années de sa vie si attristée par la mort de ses enfants, son petit-fils bien-aimé auprès de lui ; donner à sa maison l'occasion d'agrandir éventuellement la France : c'était pour lui bien tentant. Il fit aussitôt de ce projet sa chose et le communiqua à

(1) Bergeick à Philippe V, 16 mai 1712, Archives d'Alcala, l. 2530, cité par BAUDRILLART, t. I, p. 487.

Bonnac (1). Puis, craignant que la sécheresse d'une communication diplomatique ne touchât point son petit-fils, il s'adressa directement à lui. Mais on ne retrouve plus ici le roi des lettres précédentes, parlant pour obtenir de vive force une décision. Ce qu'on lit, c'est la lettre d'un grand-père à son petit-fils, lettre débordante d'affection pour lui : dans la tristesse de ses dernières années, l'aïeul aurait au moins la consolation de revoir un enfant qu'il aime tendrement.

L'affaire presse. Bonnac a eu l'ordre de donner rapidement réponse ; il a aussi reçu un pli cacheté qu'il doit ne remettre au roi d'Espagne que comme dernier argument. L'ambassadeur ne perd donc pas de temps. En deux longues dépêches, datées du 29 mai, il raconte les entrevues qu'il a déjà eues avec le roi et avec la princesse des Ursins (2).

La réponse est nette : Philippe V refuse d'accepter la nouvelle proposition.

Dans une lettre à Louis XIV (3), le roi d'Espagne voulut, d'ailleurs, lui exposer directement toutes les raisons qui l'empêchaient d'accéder à sa demande. Ce jour-là, Philippe V se montra bien supérieur à son aïeul. Tandis que celui-ci, oublieux des raisons qui lui avaient fait accepter le testament de Charles II, ne savait apercevoir dans ce projet séduisant que le mirage d'un agrandissement de la France et une satisfaction personnelle, Philippe V reprenait la cause que Louis XIV avait jusque-là toujours défendue, celle de la vraie tradition française, tradition séculaire dans la maison de Bourbon

(1) 18 mai 1712, Archives des Affaires étrangères, Espagne, t. 214, f° 19.

(2) Archives des Affaires étrangères, Espagne, t. 214, f°s 143-152. — La lettre cachetée du roi à Philippe V se trouve *ibid.*, t. 218, f° 223.

(3) 29 mai 1712, Archives des Affaires étrangères, Espagne, t. 218, f° 255.

et pour laquelle deux mariages royaux et plus de vingt ans de guerre avait été faits. L'implantation de la maison de France dans un royaume voisin, autonome, mais allié nécessaire par sa situation géographique, était un fait d'une importance diplomatique bien supérieure à l'annexion des turbulents états italiens, si divers de besoins et d'aspirations, et que seule la force armée pouvait tenir assujettis à la France. Il faut, du reste, ajouter, à la gloire de Philippe V, que, s'il rendait avant tout un immense service à la France en restant roi d'Espagne, sa décision témoignait aussi de son généreux attachement à son royaume. Il poussait ce sentiment jusqu'au sacrifice. Philippe V, en effet, ne se dissimulait pas la décadence déjà manifeste du pays, les difficultés sans nombre qu'il aurait à subir, les factions politiques qu'il aurait à vaincre : mais il ne songeait en ce moment qu'à la fidélité témoignée par ses sujets pendant les désastres de la guerre. Il lui semblait ingrat de les abandonner.

Acte de haute politique autant que de noblesse de cœur, le refus d'abandonner l'Espagne honorait donc grandement Philippe V et jetait une lumière plus vive sur ses qualités déjà connues de courage, de constance et d'ardeur au bien.

Devant une telle lettre, il n'y avait qu'à s'incliner. Il n'y avait même qu'à admirer. Louis XIV, bien que contrarié, ne put s'empêcher de témoigner son plaisir de la noblesse du refus (1). Il en informa de suite l'Angleterre, et en même temps prescrivit à Bonnac (2) de faire dresser les actes de renonciation. La paix était assurée.

(1) Louis XIV à Philippe V, 13 juin 1712, Archives des Affaires étrangères, Espagne, t. 218, f° 264.

(2) 12 juin 1712, Archives des Affaires étrangères, Espagne, t. 214, f° 163.

En effet, dès que le gouvernement anglais en eut connaissance, la reine fit part au Parlement de la victoire diplomatique. Dans son discours du 17 juin, elle ne cache aucunement que si Philippe V a renoncé à la France, c'est l'Angleterre qui le lui a imposé. « Je n'ai pas voulu, dit-elle, me contenter des moyens qui sont spéculatifs ou qui dépendent seulement des traités; j'ai insisté sur le solide et d'avoir en main le pouvoir d'exécuter ce dont on serait convenu... La France et l'Espagne sont maintenant plus divisées que jamais, et ainsi, par l'assistance de Dieu, il se trouvera une balance de pouvoir réellement établie en Europe, de manière à n'être sujette qu'à ces accidents imprévus desquels il est impossible d'affranchir entièrement les affaires humaines » (1).

Les Communes approuvèrent vivement le discours de la Reine, mais les pairs opposants, plus au courant de la question, objectèrent que la renonciation de Philippe V était nulle, qu'elle n'obligeait pas ses enfants; que leur droit de naissance était inviolable, selon la constitution fondamentale du royaume de France; qu'on ne pouvait même raisonnablement se promettre que les deux couronnes de France et d'Espagne resteraient séparées dans les branches de la maison de Bourbon; que le projet du ministère n'aurait d'autre résultat que d'unir ensemble les monarchies de France et d'Espagne, et d'établir la monarchie universelle dans la maison de Bourbon (2).

Alors les Anglais crurent remédier au vice de nullité radicale par la demande d'une contre-partie à la renonciation de Philippe V. Le duc de Berry et le duc d'Orléans renonceraient à l'Espagne.

Cette exigence de l'Angleterre est bien un des actes

(1) *Actes et Mémoires...*, t. II, p. 25-55.
(2) *Ibid.*, t. II, p. 35.

les plus inconsciemment étourdis que le gouvernement de la reine Anne exigea. Les droits éventuels du duc de Berry et du duc d'Orléans provenaient pour le premier de la nullité des renonciations de Marie-Thérèse et pour le second de la nullité des renonciations d'Anne d'Autriche. Ainsi, en voulant donner un contrepoids solide aux renonciations de Philippe V, les Anglais provoquaient deux nouvelles déclarations solennelles de l'inexistence des renonciations de Marie-Thérèse et d'Anne d'Autriche, lesquelles étaient identiques à celles de Philippe V.

Enfin, ils demandèrent la ratification des renonciations par les États généraux du royaume de France. Évidemment, le souvenir de 1420 était resté vivant dans la chancellerie anglaise. Mais Torcy fit remarquer à lord Bolingbroke (1) que ce n'était point là affaire des États généraux et qu'on ferait enregistrer les renonciations dans les parlements de Paris et les provinces, ainsi qu'il se pratiquait pour tous les traités entre la France et l'étranger; que, d'ailleurs, ces actes, dont la valeur en France était radicalement nulle, ne pouvaient être considérés — même enregistrés — que comme des actes, authentiques sans doute, mais purement internationaux, portant en eux-mêmes les faiblesses de tout acte établi sous le contrôle de plusieurs puissances. Si une seule des conditions essentielles venait à manquer, elle entraînait la perte des autres; et la fiction de l'existence éternelle d'une telle convention était de tous points semblable à celle de tout traité de paix.

C'est une pensée pareille que, deux mois plus tard, Louis XIV exprimera dans une lettre à Bonnac (2) :

(1) Lettre du 22 juin, *Correspondance de Bolingbroke*, t. II, pp. 366 et suiv.

(2) 22 août 1712, Archives des Affaires étrangères, Espagne, t. 215, f°s 114-118.

« Mon petit fils ne risque rien à donner avant la conclusion de la paix les actes qui lui sont demandés, car ils sont conditionnels et relatifs à la paix, ou générale ou particulière. En sorte que si l'une ou l'autre ne se concluoit pas, ces actes seroient nuls. »

Telle est donc, nettement établie, l'opinion et de Louis XIV et de Torcy : inexistantes en droit français, les renonciations n'ont d'existence qu'en droit international, en tant que partie inhérente et essentielle du traité de paix, tout comme les cessions de territoires ou les articles du traité de commerce prévus par le traité de paix d'Utrecht.

Dès le 8 juillet, un manifeste de Philippe V aux Espagnols leur annonce qu'en dépit de tous les avantages offerts, il préfère demeurer leur roi (1). Il ne reste plus qu'à dresser les actes de renonciation. Torcy invite Bonnac à y faire procéder avec diligence. Mais le ministre de Louis XIV ne peut s'empêcher de témoigner encore une fois l'estime qu'il avait d'un pareil acte; il le fait en homme d'esprit : « Je crois aussi, Monsieur, écrit-il le 11 juillet 1712 à l'ambassadeur (2), que l'acte de la renonciation de la feue Reyne peut servir de guide... » Ainsi Torcy propose ironiquement de prendre pour modèle l'acte de renonciation de Marie-Thérèse, acte en vertu duquel Philippe V était à jamais exclu d'Espagne, et dont l'invalidité n'avait jamais fait de doute pour aucun juriste. — On ne pouvait, du reste, trouver d'exemple plus semblable juridiquement, puisqu'il s'agissait de nouveau de priver un prince d'un droit intangible, et qu'il fallait de nouveau, sous la quantité des assurances et des garanties, masquer l'inanité fondamentale du fait.

(1) Archives des Affaires étrangères, Espagne, t. 218, f° 305.
(2) *Ibid.*, t. 214, f° 313.

Le 5 novembre, la renonciation de Philippe V se fit en grand apparat à Madrid (1), et quatre jours plus tard les Cortès assemblées l'enregistrèrent solennellement.

En vérité, cet enregistrement de la part des Cortès prouve une fois de plus que la renonciation de Philippe V n'est qu'un acte inhérent au traité international qui s'élaborait à Utrecht. Car en vertu de quel principe les députés espagnols auraient-ils pu enregistrer et approuver la renonciation à une couronne étrangère, à l'égard de laquelle ils n'avaient aucune compétence de juges? en quoi les lois fondamentales, le droit public français pouvait-il être soumis aux Cortès espagnoles! En fait, par leur assentiment, les députés témoignèrent seulement qu'ils agréaient l'acte royal garantissant la paix, au même titre qu'ils inséraient la cession de Gibraltar aux Anglais, c'est-à-dire comme un acte imposé par la force des événements (2).

Philippe V avait subi jusque dans ses plus dures conséquences la volonté implacable du vainqueur. Il avait d'abord refusé, lutté, mais devant la suite des défaites la résistance ne put se prolonger. « Il n'y a pas d'autres moyens de faire la paix que d'accorder aux Anglois ce qu'ils demandent » (3) : Bonnac ne voilait même plus ses termes pour affirmer la soumission complète aux désirs de l'Angleterre. L'Espagne en un mot avait fait ce que réclamait cette puissance : il ne restait plus à la France que de signer, elle aussi, le pacte consenti.

(1) Bonnac à Louis XIV, 5 novembre 1712, Archives des Affaires étrangères, Espagne, t. 217, f°s 7 et suivants.

(2) Nous ne touchons point, comme sortant du cadre de notre étude, la question des renonciations réciproques des ducs de Berry et d'Orléans.

(3) Bonnac à Louis XIV, 28 novembre 1712, Archives des Affaires étrangères, Espagne, t. 217, f°s 145-149.

CHAPITRE III

LES RENONCIATIONS DE PHILIPPE V ET L'OPINION FRANÇAISE

§ 1. — *L'opinion du Duc de Saint-Simon*

Le grand débat sur le droit successoral ne resta point confiné entre les ministres français et anglais. Toute la Cour se passionnait pour ces questions.

Mais entre tous les passionnés le duc de Saint-Simon se distingua. Il brûlait d'être appelé aux affaires. Ami des princes, il se flattait enfin d'être écouté.

Dès le début des difficultés occasionnées par la demande anglaise d'une renonciation, le duc s'était activement occupé du débat. Avec lui, les ducs de Beauvilliers, de Chevreuse, d'Humières, de Noailles et de Charost avaient formé un comité secret qui se chargeait lui-même d'étudier le moyen de rendre légales les renonciations de Philippe V. Ce moyen, on ne l'avait pas. Les Anglais, en effet, avaient proposé de faire enregistrer les renonciations des princes par les États Généraux, car, disaient-ils, « il ne suffirait... pas que le Roy d'Espagne renonçât au royaume de France, si le royaume de France ne renonçoit aussi à lui et à sa postérité en acceptant et ratifiant sa renonciation » (1). Mais le roi avait refusé le concours des États Généraux : il fallait donc trouver autre chose.

Le duc de Noailles offrit au Comité des ducs « de faire un mémoire qui embrassât toute la matière, et qui expliquât toute la forme par preuves et par raisons de consolider les renonciations au gré des Anglais d'une manière ferme, stable et légale ». Il semble évidemment bizarre de voir les six ducs en train de rechercher les moyens de rendre inattaquables les renonciations de Philippe V, au moment même où le ministre des Affaires étrangères Torcy affirmait sans répit l'impossibilité d'enfreindre les lois fondamentales. La cause de cette ardeur insolite des ducs est cependant facile à trouver. Saint-Simon était l'ami du duc d'Orléans ; il était aussi son confident, et par cela même celui du duc de Berry, qui, moins alerte que son cousin, se faisait conseiller en toutes choses par lui. Or, « tous deux, dit Saint-Simon, avoient le plus grand intérêt à ne pas renoncer à la couronne d'Espagne d'une manière solide et sans retour par les lois du pays, sans que toutes les précautions fussent également prises pour leur assurer la couronne de France par une renonciation aussi solide et aussi sans retour du Roi d'Espagne et de sa postérité » (2).

En d'autres termes, si les renonciations de Philippe V étaient nulles, la frêle santé du petit Dauphin ramenait le roi d'Espagne en France ; et les ducs de Berry et d'Orléans, après avoir été si près du trône, perdaient tout espoir d'y monter un jour. Ils s'y résignaient mal. Le duc d'Orléans surtout, dont les prétentions au trône d'Espagne, du chef d'Anne d'Autriche, avaient été primées par les

(1) SAINT-SIMON, éd. BOISLISLE, t. XXIII, p. 125.
(2) T. XXIII, p. 131.

droits provenant de Marie-Thérèse, ne se voyait pas sans dépit écarté à la fois des deux monarchies. Si donc les deux princes devaient par force abandonner pour toujours l'idée de régner en Espagne, il leur fallait du moins la certitude que le décès du petit Dauphin ne replacerait pas Philippe V ou l'un de ses fils sur le trône de France. Si toutefois l'envie de régner dominait chez le duc d'Orléans, le duc de Berry, moins ambitieux et moins actif, agissait plutôt pour échapper ou se donner l'illusion d'échapper à l'oppression continuelle dans laquelle il était tenu par le roi.

Le duc de Noailles, chargé de rédiger le Mémoire, ne le terminait jamais. On finit par découvrir qu'il avait des gens « qu'il faisait suer dans son grenier » et dont il n'arrivait pas à refondre le travail (1). C'est alors que pressé par les événements Saint-Simon entreprit de rédiger lui-même un mémoire au milieu des occupations multiples que lui imposait la vie de cour à Fontainebleau. Il composa ainsi un manuscrit de 500 pages intitulé : *Mémoire succinct sur les formalités desquelles nécessairement la renonciation du roi d'Espagne tant pour lui que pour sa*

(1) *Ibid.*, p. 129. — Nous avons retrouvé à la Bibliothèque Nationale, département des manuscrits, collection Moreau, nº 1087, le manuscrit du travail juridique attribué au duc de Noailles. Le travail semble avoir pour auteur dom AUBRÉE.

Il comprend 133 pages de belle écriture, avec notes nombreuses. Son titre est : *Mémoire*. Un scribe a postérieurement ajouté cette mention inexacte quant à la date : « composé par M. le Maréchal de Noailles, c'est-à-dire par ses ordres à l'occasion de la Minorité en 1715 ». Cependant sur la première page se trouve cette note : « Cette [mot illisible] renferme une pièce importante, c'est le mémoire composé par le maréchal de Noailles sur les moyens qui furent imaginés lors de la renonciation du Roy d'Espagne à tous droits successifs sur la couronne de France pour rendre une chose possible, cette renonciation solennelle et irrévocable ». — Ce mémoire est resté inconnu à M. DE BOISLISLE (v. son édition de SAINT-SIMON, t. XXIII, p. 135, note 2).

postérité doit être revêtue en France pour y être justement et stablement validée (1).

L'avis du duc de Noailles avait été de soumettre la validation des renonciations à une assemblée composée des ducs et pairs vérifiés auxquels on adjoindrait les gouverneurs des provinces et les chevaliers de l'ordre : Saint-Simon ne voulait qu'une réunion des ducs et pairs vérifiés et des officiers de la couronne. Une longue dispute s'ensuivit, où le duc de Saint-Simon l'emporta sur Noailles. Alors Beauvilliers et Chevreuse furent chargés de présenter l'avis des ducs. Mais le roi refusa de le suivre.

Saint-Simon se consola de l'échec en développant à nouveau sa théorie. En présence de ce refus, il reconnaissait que les renonciations seraient effectivement nulles en France : mais il s'obstinait à faire observer que celles des ducs de Berry et d'Orléans, enregistrées par les Cortès en Espagne, seraient valables et immuables, et que, par conséquent, sans priver Philippe V d'aucun de ses droits, on en priverait les deux autres princes sans aucune compensation. En vain le duc de Beauvilliers, qui, au contact avec le roi, avait changé d'opinion, lui « représenta la nécessité pressante de la paix, les instances continuelles des Anglois sur les renonciations, l'impossibilité de vaincre le Roi sur un article qui lui était aussi sensible que son autorité unique » (2) : Saint-Simon ne se laissa pas persuader. Il resta seul avec sa solution, ce qui ne l'empêcha pas d'assister à la cérémonie solennelle des renonciations au Parlement de Paris, pour cette raison, il est vrai, qu'il avait, en la circonstance, une place privilégiée.

(1) Archives des Affaires étrangères, France, 32. — P. FAUGÈRE l'a publié au t. II des *Écrits inédits de Saint-Simon*, pp. 179-408.

(2) *Loc. cit.*

La théorie du duc de Saint-Simon est trop souvent citée pour que nous négligions d'en sonder les fondements et d'y rechercher la part de vérité et d'erreur.

Mais avant de discuter ce qui dans cette théorie est relatif aux pouvoirs d'une cour de Pairs, c'est-à-dire ce qui en constitue l'essentiel, il nous semble logique d'examiner, comme Saint-Simon lui-même l'a fait en quelques mots, les prérogatives possibles des États Généraux, puisque ce fut à l'occasion de la proposition anglaise de soumettre la ratification des renonciations aux États Généraux que le congrès des ducs se réunit.

Les attributions des États Généraux se divisaient en deux classes : les pouvoirs ordinaires et les pouvoirs extraordinaires.

Les pouvoirs ordinaires consistaient à donner au roi « aide et conseil », c'est-à-dire à lui consentir les impôts et à lui donner un avis au cas où le roi en demandait. Encore sur ces deux points le mandat impératif des députés empêchait-il souvent l'exécution immédiate des demandes du roi. Rien de plus limité, donc, que les pouvoirs ordinaires. Si toutefois Louis XIV eût voulu demander un conseil aux États Généraux sur la solution à donner à la question si délicate des renonciations, il était libre de le faire. Mais tout aussi bien il pouvait s'en passer; rien ne l'y forçait. Il ne le fit pas : c'était son droit.

Mais ce n'est évidemment pas les pouvoirs ordinaires des États que les Anglais avaient en vue en demandant la convocation ; ils ne pouvaient songer qu'à leurs « pouvoirs extraordinaires ». Qu'était-ce que ces derniers « pouvoirs » ? Dans certains cas isolés, pendant les troubles des guerres et des révolutions, les États Généraux se sont attribué des pouvoirs divers, qu'aucune coutume n'a par la suite sanctionnés, mais qui servirent à certains écrivains de base pour échafauder tout un système de droits des États Généraux, système qui les rend presque assimilables à nos parlements actuels.

Voyons brièvement ces cas.

De 1355 à 1358, sous le règne du roi Jean le Bon, les États Généraux s'arrogèrent des droits très étendus sur le gouvernement ; mais on ne peut dénier à cette autorité le caractère irrégulier et éphémère (1).

Dans une autre circonstance, que les Anglais, certes, n'avaient pas oubliée, ce furent les États Généraux qui sanctionnèrent l'incroyable traité de Troyes (1420) par lequel le roi d'Angleterre était reconnu Dauphin de France à la place du Dauphin Charles, le futur Charles VII. Lorsqu'on affirme qu'il est nécessaire de consulter les États Généraux pour rendre valable la cession d'une partie du territoire, c'est sur ce précédent qu'on se fonde. Mais l'opinion est infirmée par ce fait que l'acte est resté absolument isolé : le traité de Brétigny, dont la portée fut presque aussi considérable, puisqu'une grande partie de la France y était cédée à l'Angleterre, ne fut pas soumis à la ratification des États Généraux. D'ailleurs le traité de Troyes, qui reste la tache suprême dans l'histoire des États Généraux, n'a jamais passé pour avoir aucune valeur.

Nous renvoyons ici encore à Jean de Terra Rubea, à Juvenal des Ursins, à tous les auteurs qui en ont parlé. Et plus éloquente mille fois sera Jeanne d'Arc : sa gloire est le plus beau démenti infligé à ces prétentions des États Généraux. — Ajoutons que la cession d'une partie du

(1) « On peindrait sous les couleurs les plus fausses le caractère général des États de France, si on prenait ces assemblées pour type..... ces violences sont un fait anormal, et, nous le répétons, unique dans l'histoire », dit M. Picot en parlant des États du roi Jean (*Histoire des États Généraux*, Paris 1872, t. IV, p. 198).

territoire n'était au début du XVe siècle qu'une question purement accessoire dans le grand débat d'où dépendait, avec le sort de la Maison capétienne, le sort de la France indépendante (1).

Quant au dernier droit que l'on attribue aux États Généraux, celui de choisir un roi dans le cas de l'extinction complète de la race d'Hugues Capet, l'Édit de 1717 l'affirme (2). Toutefois nous ne discuterons point cette théorie que l'on veut voir découler des assemblées de 1316 et de 1328 et dont se seraient inspirés les États de la Ligue en 1593. Ce qu'il y a de certain, c'est qu'à l'extinction de la Maison capétienne la Nation reprenait ses droits. Mais comme pareil cas ne s'est jamais présenté, il nous semble oiseux de bâtir rétrospectivement sur les pouvoirs des États en matière d'élection au trône des théories qu'aucun fait positif ne vient corroborer.

Enfin, sur la question de savoir qui désignera le successeur au trône de France en cas de compétition entre plusieurs princes, il nous semble que les lois fondamentales de la monarchie française, son droit statutaire étaient trop clairs et trop bien établis pour que jamais un doute pût surgir sur la personne. En tout cas, les « interprètes », inspirés par les partis politiques, auraient eu, dans ces assemblées réunies au moment de crises, trop beau jeu à faire usurper des droits que la coutume ne conférait point. Accorder aux États Généraux le pouvoir de trancher les

(1) Un pouvoir extraordinaire que certains attribuent aux États Généraux, c'est celui de concéder l'aliénation d'une partie du domaine : ce droit nous semble simplement découler du droit « d'aide ».

(2) « Si la nation française éprouvait jamais ce malheur [l'extinction de la maison royale], ce seroit à la Nation elle-même qu'il appartiendroit de le réparer par la sagesse de son choix ». Ceci n'est qu'une réplique de Bodin, livre VI, ch. V : « Les monarchies ne tombent en choix tant que le droit successif peut avoir lieu, et quand la lignée des monarques est faillie, le droit est dévolu aux États ».

questions du droit successoral, c'était abolir ce droit successoral, car les députés n'ayant qu'un mandat impératif de leur collège, celui-ci avait à décider du vote des députés ; demander donc aux États Généraux leurs avis sur le droit successoral, c'était porter ce droit devant les trois ordres, c'était presque faire un plébiscite : conception diamétralement opposée à l'idée du droit monarchique français statutaire. On ne trouve donc aucune trace d'un droit des États Généraux à ratifier les renonciations de Philippe V.

Mais Saint-Simon qui avait rejeté énergiquement et à juste titre pareille théorie en avait posé une autre qu'il nous reste à examiner. Sa proposition, nous l'avons dit, tendait à réunir, pour trancher la question, une assemblée exceptionnelle de ducs et pairs vérifiés, ainsi que les officiers de la couronne, à peu près comme l'assemblée de Senlis avait tranché la question de succession entre Charles de Lorraine et Hugues Capet.

Cette opinion de Saint-Simon est erronée. Sans doute, l'origine de la pairie n'est point encore tout à fait élucidée. Mais un fait certain, c'est que le collège des pairs est dans la seconde moitié du XIIIe siècle composé de six pairs laïques et de six pairs ecclésiastiques (1), représentants des grands fiefs. Or, par la réunion de ces grands fiefs à la couronne, les six anciennes pairies laïques disparurent peu à peu. On commença tout d'abord à les remplacer par des princes de la maison royale auxquels on conféra les pairies ; puis on augmenta le nombre des nouveaux pairs en leur adjoignant des membres de la haute noblesse. Par cela même le caractère de la pairie changea : elle avait été la représentation de la haute féo-

(1) Le comte de Toulouse, le duc de Guyenne, le comte de Flandres, le duc de Bourgogne, le duc de Normandie, le comte de Champagne ; les évêques de Reims, Laon, Langres, Beauvais, Châlons, Noyon.

dalité, elle devint celle de la haute noblesse, mais, tout naturellement, les droits des pairs se trouvaient amoindris par le fait qu'ils étaient de création royale. Leurs droits se résumaient en ceci : ils étaient membres du parlement de Paris et avaient la prérogative du jugement par leurs pairs. Encore n'était-ce point une cour de pairs qui les jugeait, c'était le Parlement, garni de pairs ; et si la prérogative s'étendait à tout le criminel, elle ne portait, au civil, que sur les seules questions touchant la pairie. On se demande donc comment Saint-Simon et les autres ducs pouvaient en arriver à vouloir réunir une cour de pairs. Une cour semblable, avec des attributions comme celles que Saint-Simon voulait lui voir conférer, n'avait jamais existé en France. Si, d'ailleurs, par un étrange retour aux principes de la haute féodalité, le roi eût voulu réunir une cour des pairs, les ducs et pairs du temps de Louis XIV, ne représentant plus les grands fiefs, n'auraient eu aucun droit d'y prendre part. Sans doute le duché-pairie restait-il toujours une terre seigneuriale : mais le titre de duc et pair n'en était pas moins, désormais, une pure distinction honorifique concédée par le roi aux membres de la haute noblesse. Ceux-ci ne pouvaient en aucun cas se prévaloir d'anciens droits, — d'ailleurs inexistants dans le cas présent, — remontant à une époque où leur collège, recruté d'une tout autre façon, représentait les grands fiefs quasi indépendants du royaume. Il est donc admirable de voir le duc de Saint-Simon revendiquer des droits que n'avaient pas eus les ducs de Bourgogne ou de Normandie. L'idée d'une réunion des ducs et pairs pour valider l'acte de renonciation de Philippe V est une imagination sans précédent.

Cependant, cette erreur mise à part, l'argumentation de Saint-Simon contient une idée fondamentale parfaitement juste, à savoir, que le contrat entre prince et peuple était bilatéral ; que par conséquent le prince ne pouvait à lui seul le rompre, qu'il fallait le consentement du peuple ; que ce consentement du peuple ne pouvait être représenté ni par le Parlement, même garni de pairs, ni par les États Généraux, ni, ajouterons-nous, par une Assemblée des pairs du royaume. Ainsi corrigé, son raisonnement est exact, car il mène à cette conclusion, conforme à tous les principes du droit public français, que le contrat bilatéral entre le prince et le peuple ne pouvait être rompu, faute d'une représentation du peuple.

§ 2. — *Les observations du procureur général d'Aguesseau.*

Si l'acceptation des renonciations ne fit aucune difficulté en Espagne où aucune loi ne s'opposait à cet acte, qui pouvait même sembler au pays un gage de paix, il n'en fut pas de même en France. Jamais la France n'admit la validité des renonciations de Philippe V : nous avons vu Louis XIV lutter aussi longtemps qu'il le put contre la prétention des Anglais ; Torcy, évidemment inspiré par son roi, s'élève, lui aussi, contre elle avec une admirable science du droit et une constance immuable ; il n'est pas jusqu'au duc et pair Saint-Simon qui, en dépit de ses idées féodales, ne reconnût la nullité de l'acte du roi d'Espagne. Mais il restait à porter la question devant ses juges naturels et plus compétents, les parlementaires et les gens du Roi. On va voir que leur opinion fut conforme à l'opinion générale.

Nous avons retrouvé les observations écrites du procureur général au sujet du projet des lettres patentes sur la renonciation du roi d'Espagne au trône de France.

Ces observations sont datées du mois de février 1713 (1). D'Aguesseau s'y montre ce qu'il était, juriste d'inflexible droiture, Français de cœur, indépendant et fidèle, disant sans crainte ce qu'il croyait être la seule vérité, belle image de ces grands juristes, gens de robe, qui sous le masque un peu hautain et froid cachaient une âme élevée, dévouée toujours à la France et au Roi.

Les débuts des lettres patentes posaient la grave question de l'Incolat :

PROJET DES LETTRES PATENTES

Comme la première qualité essentielle pour estre assis sur le Throsne de France et pour porter la plus ancienne et la plus illustre Couronne qui soit au monde est la qualité de françois que la naissance la donne et que tous nos sujets habitans en pays estrangers, leurs enfans lorsqu'ils y naissent soit Princes de nostre sang, soit autres quels qu'ils soient, ne peuvent mesme recueillir la moindre succession dans nostre Royaume si ce défaut n'est corrigé par nos lettres, nous eusmes soin.

OBSERVATIONS

On n'a point mis jusques à présent dans la bouche de nos Roys cette maxime qui suppose qu'un Prince est incapable de succéder à une couronne à laquelle la voix de la nature l'appelle parce qu'il est né ou qu'il demeure dans un pays estranger.

On a bien prétendu que le droit d'aubaine devoit avoir lieu contre les souverains mesme, lorsqu'ils vouloient recueillir une succession particulière ouverte dans ce Royaume, et M. Dupuy qui a esté le grand deffenseur de cette opinion avec peu de succès dans la cause de M. de Mantoue, est luy mesme forcé d'avouer que cette maxime est nouvelle, qu'elle est née au plus tost sous le règne de Charles 8 et qu'avant ce temps là, on trouve plusieurs exemples du contraire.

(1) Archives des affaires étrangères, Espagne, t. 220, f°s 62-71, copie au net faite sans doute pour être mise sous les yeux du marquis de Torcy et insérée dans le volume relié en maroquin rouge aux armes de Torcy, entre plusieurs lettres à lui adressées de Madrid le 30 janvier 1713 et reçues par lui le 14 février 1713.

Ce droit d'aubaine politique qu'on voudrait opposer à Philippe V et à ses descendants est donc, premièrement, d'invention récente, et, secondement, ne s'applique pas le moins du monde au cas présent. Car — et voici la différence capitale — il n'y a aucune similitude entre le prince d'une nation étrangère et un prince de la maison de France gouvernant un peuple étranger.

Il y a d'ailleurs une grande différence entre un Prince Estranger qui veut acquérir des biens particuliers dans ce Royaume par voye de succession et un Prince du sang destiné par sa naissance à porter la couronne de France.

f° 63 r° L'un ne doit estre considéré que comme un particulier, soumis en cette qualité aux lois qui règlent l'ordre des successions particulières, il n'est pas surprenant qu'on luy oppose le droit d'aubaine et sa qualité d'estranger.

L'autre, au contraire, a un droit fondé sur des lois supérieures à celles qui règlent les biens particuliers, les maximes fondamentales de l'Estat et cette espèce de substitution perpétuelle qui appelle successivement les Princes du sang chacun dans leur ordre à la Couronne valent bien des lettres de naturalité. Les princes et l'Estat sont unis par des liens indissolubles, ny le Prince ne peut aliéner l'Estat ni l'Estat ne peut perdre son Prince et cependant ils se perdroient réciproquement s'il estoit vray en général que la demeure d'un Prince du sang dans un pays estranger fut suffisante pour anéantir le droit qu'il a à la Couronne.

Après avoir ainsi démontré sur le fondement du droit national français l'inanité d'une telle prétention, d'Aguesseau passe au droit international. Il le fait habilement, car à sa réfutation tirée du droit public, on aurait pu objecter que, dans le cas présent, le droit public français étant vidé, il fallait trouver dans le droit international des armes pour défendre Philippe V. Il le fait en rappelant simplement les conquêtes nombreuses, les pays soumis au sceptre de princes capétiens.

Nos Roys auroient ils souffert qu'on leur eust dit qu'ils estoient incapables de succéder aux Royaumes de Castille et d'Arragon, de

Naples et de Sicile et aux autres Estats sur lesquels ils avoient des
prétentions,sous prétexte qu'ils n'étoient pas nés dans ces pays,
leur en a-t-on mesme jamais fait l'objection dans le temps que les plus
grandes puissances de l'Europe employoient toute sorte de moyens
pour combattre le droit de nos Roys sur ces couronnes, avec quelle
force n'avons-nous pas soutenu nous mesmes, il n'y a pas encore
cinquante ans, que la feue Reine et feu Monseigneur le Dauphin son
fils n'estoient pas privés du droit de succéder aux Estats du Roy
Catholique quoy qu'ils fussent par rapport à l'Espagne dans le mesme
cas où le Roy d'Espagne / et ses enfants se trouvent par rapport f° 64 r°
à la France et qu'ils eussent à combattre outre cela une renonciation
qui auroit esté inutile, si le droit d'aubaine eut pu les exclure, ces
précautions extraordinaires et les solennités excessives dont on demanda dans le temps du mariage du Roy que cette renonciation fut
accompagnée, prouvent évidemment que l'Espagne en les exigeant
et la France en les accordant, supposèrent également pour principe
que sans une renonciation expresse et solennelle, la Reyne et toute
sa postérité, quoyque née en France, seroient capables à jamais
de porter la couronne d'Espagne.

L'exemple du Dauphin est en effet bien probant. — Le danger d'une pareille doctrine en droit international est donc manifeste : en appliquant la réciprocité, tous les pays du monde pourraient s'insurger contre la France lorsque celle-ci voudrait leur imposer un de ses princes. Ne croirait-on pas entendre une sombre prophétie sur le sort des principautés bourboniennes d'Italie ?

Le Roy d'Espagne dont on veut appuyer la renonciation sur ce
principe pourroit s'en repentir un jour, si les temps venoient à changer,
si la Maison d'Autriche faisoit revivre ses prétentions, s'il se formoit
un parti en Espagne contre l'authorité de ce Prince, on ne manqueroit
pas de dire qu'il est étranger et que la raison dont la France s'est
servie pour le déclarer incapable d'y régner le rendoit encore plus
incapable de régner en Espagne, il est tout au plus devenu estranger
pour la France, mais il est né estranger pour l'Espagne; il ne faut
pas douter qu'on ne le dise puisqu'on l'a déjà dit et que ceux qui ont
escrit pour l'Archiduc contre le Roy Philippe 5 ont avancé quoyque
sans fondement qu'il y avoit / une ancienne loy en Espagne qui ex- v°
cluoit de la Couronne tout Prince Estranger. Que ne diront point

un jour ses ennemis, si les conjonctures les favorisent, lorsqu'ils pourront adjouter que la justice d'une semblable règle reconnue publiquement par la France, ne doit pas estre douteuse en Espagne? Ainsi, en voulant détruire le droit de Philippe 5 sur la Couronne de France, on esbranle mesme celuy de ce Prince sur la Couronne d'Espagne.

Bref, il faut abandonner de toute façon une théorie insoutenable tant en droit public interne qu'en droit international public.

Cependant il y a encore un argument que les adversaires n'hésiteront pas à mettre en avant : c'est que les lettres patentes sont justement là pour conserver leurs droits aux princes qui se rendent à l'étranger. Mais d'Aguesseau leur répondra facilement que *ces lettres ne sont que de simples précautions prises par les rois pour empêcher qu'un doute s'établisse sur les droits des princes.* Et il illustrera sa théorie par l'exemple des deux lettres patentes les plus célèbres, celles de 1573 et celles de 1700.

f° 66 r° Si l'on oppose à toutes ces raisons l'exemple des lettres patentes accordées en l'année 1573 au Roy Henry trois, alors Roy de Pologne, et en l'année 1700 au Roy d'Espagne mesme pour la conservation de leurs droits successifs, malgré le séjour de l'un en Pologne et de l'autre en Espagne, il est aisé de répondre que ces lettres, unique et peu solide fondement de l'opinion contraire, sont des lettres de précaution et non pas de nécessité, il est de la prudence de tous les hommes et encore plus de ceux qui règlent la destinée des Empires, de prévoir, de prévenir jusqu'aux mauvaises difficultés. Combien
v° de prétextes légers et chimériques ont / causé cependant de maux très réels et ont troublé la paix des plus grands Royaumes. Si jamais cette prévoyance a esté nécessaire, c'estoit dans le temps des lettres patentes de 1573. La France estoit agitée depuis plusieurs années par les guerres civiles, que la Religion y avoit excitées. La Saint-Barthélémy avoit allumé le feu qu'elle vouloit esteindre. Tous les protestants regardaient le duc d'Anjou que la Pologne venoit d'élire pour Roy comme leur plus grand ennemi. Le duc d'Alençon son frère paroissoit avoir plus de penchant pour eux, il estoit à craindre qu'il

ne saisit le prétexte de l'absence du Roy de Pologne pour se mettre en possession de la Couronne, il falloit luy oster ce prétexte, tout imaginaire qu'il fust, voilà le véritabie motif de la précaution utile, mais non pas nécessaire qui fut prise par ces lettres / et elles le f° 67 r°
marquent assés clairement. On n'y dit point que la première qualité esentielle, pour porter la couronne de France est d'être né ou de demeurer en France. Elles portent seulement qu'afin d'obvier à tous doubtes et scrupules que le temps par les occasions pourroit engendrer, le Roy déclare que le Roy de Pologne sera le vray héritier de la Couronne. Ce sont donc encore une fois des lettres de pure précaution pour prévenir les doubtes que l'on auroit pu faire naistre à la faveur des conjonctures. Ce sont des lettres de simple déclaration ou Charles neuf ne fait que déclarer ce qui est, sans donner à Henry 3 un droit qu'il n'eust pas auparavant.

Les lettres du mois de décembre 1700, tracées sur ce modèle, portent expressément que le Roy n'habilite / les descendans du Roy v°
d'Espagne à succéder à la Couronne qu'en tant que de besoin est ou seroit, termes qui ne marquent qu'une précaution surabondante et l'on en estoit alors si persuadé que Sa Majesté dit dans le préambule de ces lettres qu'elle croiroit faire au Roy son petit-fils une injustice dont elle est incapable si elle regardoit désormais comme estranger un Prince qu'elle accordoit aux demandes unanimes de toute la nation Espagnole. On laisse à juger, après cela, s'il convient à la dignité du Roy et à la vérité qui ne change point en douze ans de temps de poser pour premier fondement des nouvelles lettres patentes dont il s'agit ce que le Roy luy mesme a déclaré dans les premières qu'il regardoit comme une injusticedont il estoit incapable.

Revenant ensuite sur les principes du droit d'aubaine tels qu'on veut les appliquer à Philippe V et à ses descendants, le procureur général conclut :

Ce ne sera donc point le droit d'aubaine, mesme le plus rigoureux f° 68 r°
et tel qu'il se pratique contre les particuliers, qui formera un obstacle invincible au retour du Roy d'Espagne, s'il se trouve un jour l'héritier présomptif de la Couronne et par conséquent c'est sans aucune utilité et si l'on / ose le dire en pure perte qu'on établira v°
icy, la maxime dangereuse qu'un prince né en pays estranger est incapable de succéder à une couronne que l'ordre du sang luy défère.

Depuis que ces remarques sont faites, on a veu la renonciation du Roy d'Espagne et l'on y a remarqué que les Espagnols ont fort

bien pris le véritable esprit des lettres patentes de 1700. Le Roy d'Espagne déclare qu'il se désiste spécialement de ce qui a pu estre adjousté aux droits de la nature par ces lettres patentes, c'est une expression très juste, qui marque que l'unique effet de ces lettres est de fortifier le droit naturel du Roy d'Espagne et non de luy en donner un nouveau. On pourroit imiter ce tour, qui est aussi simple que correct dans les lettres patentes du Roy et retrancher soit du
f° 69 r° préambule soit du dispositif tout ce qui va au delà / de cette idée et qui fait entendre qu'en détruisant les lettres de 1700 on anéantit entièrement le droit du Roy d'Espagne à la Couronne de France, comme si son droit n'eust subsisté que par le moyen de ces lettres. En effet, il s'agit aujourd'huy, non de l'incapacité du Roy d'Espagne qu'on ne peut jamais establir mais de sa renonciation qui le suppose capable et qui, si elle est légitime, dérogera suffisamment aux lettres du mois de décembre 1700, sans qu'il soit besoin d'y donner atteinte d'une autre manière, en establissant une maxime qui n'est conforme ni à la vérité ni aux interests des souverains.

On ne pouvait désirer de consultation, nous dirions volontiers de jugement plus décisif sur une question de cette importance. Le document est capital. Nul homme n'était du reste mieux placé pour l'écrire que le procureur général près le Parlement de Paris, dont la mission était la garde et la défense des lois, et dont la haute intelligence, singulièrement illuminée par une longue pratique du droit, était servie par une franchise que rien ne pouvait altérer.

Cette franchise, il allait la montrer surtout dans la dernière partie de ses observations, dans celle où il traite de la validité même de l'acte de renonciation de Philippe V.

TEXTE DES LETTRES PATENTES

Il vient enfin de déclarer dans l'assemblée des Estats du Royaume d'Espagne..... qu'il renonce pour luy, pour ses héritiers et successeurs, &a,

OBSERVATIONS v°

On voudroit pouvoir se dispenser de remarquer icy que le Roy d'Espagne va par là beaucoup au delà de son pouvoir, que suivant l'avis de tous les autheurs qui ont traité de ces sortes de renonciations suivant la propre doctrine de la France / sur la renonciation f° 70 r°
de la Reyne quand le Roy d'Espagne pourroit se nuire à luy mesme, il ne pourroit jamais nuire à ses enfans, encore moins à des enfants déjà nés dans le temps de sa renonciation et que tout ce qu'il a fait à cet égard est nul, inutile, inefficace, comme le seroit la renonciation n[ot]a
qu'un père feroit pour ses enfans à des biens substitués qui leur doivent estre déférés indépendamment de sa volonté et pour ainsi dire malgré luy. On sent bien qu'il est trop tard de relever ces maximes dans l'estat où sont les choses, mais le respect a fermé la bouche et l'a du fermer à ceux qui ont esté chargés de faire ces observations, jusqu'à ce que le Roy leur ait donné la liberté de parler, en leur ordonnant d'examiner le projet de ces lettres patentes. Ils représentent donc ces grands principes, aussitost qu'il leur est permis de le / faire. Ils ne doutent pas que tout cela n'ait esté pezé, examiné, v°
balancé avec des lumières fort supérieures et ils n'ont pas la vanité de croire qu'ils puissent rien dire de nouveau sur ce sujet, ils sont persuadés qu'on n'a pas seulement envisagé cette grande difficulté par rapport aux règles du droit public, mais qu'on a fait entrer encore plus dans cet examen toutes les suites qu'une renonciation si estendue peut avoir par rapport au bonheur et à la tranquilité de ce Royaume, mais quoy qu'ils comprennent parfaitement l'inutilité de ce qu'ils prennent la liberté de dire avec respect sur une matière si délicate, ils croyent néanmoins qu'il est de leur devoir de le dire, que le Roy qui peut leur imposer silence, ne seroit peut estre pas content de leur zèle s'ils se l'imposoient eux mesmes et que / puisque Sa Majesté f° 71 r°
témoigne par ses lettres patentes avoir eu tant de peine à consentir à cette renonciation, *Elle ne sera point surprise que des magistrats plus instruits des maximes du droit public que de celles de la Politique remarquent la nullité d'une telle renonciation*, à la première lecture du projet des lettres patentes qui doivent l'authoriser. C'est au Roy encore une fois qu'il appartient d'examiner si une PAIX appuyée sur un tel fondement peut estre solide et durable. Personne au moins ne souhaite plus ardemment qu'elle le soit que ceux qui sont le plus touchés de la crainte qu'elle ne le soit pas.

Le résultat des observations si justes de d'Aguesseau fut de faire remanier entièrement (voir aux Pièces justificatives) le préambule juridiquement inexact qu'on lui soumettait.

§ 3. — *Enregistrement au Parlement de Paris des actes de renonciation.*

Le mercredi 15 mars 1713, à 6 heures 1/2 du matin, les ducs de Berry et d'Orléans partaient de Versailles, accompagnés des ducs de Saint-Aignan et de Saint-Simon et d'une suite nombreuse. Ils se rendaient à Paris pour assister à la grande séance du Parlement qui devait enregistrer solennellement les renonciations.

Le récit de Saint-Simon, vivant, alerte, piqué d'anecdotes amusantes, a été maintes fois transcrit ou utilisé pour décrire les cérémonies de cette journée mémorable. Mais est-ce bien chez ce grand seigneur mécontent de n'avoir pas été écouté sur la procédure à suivre, détestant le parlement et tous les gens de robe, ne sachant et ne voulant voir dans la majesté de la séance que les détails mesquins ou ridicules, qu'il faut chercher une image vraie de cette grande journée? Tout le monde a répété après lui la lamentable scène dont le duc de Berry aurait été l'auteur, et pourtant nous n'en trouvons la moindre trace ni dans les Actes du Conseil secret où se trouve la minute du procès-verbal de la séance, ni dans le journal de Dangeau, ni chez Mme de Maintenon ni chez Madame, ni chez le Maréchal de Tessé, ni dans les gazettes étrangères, ni dans les couplets des chansonniers (1).

Ce n'est donc pas chez le plus partial des auteurs qu'il faut chercher l'authentique tableau de la séance, c'est dans les Actes du Parlement. Là seulement, revit

(1) Voir à ce sujet les *Mémoires de St-Simon*, éd. Boislisle, t. XXIII, p. 334, note 4.

toute la majesté de cette Assemblée, le pittoresque des usages et des cérémonies, la politesse du temps, surtout cette admirable indépendance qui fut toujours l'honneur des juristes français.

Le chancelier de Pontchartrain désapprouva à un tel point cette séance qu'il s'abstint d'y paraître. Le procureur général d'Aguesseau, dont nous avons relaté l'opinion, se fit représenter par un de ses avocats généraux, ne voulant pas apporter lui-même les conclusions imposées par le Roi et qui répugnaient à sa droiture.

Cependant, le Parlement de Paris vit rarement une séance plus brillante. Présidée par Jean-Antoine de Mesmes, premier président, entouré des présidents Potier, Charron, de Longueil, d'Aligre, de Lamoignon, Portail et Amelot, elle comprenait 21 conseillers laïques et 12 conseillers clercs de Grand-Chambre, 2 conseillers d'honneur, 4 maîtres des Requêtes, plus de 20 présidents et un grand nombre de conseillers des Enquêtes et des Requêtes. A côté des parlementaires siégeaient un fils de France et un petit-fils de France, 2 princes du sang, 2 princes légitimés, 5 pairs ecclésiastiques et 18 pairs laïques placés selon l'ordre d'ancienneté de leur titre : les ducs de la Trémoïlle, de Sully, de Richelieu, de Saint-Simon, de la Force, de Rohan, d'Estrées, de la Meilleraye, de Villeroi, de Saint-Aignan, de Rendan, de Tresmes, de Coislin, de Charost, de Villars, de Fitz-James, d'Antin, de Chaulnes (1).

Les princes avaient d'abord entendu la messe à la Sainte-Chapelle : c'est vers 9 heures qu'ils se rendirent à la séance.

Après les compliments d'usage que fit le premier président, on aborda l'examen des lettres patentes. « Les gens du Roi exposèrent de quoi il s'agissait et en firent

(1) 25 pairs étaient absents pour différentes raisons.

après une longue pièce d'éloquence », dit Saint-Simon. Vraiment, si le noble duc qui se piquait de connaissances en droit et qui, parfois, s'était montré « le légiste du droit monarchique de la France, dans toute la vérité et la majesté de ses traditions » avait voulu prêter l'oreille à la longue pièce d'éloquence (1), il n'eût peut-être pas traité si légèrement les gens du Roi.

Il nous semble ici indispensable de transcrire malgré leur longueur les principaux passages de ce texte tiré des *Actes* du Parlement :

f° 3 r° Les gens du Roy ont esté mandez et ils ont dit par la bouche de Me Guillaume François Jolly de Fleury l'un des advocats dudit Seigneur que les lettres patentes qu'ils apportent à la Cour par lesquelles il a plu au Roy d'approuver la renonciation du Roy d'Espagne à la Couronne de France et celles que Monsieur le duc de Berry et Monsieur le duc d'Orléans ont faites en conséquence à la Couronne d'Espagne doivent estre regardées comme le premier fondement et comme le présage certain de la Paix que les vœux des peuples demandent au Ciel depuis si longtemps. Que dix années de guerre qui a épuisé presque également les deux partys n'ont servy qu'à augmenter dans le cœur des ennemis du Royaume la crainte de voir un jour les couronnes de France et d'Espagne sur la mesme Teste : que les tristes evenemens qui ont ravy à la France les pre-
v° mières espérances / de la Monarchie ont encore adjouté de nouveaux degrez à leur inquiétude et persuadez que cet equilibre des puissances de l'Europe si nécessaire et si désiré ne pouvoit se maintenir sans mettre un obstacle perpétuel à la réunion des deux plus grandes Monarchies qui puissent entrer dans cette balance politique, ils ont regardé la renonciation du Roy d'Espagne à l'une de ces deux monarchies comme la seule voye possible de parvenir à la paix générałle.

(1) Archives nationales, Carton x1B 8895 : « Parlement civil, Conseil secret, juillet 1712-décembre 1713 », Chemise cotée : *1713*, liasse de 60 pièces cotées : « LX Conseil secret mars 1713 (Registrées) ». La pièce en question est la quatrième et dernière des quatre pièces non numérotées, insérées entre les pièces XXIX et XXX : minute de 10 feuillets, papier timbré : « MOIEN PAP[ier] II SOLS LA FEUILLE. GEN[éralité] DE PARIS », coté ZZ 358 v°. — Registre x1A 8429 : « Parlement civil, Conseil secret, 1er décembre 1712-26 octobre 1713 », coté jadis ZZ, f°s 358-v° 361 r°.

Que le Roy, partagé entre les loix fondamentales de son Estat et son affection pour ses sujets fatiguez d'une longue et cruelle guerre, a cherché inutilement à concilier ces veues différentes en proposant au Roy d'Espagne de renoncer à la Couronne qu'il possède et de se contenter des Estats qu'on luy cederoit pour le dedommager du sacrifice qu'il fesoit à la Patrie et au repos de l'Europe.

Mais que la possession présente de la Couronne d'Espagne, la fidélité et l'amour des Espagnols l'ayant emporté sur toute autre considération dans le cœur de ce prince, la résolution qu'il a prise de préférer l'Espagne à la France n'a laissé à ce Royaume qu'un choix plus triste que difficile entre la continuation d'une longue guerre et une prompte paix dont la renonciation du Roy d'Espagne doit estre le nœud.

Qu'ils sentent toute la grandeur du prix qu'une Paix d'ailleurs si désirable va coûter à la France, que leur ministère les consacre si absolument à la deffense de cet ordre respectable par son ancienneté et plus respectable encore par sa sagesse qui, depuis tant de siècles, défère la couronne à un héritier unique et nécessaire, *que leurs sentiments ont esté d'abord / suspendus entre le désir de la paix et la crainte* fº 4 rº
de voir violer pour la première fois une loy à laquelle la France doit une nombreuse suite de Roys et la plus longue monarchie dont on ait jamais vu d'exemple dans le monde.

Qu'ils n'ont pas cru mesme devoir renfermer ces mouvemens dans le fond de leur cœur, qu'ils ont ozé les porter jusqu'aux pieds du Trosne et qu'ils en ont rapporté cette consolation que le Roy a bien voulu les instruire luy mesme des efforts inutils qu'il a faits pour donner à son Royaume une Paix si nécessaire à un moindre prix; que c'est en entrant avec eux dans un détail si digne de sa bonté qu'il leur a fait connoistre qu'il avoit preveu tout ce qu'ils pouvoient luy représenter, qu'après avoir balancé dans une occasion si importante ce qu'il devoit à sa Couronne, au Roy d'Espagne et à ses sujets, *il avoit cru* comme il s'en est expliqué par ses lettres patentes *que le Salut de son peuple luy devoit estre plus cher que les droits du Roy son petit fils*, qu'il n'y avoit point pour luy de loy plus inviolable que son amour pour des peuples qui par les efforts incroyables que leur zèle leur a fait faire au delà mesme de leurs forces pour soustenir une si longue guerre avoient mérité qu'il sacrifiat ce qu'il avoit de plus cher à leur bonheur.

Qu'instruits par luy mesme de ses sentimens qu'il leur a permis d'expliquer à la Cour et respectant comme ils le devoient la sagesse supérieure avec laquelle *ses refflections / profondes ont prévenu toutes* fº 4 vº
celles que son Parlement pourroit faire en cette occasion pour luy marquer

son zèle pour les loix du Royaume, ils ne devoient pas différer un moment à se conformer à ses intentions en requérant l'enregistrement et la publication à l'audience des lettres patentes où la renonciation du Roy d'Espagne et celles que Monsieur le duc de Berry et Monsieur le duc d'Orléans ont faites en conséquence se trouvent revestues du caractère de l'autorité souveraine du Roy.

Après que l'avocat général eut achevé son discours, les lettres patentes, ainsi que les renonciations et les conclusions écrites du procureur général, furent remises au doyen des conseillers laïques de Grand'Chambre, Le Nain, qui en donna lecture (1).

Le Roi y fait tout d'abord un historique succinct des événements qui ont amené la France et l'Espagne à faire renoncer leurs princes aux droits réciproques qu'ils possédaient sur l'une et l'autre des deux couronnes. Il explique :

Comment on en vint à demander cette renonciation, et comment « Notre dite sœur [la Reine d'Angleterre] nous a fait représenter que sans une assurance formelle et positive sur ce point, qui seul pouvoit être le lien de la Paix, l'Europe ne seroit jamais en repos; toutes les Puissances qui la partagent étant également persuadées qu'il étoit de leur intérêt général et de leur sûreté commune de continuer une guerre, dont personne ne pouvoit prévoir la fin,

(1) Archives nationales, Carton x[1B] 9009 : « Parlement civil, Lettres patentes, août 1711-juillet 1713 », Chemise cotée « janvier à juillet 1713 », liasse de XXIII pièces cotées : « Patentes mars 1713 (R[egistrées]) », pièce XV, imprimé de 205 mm. de largeur et de 270 mm. de hauteur, 32 p., petit in-f° format in-4° :

Lettres patentes du Roy, qui admettent la renonciation du Roi d'Espagne à la Couronne de France et celles de M. le Duc de Berry et de M. le Duc d'Orléans à la Couronne d'Espagne. Et qui révoquent les Lettres patentes de Sa Majesté du mois de décembre 1700. Données à Versailles au mois de mars 1713, registrées en Parlement [Ecu royal], à Paris chez la veuve François Muguet et Hubert Muguet, premier imprimeur du Roy et de son Parlement, rue de la Harpe, aux trois Rois, MDCCXIII.

plutôt que d'être exposées à voir le même Prince devenir un jour le maître de deux monarchies aussi puissantes que celles de France et d'Espagne » ;

Comment, après avoir refusé l'arrangement proposé par les Anglais, Philippe V avait renoncé enfin à ses droits sur la France.

Après ce préambule, il serait stupéfiant de trouver dans les lettres patentes que le roi d'Espagne « renonçoit de son propre mouvement, de sa volonté libre et sans aucune contrainte », si ces mots, qui présentent une contradiction frappante avec les faits et les récits, ne s'expliquaient par la nécessité de la transcription du texte de la renonciation, texte discuté avec les Anglais et dont les clauses de style nous semblent si étrangement insistantes.

Les observations de d'Aguesseau avaient été cependant écoutées par le roi, car, au sujet des lettres patentes de 1700, le document porte que Philippe V se désistait spécialement du droit qui a pu être ajouté à celui de sa naissance par les Lettres patentes du mois de décembre 1700... Mais si l'effet des droits que conféraient les lettres patentes de 1700 était mis en doute, combien plus devait être mise en doute la valeur des renonciations qui, elles, loin de corroborer une loi fondamentale, contrevenaient directement à l'un des principes essentiels du droit monarchique français !

Bref, c'est en vain qu'on chercherait ailleurs que dans la brutalité des faits de guerre une explication à cet acte du roi : il n'y a pas d'explication juridiquement valable. Louis XIV ne craint plus de l'affirmer : c'est uniquement parce qu'il est vaincu, parce que son peuple se trouve acculé à la ruine, parce que le royaume tout entier menace de sombrer sous les coups de l'ennemi, que son gouvernement consent au sacrifice. Comme toujours, la forme majestueuse couvre la dureté du fond des choses. Mais enfin, si noble que soit le sacrifice, si déterminé qu'on se montre à le faire, c'est un sacrifice : Louis XIV sacrifie son petit-fils au salut de son peuple :

« Nous sentons comme Roi et comme Père, *combien il eût été à désirer que la Paix générale eût pu se conclure sans une renonciation qui fasse un si grand changement dans Notre Maison Roïale, et dans l'ordre ancien de succéder à Notre Couronne.* Mais nous sentons encore plus combien il est de notre devoir d'assurer promptement à nos sujets une Paix qui leur est si nécessaire. Nous n'oublierons jamais les efforts qu'ils ont faits pour nous dans la longue durée d'une guerre que nous n'aurions pu soutenir, si leur zèle n'avoit eu encore plus d'étendue que leurs forces. Le salut d'un peuple si fidèle est pour Nous une loi suprême qui doit l'emporter sur toute autre considération. C'est à cette loi que nous sacrifions aujourd'hui le droit d'un petit fils qui Nous est si cher, et par le prix que la Paix générale coûtera à notre tendresse, nous aurons au moins la consolation de témoigner à nos Sujets qu'aux dépens de Notre sang même ils tiendront toujours le premier rang dans notre cœur... Pour ces causes... statuons et ordonnons... [l'enregistrement des renonciations reciproques et] voulons... que le Roy d'Espagne soit désormais regardé et considéré comme exclu de notre succession, que ses héritiers, successeurs et descendans en soient aussi exclus à perpétuité et regardés comme inhabiles à la recueillir... Donné à Versailles au mois de mars, l'an de grâce 1713 et de Notre Règne le soixante dizième. Signé Louis ; et plus bas : Par le roi Phelypeaux, visa Phelypeaux et scellées du grand sceau de cire verte, en lacs de soye verte et rouge. »

Le conseiller avait terminé la lecture des actes royaux. Alors, au milieu du silence respectueux de l'Assemblée, le premier président Jean-Antoine de Mesmes, prenant la parole, fit la déclaration suivante :

Qu'il ne pouvoit se dispenser de rendre compte à la Cour de f° 5 r°
ce que le Roy luy avoit fait l'honneur de luy dire au sujet de la résolution qu'il avoit prise d'autoriser la renonciation du Roy d'Espagne par les lettres patentes dont on venoit de faire la lecture.

Que lorsque le Roy avoit bien voulu luy faire part de cette résolution, il avoit cru que le devoir de sa charge l'obligeoit de prendre la liberté de *représenter à Sa Majesté qu'une telle renonciation étoi absolument opposée aux lois fondamentales de l'Estat* qui, depuis tant de siècles, règlent si heureusement l'ordre de la succession à la couronne.

Que le Roy luy avoit fait l'honneur de luy répondre (1) *que personne n'avoit mieux / senti que luy tout ce que l'on pouvoit dire et penser* v°
sur ce sujet.

Qu'il l'avoit assés fait connoistre en ne consentant à la renonciation qu'après avoir inutilement tenté toutes les autres voyes de parvenir à la Paix.

Qu'il avoit voulu que ses lettres patentes mesmes en instruisissent ses peuples qui luy avoient marqué leur zèle par de si grands efforts et de si grands secours et dont il préfereroit le repos et le bonheur à toute autre considération.

Qu'ainsy il avoit cru que rien ne devoit retarder l'avancement d'une paix si nécessaire à son royaume et qui ne pouvoit estre fondée que sur la renonciation du Roy d'Espagne son petit-fils.

Que le Roy après s'être expliqué dans ces termes pleins d'affection et de tendresse pour ses peuples luy avoit permis de les raporter à la Cour et avoit adjouté que les preuves qu'il avoit du zèle du Parlement pour son service ne luy permetoient pas de douter que cette Compagnie n'entrast dans ses sentimens et qu'à l'exemple du Roy mesme elle ne fit *dans ses justes répugnances à donner atteinte aux lois de l'Estat* un sacrifice que demandoit dans cette conjecture le bien de l'Estat mesme.

On ne pouvait parler plus clairement. Par la bouche même de son premier président, le Parlement reconnais-

(1) Le scribe avoit d'abord écrit : *représenter*.

sait que seule la force des événements l'obligeait à consacrer l'atteinte qu'on avait portée aux lois fondamentales. Y a-t-il au monde un arrêt de tribunal plus attaquable que celui où les juges eux-mêmes déclarent voter contre leur conscience sous la pression des canons ennemis?

Après la déclaration du premier président, le doyen des conseillers, Le Nain, fit la lecture des conclusions écrites du procureur général. Fait étrange : ces conclusions ont été omises dans les registres du Parlement (1). Était-ce l'insurmontable répugnance du Parlement pour cette violation des lois fondamentales qui motiva ce vice de forme? Ce qui est certain, c'est qu'on ne peut invoquer ici un simple oubli du scribe, car l'oubli eût été réparé à la fin du registre. Ce qui corrobore l'hypothèse d'une omission volontaire, c'est la constatation que, lui aussi et dans son ensemble, le procès-verbal de la séance a été omis à son lieu et place : dans les registres du Parlement, les actes passent du 11 au 16 mars sans mentionner ce qui s'est passé le 15 mars. C'est seulement aux « obmissions » insérées dans le volume après le 26 octobre que se trouve le récit de la séance. Serait-il possible qu'on eût « oublié » une journée aussi importante que celle du 15 mars? A défaut de preuves établissant l'omission délibérée et voulue, nous tenons du moins à relever le fait insolite.

Après avoir été mis aux voix, l'arrêt du Parlement fut dressé et lu (2).

(1) Archives nationales, Registre X^{1A} 8971 : « Conclusions du procureur général du 23 novembre 1712 au 26 octobre 1713 ». Le registre qui n'est pas folioté passe du 14 mars 1713 au 16 mars sans rien indiquer pour le 15. Il n'y a pas d'omissions à la fin du registre.

(2) Archives nationales, Carton X^{1B} 8895 : « Parlement civil, Conseil secret, juillet 1712-décembre 1713 », Chemise cotée : *1713* ; Liasse de 60 pièces cotées : « LX, conseil secret, mars 1713. R[egistrées] », 4 pièces insérées entre les nos XXIX et XXX ; c'est la deuxième de ces quatre pièces.

Ensuite tout le Parlement se porta à la séance « d'en haut » et se réunit en audience publique, les magistrats s'étant revêtus de leurs robes rouges et de leurs manteaux. Après lecture des renonciations et des lettres patentes, ainsi que des conclusions du procureur général, le président alla de nouveau « aux advis », acte de pure forme, puis prononça l'arrêt (1) « conforme aux conclusions du procureur général », c'est-à-dire qu'il y renouvela l'affirmation du sacrifice que faisait le souverain, avec les mots presque identiques à ceux des lettres patentes. Ainsi, une dernière fois, les murs de l'ancien Palais de Justice retentirent des paroles royales, par lesquelles un roi, qui avait été le souverain le plus puissant du monde, faisait part de sa défaite à son peuple et sacrifiait à son royaume les droits sacrés et inviolables d'un petit-fils et de deux arrière-petits-fils (2).

La séance est finie. Les princes sont sortis, « précédés par quatre huissiers frappans de leurs baguettes. Et Messieurs les présidents sont sortis en mesme temps par la lanterne du costé du greffe ».

La foule des parlementaires, des pairs, des seigneurs et du peuple se retira lentement. Mais si le duc de Shrewsbury, témoin officiel, put, en mandant à sa souveraine l'issue de la séance, se dire content, l'espagnol don Feliz Cornejo, plus en contact avec la France, écrivait à Madrid que l'opinion générale était que les renonciations étaient nulles (3).

(1) L'arrêt solennel est la troisième des quatre pièces mentionnées.

(2) Louis, né le 25 août 1707, roi d'Espagne du 16 janvier au 31 août 1724, sous le nom de Louis Ier ; — Philippe, né le 7 juin 1712, mort le 29 décembre 1719 ; — Quant à Ferdinand, futur Ferdinand VI d'Espagne, il ne devait naître que le 23 septembre 1713.

(3) Lettre du 20 mars 1713, Archives de Simancas, Est. l. 4314, publiée par Baudrillart, t. I, p. 53

Troisième Partie

LES LOIS FONDAMENTALES
DE LA MONARCHIE FRANÇAISE

Troisième Partie

LES LOIS FONDAMENTALES
DE LA MONARCHIE FRANÇAISE

TITRE I

LES TROIS LOIS FONDAMENTALES
DE LA SUCCESSION AU TRONE

Dans notre seconde partie, nous avons relaté et critiqué les faits qui amenèrent la renonciation de Philippe V au trône de France. Il ressort, disions-nous, de ce seul exposé que la renonciation est nulle.

Mais si elle est nulle, d'abord, en tant qu'imposée de vive force par l'ennemi victorieux, elle l'est surtout en tant que contraire aux lois fondamentales de l'ancien droit français.

Encore est-il nécessaire d'établir que ces dernières lois n'ont rien d'imaginaire.

Ce que nous démontrerons donc dans cette troisième partie, c'est précisément l'existence, la fixité et la force des lois fondamentales.

Il nous faudra pour cette démonstration remonter de quelques siècles dans l'histoire et demander aux juristes les plus éminents de notre pays leur opinion dans ces questions de droit public interne.

Or nous retrouverons chez eux une concordance parfaite dans les principes et jusqu'à d'identiques expressions. Il nous sera aisé de suivre ainsi leur idée constante jusqu'au moment où, pour la première fois depuis le traité de Troyes, l'ennemi victorieux réussit à imposer au pays une volonté nettement contraire à la volonté traditionnelle, à la loi de notre patrie.

***

Dans la constitution de l'ancienne France, en dépit des tendances naturelles et de la formation spéculative de notre génie, il n'y eut pas, au sens moderne du mot, de « codification ». C'est sous l'empire des faits, c'est au fur et à mesure de la constitution du royaume de France que notre droit s'est formé : il a suivi le développement organique de notre pays, dont l'incessant et harmonieux progrès vers l'unité reste l'un des plus beaux événements de l'histoire. Bref, notre droit s'est formé à la manière de notre langue, incomparable, sans doute, de clarté, de précision et de rigueur, mais souple et subtile. Si une langue ne se crée pas subitement, mais s'élabore ; si la nôtre surtout est ce qu'a dit Rivarol, « la physique expérimentale de l'esprit », où « chaque mot est un fait, chaque phrase une analyse ou un développement, tout livre une révélation plus ou moins longue [et nouvelle] du sentiment ou de la pensée » (1), c'est bien ainsi qu'il doit en être du

(1) *Discours sur l'homme intellectuel et moral, Récapitulation.*

droit, et qu'il en est spécialement du nôtre. Et si, à la définition que Rivarol donne de la langue, une sorte de pendant se trouve dans la définition que Montesquieu donne de la loi : « Les lois, dans la signification la plus étendue, sont les rapports nécessaires qui dérivent de la nature des choses » (1), rien encore ne fut plus conforme que nos lois à cette notion de la loi. Les lois de l'ancienne France ne cessèrent d'exprimer les rapports nécessaires dérivés de sa constitution.

C'est pourquoi elles furent, avant tout, une coutume, une tradition, une expérience méthodiquement acquise. Elles naissent d'elles-mêmes. Les historiens, les juristes ne feront que les transcrire et les cristalliser en des formes définitives.

Nous examinerons cette formation successive des lois fondamentales, regardées jadis comme sacrées, quasi divines.

Mais qu'est-ce, tout d'abord, que ces « lois fondamentales » ?

On désigne en général de ce nom certaines règles fixes, que le droit public français a placées au-dessus de la volonté souveraine. Ce sont les règles intangibles qui furent invoquées au cours des âges, quand les graves difficultés se présentaient : on voyait en elles le fondement même de la monarchie.

Ce qui est sûr, c'est que leur origine coïncide avec l'épanouissement de la maison d'Hugues Capet; elles sont liées à cette maison, elles vécurent tant qu'elle vécut, et lorsque l'ancienne monarchie française disparut, elles disparurent, elles aussi. Lois non écrites, elles se virent remplacer par les constitutions écrites, aux codifi-

(1) *L'esprit des lois*, t. I, ch. 1.

cations rigoureuses et minutieuses. Elles, — nos anciennes lois fondamentales, — elles étaient rigides dans les grands principes, mais larges dans les détails, tout comme le régime paternel et patriarcal auquel elles s'appliquaient ou qu'elles réglaient en le symbolisant.

La monarchie forme ses lois dans le courant des siècles. Mais l'unité de la France n'est pas encore complètement faite, que déjà les lois fondamentales, quant à la succession monarchique du moins, sont solidement assises.

Nous nous occuperons seulement de ces lois de succession sans entrer dans les détails des autres lois, plus ou moins justement appelées fondamentales.

Nous verrons que la loi de la succession royale par les mâles selon l'ordre de la primogéniture a, dès la fin du XVe siècle, pris sa forme complète et définitive.

Nous verrons que cette succession, pleinement différente des successions privées, n'est point héréditaire, mais statutaire, c'est-à-dire que le roi n'est point l'héritier de son prédécesseur, mais uniquement son successeur par droit royal ; nous verrons aussi que cette loi n'est qu'une application du grand principe : la royauté est une dignité et non une propriété ; et nous verrons enfin que ce dernier principe, principe suprême, a lui-même pour autre corollaire le principe de l'inaliénabilité du droit de souveraineté.

Telles sont les trois notions successives, mais corrélatives que nous trouverons dans les auteurs. En se complétant, elles formeront l'armature solide et plusieurs fois séculaire du droit public français sous l'ancienne monarchie.

CHAPITRE I

LA SOUVERAINETÉ EST INALIÉNABLE

Logiquement nos juristes auraient dû proclamer tout d'abord la théorie que la royauté n'était qu'une dignité et non la propriété du prince; mais il se trouve, — et voici une nouvelle preuve de cette genèse si spontanée de nos lois — que si l'on veut suivre l'ordre historique, c'est par la proclamation de l'inaliénabilité de la souveraineté qu'on doit commencer.

Ce principe, il faut remonter jusqu'au XIVe siècle pour en trouver la première expression.

§ 1. — *Pierre de Cugnières.*

C'est un légiste bien connu, Pierre de Cugnières (1), qui l'exposa à l'assemblée de Vincennes en 1329 (2).

(1) Pierre DE CUGNIÈRES, *consiliarius regis*, président au Parlement, mourut en 1345.

(2) D'après MÉZERAI, la priorité de cette doctrine appartiendrait à Robert D'ARTOIS. Lors de la contestation entre Philippe VI de Valois et Edouard III d'Angleterre, il aurait dit : « La couronne de France n'est pas un bien patrimoine, nos princes n'en peuvent pas disposer, ils n'en ont que la jouissance, et personne ne la peut avoir que celui qui est appelé par les lois fondamentales ». (Cité par G. THÉRY, *Droits de la branche d'Anjou au trône de France*, p. 16.)

Le roi de France, déclare-t-il (1), est, en principe, impuissant à aliéner les droits essentiels de sa couronne (il s'agissait dans le cas du droit de juger les causes temporelles). Il ne peut diminuer par un acte arbitraire de sa volonté les prérogatives qui sont attachées à sa couronne. Ces prérogatives qui ne sont pas sa propriété absolue, il ne peut en disposer. Il les a reçues de ses prédécesseurs et il a juré, lors de son couronnement, de les conserver intactes pour ses successeurs (2). Par suite, non seulement il ne peut les aliéner, mais encore il est obligé par son serment, si quelque aliénation en a été faite, d'en poursuivre la révocation. Avec une lucidité parfaite, Pierre de Cugnières pose ainsi la double thèse de l'imprescriptibilité et de l'inaliénabilité des droits essentiels attachés à la couronne de France. Il n'hésite pas à limiter le pouvoir personnel du roi et à mettre ainsi le souverain dans « l'heureuse impuissance de s'amoindrir lui-même ».

Pierre de Cugnières soutint avec tant de force cette thèse que son adversaire, l'illustre Pierre Roger (3) — lequel n'avait cessé de le combattre dans les questions relatives aux droits de l'Église et du roi — ne le réfuta point sur cette idée de l'inaliénabilité des droits inséparables de la couronne.

(1) Voir *L'assemblée de Vincennes de 1329 et ses conséquences*, par Olivier MARTIN *(Premier supplément des travaux juridiques et économiques de l'Université de Rennes)*, Rennes, 1909.

(2) Cf. ESMEIN, p. 329 : l'inaliénabilité des droits de la couronne fut insérée au serment au début seulement du XVe siècle. Nous ne possédons pas la formule usitée au serment à l'époque de Pierre DE CUGNIÈRES : il est donc impossible de vérifier son dire.

(3) Pierre ROGER, abbé de Fécamp, évêque d'Arras, archevêque de Sens en 1329, puis archevêque de Rouen. Cardinal dès 1328, il fut élu pape à la mort de Benoît XII en 1342 sous le nom de Clément VI.

§ 2. — *Le songe du Vergier.*

Vers la fin du XIVe siècle, la même théorie est à nouveau fortement exprimée dans le curieux traité intitulé : *Le songe du Vergier* (1). Dans cette dispute fictive entre un clerc et un chevalier au sujet des droits de l'Église et du pouvoir séculier, le principe de l'inaliénabilité de la souveraineté est érigé en loi fondamentale essentielle du royaume :

> De rechief au roy appartient la souveraineté et le dernier ressort en tout son royaulme, et entant qu'il ne pourroit mye cette souveraineté donner, transporter ou aultrement aliéner, ne si n'y peut aulcunement renoncer, car cette souveraineté et dernier ressort, si sont si fort et par telle manière conjoincts et annexés à la couronne, qu'ils ne peuvent de luy estre séparés (2).

L'idée d'une souveraineté à laquelle le roi lui-même ne peut pas renoncer est donc bien établie dès le XIVe siècle dans l'esprit français.

Mais un tel principe, qui n'est lui-même qu'une conséquence, devait forcer les esprits logiques à remonter plus haut. Dès là que le roi ne peut diminuer son droit de sou-

(1) *Le Songe du Vergier qui parle de la disputation du clerc et du chevalier*, 1491. La date de la rédaction latine est de 1376. L'auteur en est contesté. MOLINIER (*Sources de l'Histoire de France*, t. IV, pp. 66-67) indique Philippe DE MÉZIÈRES. — Nos références correspondent à la réédition publiée dans les *Traitez des droits et libertez de l'Église Gallicane*, 1731, t. II.

(2) Livre II, ch. 251, p. 107. — Le fait de l'existence de lois fondamentales est tout aussi énergiquement affirmé. — Une autre particularité, c'est que l'auteur attribue le fait de la descendance masculine à la coutume, sans parler de loi salique (livre I, ch. 142, pp. 153 et suiv.). — C'est du reste le même langage que tient le *Livre de Jostice et Plet*, quand il ajoute aux lois écrites les coutumes : « Longe coustume seant estre gardée por droit et por loi en choses qui ne sunt pas écrites » (*Li livres de Jostice et Plet*, éd. RAPETTI, Paris, 1850, livre II, ch. II, p. 6.)

veraineté, c'est qu'il n'en est pas le propriétaire : principe suprême, d'où se déduit cette autre conséquence qu'il ne peut en disposer comme un simple héritier pourrait faire du patrimoine hérité.

Or il se trouve, ici encore, que selon l'ordre historique auquel nous entendons rester fidèle, c'est cette seconde conséquence anticipée du principe latent qui s'établit d'abord et se fixe.

CHAPITRE II

LA SOUVERAINETÉ N'EST PAS HÉRÉDITAIRE, MAIS STATUTAIRE

Si le XIVe siècle, en effet, a vu poser le principe de l'inaliénabilité de la souveraineté, c'est le début du XVe siècle qui voit affirmer, avant le dogme de la royauté-dignité, la puissance de la loi statutaire. C'est l'humiliation du traité de Troyes qui fait éclater en formule cette vérité déjà fermement ancrée dans le cœur des Français, à savoir que la couronne de France n'est point une propriété particulière du roi, mais un véritable fidéicommis dévolu à l'aîné de la race capétienne : fidéicommis intangible et que nulle loi ni volonté souveraine ne peut modifier.

§ I. — *Jean de Terre Rouge.*

Avant d'aborder l'étude de ce principe, il faut rappeler et commenter brièvement le fait historique du traité de Troyes.

On subissait alors les plus graves revers de la guerre de Cent ans. Le roi Charles VI étant devenu fou, la régence avait passé à Isabeau de Bavière, dont le fils, le Dauphin Charles, enfant chétif et tenu dans l'isolement, n'avait aucun appui. Victorieux, Henri V d'Angleterre put ainsi imposer à la France le honteux traité de Troyes (1420), que les États Généraux reconnurent solennellement comme loi du royaume.

Il était stipulé dans ce traité que Henri V épouserait Catherine, fille de Charles VI, deviendrait Dauphin de France, et après la mort de Charles VI serait à la fois roi de France et roi d'Angleterre. Quant au Dauphin Charles, Henri V s'engageait à réduire à néant ses prétentions et dès ce jour il prenait le gouvernement en main...

Mais le droit royal ne sombra point. Avant même l'usurpation de Henri V, un juriste va fixer avec toute la clarté et toute la précision de ces anciens maîtres du droit les principes qui président seuls à la transmission de la couronne.

Les traités de Jean de Terre Rouge parurent en 1418 ou 1419. C'est donc à la veille du traité de Troyes que ce légiste remarquable avait entrepris un recueil exact et rigoureux des lois fondamentales relatives à la succession au trône. Ce recueil, par sa rigueur logique et sa science juridique, allait être le meilleur défenseur du droit du Dauphin en face des lettrés de l'époque (1).

Jean de Terre Rouge va droit à son sujet : En France, expose-t-il, le droit successoral est réglé par la seule force de la coutume (2); et jamais les rois de France

(1) *Joannis de Terra Rubea Tractatus de jure legitimi successoris in hereditate regni Galliae*, Lyon, 1526. Références à la réédition dans la *Disputatio de Controversia*, 1585. Le *Traité* a été écrit en 1418 ou 1419, car l'auteur y parle du Dauphin Charles comme âgé de 16 ou 17 ans.

(2) « OCTAVA CONCLUSIO : quod *in regni Franciae successione reperitur duntaxat consuetum, et ex sola vi consuetudinis obtentum*, quod successio simplex defertur primogenitis maribus ex linea recta eorum quibus succeditur, et illa deficiente succedunt mares transversales, iuxta gradus prerogativa. Nec mirum si ex sola vi consuetudinis in dicto regno succedatur : nam et aliquando ex sola vi legis defertur successio... Sciendum vero, quod proxime dicta consuetudo quae servatur in regni Franciae successione, convenit multum legi divinae et humanae » (p. 81).

n'ont légué par testament le royaume (1), pour la bonne raison que la coutume les en empêchait (2). C'est, en effet, — et l'auteur reprend avec intention les mêmes paroles, — par la seule force de la coutume, et non par la volonté du prédécesseur ou en vertu de son testament, que la couronne est transmise (3) : si bien que le fils aîné ou celui qui, à défaut d'un fils aîné, se trouve être le successeur, ne peut véritablement se dire l'*héritier* du roi défunt (4). La succession donc n'est ni patrimoniale ni héréditaire ; c'est tout au plus si on pourrait l'appeler sous de certains rapports : quasi héréditaire (5).

L'auteur, qui nous montre si clairement l'opposition existant entre la loi successorale royale et celle du droit commun, se place par là même sur le vrai terrain de la constitution, — sur le terrain statutaire, — rejetant la conception ancienne du roi, propriétaire du royaume au même titre et de la même façon qu'un seigneur allodial

(1) « Nona conclusio : quod *reges Franciae nunquam consueverunt de regno testari, sed solum ex vi consuetudinis defertur successio* ad dictos in praecedenti conclusione... » (p. 83).

(2) « Decima conclusio : quod *reges Franciae non potuerunt unquam neque posset rex modernus facere testamentum de regno, nec primogenitum, aut alterum haeredem facere in illo*. Probatur conclusio quia ex quo (ut praedicitur) per consuetudinem non est obtentum de regno testari,... nec est locus hereditariae successioni. Nam quod iuri communi per consuetudinem et statutum detractum non reperitur, regulis iuris communis remanet reservatum... » (p. 83).

(3) « Undecima conclusio : quod adeo *ex vi sola consuetudinis in regno Franciae succeditur, quod sicut nec ex voluntate dispositiva et testamentaria, regis successio defertur eius successori, nec deferri potest : sic nec ex tacita voluntate eius ab intestato dispositiva, succedi potest ei, sed solum consuetudo succedenti defert regnum*... » (p. 84).

(4) « Duodecima conclusio quae sequitur ex praemissis : quod *primogenitus, aut alius in regno Franciae succedens non est, nec proprie dici potest heres eius cui succedit nec patrimonialiter successor, sed successor solum quadam simplici et non hereditaria successione in vim consuetudinis, quae* (ut praedicitur)

(5) *ei confert successionem : quasi hereditaria autem haec successio sub quadam similitudine dici potest*... » (p. 85).

est propriétaire de sa terre. La souveraineté est si bien *statutaire* que le nouveau souverain est exonéré de toutes les charges propres de son prédécesseur (1). En logique abstraite, cette conséquence est juste : mais elle était peu juridique et engendrait une foule de difficultés. On conçoit donc qu'il ait fallu, en pratique, trouver un biais, car, par exemple, un roi âgé n'aurait plus trouvé de prêteurs. L'institution des rentes sur l'Hôtel de Ville fournit l'exemple typique de la manière dont la pratique sut tourner la difficulté sans toucher au principe. D'ailleurs, en théorie même on a souvent admis que le roi ne prenait les charges à son compte que « nomine dignitatis vel principatus », c'est-à-dire en tant que roi. Ne possédant rien en propre, il ne pouvait, en effet, contracter de dettes ou charges onéreuses qu'en tant qu'il était roi. En pressant cette idée, on devait admettre que les charges restaient attachées au titre royal.

Autre conséquence de la conception statutaire : le roi, bien entendu, ne peut priver son successeur du trône (2), pas même pour cause d'ingratitude (3). De même, la déposition d'un souverain n'entraînerait aucune

(1) « DECIMASEPTIMA CONCLUSIO : quod *ad succedentem in regno Franciae non pertinet, nec ad eum devoluuntur onera, aut commoda propria eius, cui succeditur*. Probatur conclusio, *quia* sicut dictum est *non succeditur regi in regno patrimonialiter, nec hereditario modo : igitur onera aut alia propria regnum non contingentia illum non sequuntur*... Et ratio huius est in evidenti, quia regnum non habet ab eo, nec eius dispositione, quum nec id sibi auferre posset : consequenter eius onera propria sustinere non debet » (p. 92). — Cf. BODIN.

(2) « DECIMAOCTAVA CONCLUSIO : quod *rex Franciae non potest tollere successionem ei, qui successurus est in regno, ut praefertur*. Probatur conclusio, *quia non ex eius dispositiva voluntate succedit ei, sed etiam illo invito ex sola vi consuetudinis*... » (p. 91).

(3) « DECIMANONA CONCLUSIO : quod *per ingratitudinem, aut aliam similem causam comissam per primogenitum, vel successorem contra regem Franciae : ille non perdit successionem, nec ob id rex potest illum successione privare in vim suae voluntatis*. Probatur conclusio, quia regnum non assequitur nec habet ab eo sed ex consuetudine disponente, ut dictum est... » (p. 92).

déchéance pour le successeur, lequel, au contraire, monterait sur le trône à sa place (1), en vertu d'un droit acquis — *jus formatum* — et qu'il possède dès le vivant du roi son prédécesseur : « *Rege privato illud* [*jus*] *plenificatur.* »

Toutes ces lois supposent nécessairement qu'il n'y aura jamais qu'un seul successeur, et que les autres enfants royaux, loin d'avoir aucun droit sur une partie quelconque du royaume, comme du temps des partages, ne pourront obtenir de la coutume que quelques terres qu'ils tiendront en fiefs comme vassaux du roi (2).

Enfin, cet ensemble de lois est fixe, immuable : jamais le roi de France ne pourra changer par une loi ou un autre arrangement le droit successoral royal (3).

Nous laissons de côté les explications que Jean de Terre Rouge s'efforce à donner sur l'origine de cette coutume. Il nous importe uniquement de savoir qu'elle existait dans toute sa force avant le traité de Troyes.

(1) « VIGESIMATERTIA CONCLUSIO : quod *si rex aliquis mereretur regno privari, quod non ideo primogenitus vel successor privaretur regni successione.* Probatur conclusio, quia regnum non defertur successori a patre, nec per medium activum sive productivum eiusdem... Ex quibus sequitur, quod rege privato regnum devolvetur ad successorem qui debet succedere secundum consuetudinem, non autem altera aliqua ratione... » (p. 95).

(2) « VIGESIMA CONCLUSIO : quod *primogenito succedente in regno Franciae alii liberi regis non habent in regno de iure communi ius legitimarum portionum quae debentur iure naturae...* » (p. 93).

« VIGESIMAPRIMA CONCLUSIO : quod alii liberi regis Franciae *conqueri non possunt nec eis fit aliqua iniuria : quia soli primogenito regni successio defertur, in solidum, eis exclusis...* » (p. 94).

« VIGESIMASECUNDA CONCLUSIO : quod licet filiis primogenitis et sequen. de iure communi non debeantur in regno legitimae portiones iure naturae, *tamen per consuetudinem possent deberi eis portiones aliquae in terris regni eis assignandae : quas tamen ut vasalli a rege tenerent in feudum...* » (p. 94).

(3) « VIGESIMAQUARTA CONCLUSIO : quod *rex Franciae non posset constitutionem, aut legem facere per quam patrimoniali iure, aut hereditario (quam consuetudine iuerit obtentum) in regno succederetur...* » (p. 99).

Nous voici donc arrivés à la conclusion pratique et logique de cet édifice juridique :

Et praefatis conclusionibus apertissime demonstratur, quod primogenitus regni Franciae dominus Delphinus princeps inclytus patre vivente habet ius formatum successionis in regno, adeo solidissimum, quod per voluntatem aut dispositionem aut alterius avocari non potest ab eodem in humanis superstite : quod non sic est in liberis aliis, et bonis patrimonialibus parentum, in quibus ius successionis facere potest liberis impediri tolli per alienationes inter vivos, testamentaque debita, voluntaria, legata, exhaeredationes ex causa, criminaque aliqua parentum, et aliter variæ, et sic firmius et solidius est ius huiusmodi primogeniti, quam liberorum in bonis patrimonialibus parentum (pp. 100-101).

Ainsi est posé le second grand principe, celui du droit statutaire. Le roi n'est point l'héritier de son prédécesseur, ce n'est pas à celui-ci qu'il doit sa couronne : c'est par lui-même, c'est par sa naissance qu'il est appelé à monter sur le trône ; il est saisi du droit, quoi que le roi son prédécesseur pût faire contre lui. Son abdication surtout n'entraînerait point celle de ses successeurs, ni sa déchéance celle de ses enfants. Et cette constitution est intangible à ce point, que jamais roi de France ne pourra y déroger par quelque moyen que ce soit. Son grand avantage est, à côté de sa fixité, sa clarté. Jamais aucun doute ne sera possible sur la personne du prince appelé à monter sur le trône ; ce sera toujours l'aîné des princes de la Maison Royale.

Seules, donc, la mort ou l'abdication volontaire du roi peuvent mettre fin à son règne ; et dans le cas d'abdication, ce sera le fils aîné qui succédera, sans qu'il se trouve en aucune façon frappé par les renonciations de son père : ce n'est point comme fils, en effet, qu'il succède, mais comme aîné de la maison royale.

Le grand mérite de Jean de Terre Rouge, c'est d'avoir

le premier codifié — si l'on peut ainsi dire — le droit public successoral français. Il doit à ce travail sa juste renommée. Désormais, de nombreux juristes se reporteront à lui, comme à l'homme dont le mérite primordial fut d'aider à sauver la France et la Maison Royale de la main mise par l'Étranger.

§ 2. — *Juvenal des Ursins.*

Dès la mort de Charles VI, ce fut le raisonnement de Jean de Terre Rouge qu'il fallut invoquer pour prouver, au mépris de l'humiliant et intolérable traité de Troyes, les droits du roi Charles VII. Juvenal des Ursins (1), qui se fait l'avocat de ces droits, reprend les mêmes arguments et conclusions. Le roi, dit-il, « n'a qu'une manière d'administration et usage [de la couronne] pour en jouir sa vie durant ». Il ne peut donc, « ni aliéner ou bailler le royaume en autre main..... et quand il a un fils, ne lui peut le roi son père ni autre abdiquer ou ôter ce droit, voire même s'il le voulait et consentait » (2). Ce sont les plus pures formules du principe de l'inaliénabilité de la couronne et du principe statutaire qui viennent défendre Charles VII.

Bref, la doctrine royale est bien nettement fixée. Elle ne changera plus. Les rois se succéderont jusqu'à la Révolution d'après ce principe fondamental de la monarchie.

(1) Jean JUVENAL dit des Ursins (1388-1473), maître des requêtes de l'hôtel, avocat général au Parlement de Poitiers, évêque de Beauvais, archevêque de Reims, écrivit son traité vers 1445.

(2) Bibliothèque Nationale, manuscrits français, nouvelles acquisitions, 741, pp. 25-26.

CHAPITRE III

LA ROYAUTÉ EST UNE DIGNITÉ ET NON LA PROPRIÉTÉ DU SOUVERAIN

Les États de 1484. — Philippe Pot.

Nous l'avons dit : un troisième principe, plus profond encore ou plus haut, faisait partie intégrante du droit public français. C'est ce principe qu'il nous reste à exposer nettement. Il définit la nature même de la royauté.

Sans doute la conception française de la royauté est-elle implicitement contenue dans l'exposé si précis et si étendu que J. de Terre Rouge a fait des lois fondamentales. Mais c'est, semble-t-il, aux États de 1484 que, pour la première fois, l'essence de la royauté a été précisée et définie d'un mot.

Voici la circonstance.

Une querelle sur le droit de régence ayant éclaté à la mort de Louis XI entre Anne de Beaujeu et le duc d'Orléans, les États avaient été convoqués pour trancher la question. Ce débat nous valut un discours resté fameux du sénéchal de Bourgogne, Philippe Pot, seigneur de la Roche. C'est au cours de ce discours que fut prononcée la phrase célèbre : « *La royauté est la dignité et non la propriété du prince* » (1).

(1) Masselin, *Journal des États de Tours*, éd. Bernier, p. 140. — V. aussi Pelicier, *Essai sur le gouvernement de la dame de Beaujeu*, pp. 73 et suiv.

Tel est le troisième grand principe : l'essence, la nature intime de la royauté, c'est d'être une *dignité*, une magistrature d'essence politique, et non pas un élément de patrimoine privé.

Logiquement, ce troisième principe aurait dû être le point de départ de toute la théorie des lois fondamentales de la succession au trône. Mais l'ordre chronologique, qui oblige à ne le faire connaître qu'après les deux autres, logiquement postérieurs et antérieurement formulés, jette une vive et précieuse lumière sur la méthode de nos juristes. Il les montre procédant par analyse, étudiant d'abord les effets visibles des principes pour n'arriver qu'ensuite aux principes eux-mêmes. Au cours des âges, en effet, ce principe se rencontre bien, mais à l'état latent, dans l'esprit de la Maison Capétienne. Les Mérovingiens et Carolingiens, appliquant l'idée d'une royauté patrimoniale, avaient *possédé* la puissance royale à titre privé. Ce furent alors les règles du droit civil qui fixèrent le droit royal de succession, ce furent elles qui engendrèrent le fâcheux abus des partages. Chez les Capétiens, c'est la théorie opposée qui prévaut. L'instauration du principe héréditaire, mais héréditaire *sui generis*, allait les amener par diverses étapes au principe statutaire, jusqu'au jour où ce principe, dès longtemps appliqué, trouverait sa formule définitive.

C'est tout d'abord l'association du fils aîné au trône, puis l'indivisibilité assurée par la primogéniture, indivisibilité du pouvoir, d'abord, et du royaume ensuite, puis l'inaliénabilité de la souveraineté et le caractère spécial du droit de succession, « non héréditaire ni patrimonial », mais statutaire.

La dignité royale française, transférée toujours par l'effet de lois immuables à l'aîné de la Maison d'Hugues Capet, n'aura donc rien de commun avec l'idée germanique de souveraineté patrimoniale et personnelle. Rien, nous semble-t-il, ne marque mieux cette différence capitale que les faits qui caractérisent chaque changement de règne. En France, le cri de : « le roi est mort, vive le roi ! » atteste bien le caractère d'une intitution supérieure aux hommes, confondant l'intérêt dynastique et l'intérêt général : les diverses branches pouvaient s'éteindre et mourir, le vieux tronc en offrait d'autres nouvelles. Un tel système politique devait nécessairement favoriser cette éclosion des vertus patriarcales et terriennes, qui distingua les Capétiens. Aucun d'eux ne sacrifia l'avenir du pays, — identifié avec celui de sa dynastie, — à une ambition de conquérant ; chacun d'eux n'eut qu'un désir, celui de transmettre à son successeur le royaume augmenté de quelques provinces.

Ainsi, au xvᵉ siècle, le droit public français a bien fixé ses règles fondamentales. Trois grands principes en forment les piliers :

1° Le caractère distinctif, essentiel de la royauté française est le suivant : elle n'est point la propriété du souverain, car elle est une dignité.

2° Par cela même, elle ne peut être transférée d'après les règles du droit commun ; elle est régie par le principe statutaire qui admet à la succession royale l'aîné seul de la Maison Capétienne et déclare nul tout acte successoral contraire, même sanctionné par l'autorité souveraine.

3° Une telle souveraineté ne peut être qu'inaliénable.

A la fin du xvᵉ siècle, ces trois grands principes sont fermement établis.

Il nous reste à voir quelle est l'opinion des juristes français des xviᵉ et xviiᵉ siècles sur cette question des lois fondamentales.

TITRE II

LES LOIS FONDAMENTALES ET LES JURISTES, DU XVIe SIÈCLE AU TRAITÉ D'UTRECHT

CHAPITRE PREMIER

AU TEMPS DE LA RENAISSANCE

Avec le XVIe siècle, les historiens et les juristes deviennent des philosophes. L'étude de Thucydide et en général des anciens les amène à rechercher les causes des événements, à en tirer des maximes pour le présent, et par cela même à exercer une critique assez peu pratiquée jusqu'alors en matière historique. Expliquer, classer, unifier, codifier : telle est leur tendance.

C'est cet esprit qui, comme nous l'allons voir, se laisse découvrir dans leur conception des lois fondamentales.

§ 1. — *Du Moulin.*

Charles du Moulin (1500-1566) a été l'un des premiers à rechercher l'origine lointaine de ces lois dans celles des Francs. Pour lui la loi salique est « la très ancienne, perpétuelle et inviolable loi de la couronne de France ».

Sans doute, comme presque tous les anciens auteurs, englobe-t-il sous le nom de « loi salique » tout notre ancien droit successoral. Cette confusion verbale se retrouvera encore fréquemment. Mais sur la question de la succession au trône, toute confusion cesse chez lui. Le principe statutaire du droit royal successoral est exprimé avec la plus grande clarté : « La Couronne, dit-il, n'est pas proprement héréditaire, car le nouveau roi n'est pas l'héritier de son prédécesseur et ne succède pas à son patrimoine et à ses biens propres à moins qu'il en soit son héritier le plus proche, mais il est le successeur à la couronne par le droit du sang selon la loi salique » (1).

§ 2. — *Claude de Seyssel.*

Presque en même temps que du Moulin, Seyssel (1450-1520) s'occupait, lui aussi, des lois successorales françaises. Ancien professeur de droit, puis diplomate, devenu enfin homme d'Église, il était à même de fondre dans un ouvrage les principes de droit et les maximes pratiques que l'étude et l'habitude de la politique lui avaient fait connaître. *La Grandmonarchie de France* (2) n'est pas, en effet, un pur livre de droit : l'auteur, avec une modestie excessive, s'excuse même au « Prologue » de n'avoir en matière juridique ni « le sçavoir ne l'expérience pour entreprendre si hault ouvrage ». C'est uniquement, ajoute-t-il, un don de joyeux avènement au roi François Ier, dans lequel, « voulant se retirer au service de Dieu », il a

(1) *Commentaires sur la coutume de Paris*, titre 1, § 62, dans *Opera*, t. I, col. 26, éd. de Paris, 1658).

(2) *La Grandmonarchie de France, composée par Messire Claude de Seyssel, lors évesque de Marseille et depuis archevesque de Thurin, adressant au Roy très chrètien, François premier de ce nom*, Paris, 1541.

déposé rapidement tout ce que sa longue carrière diplomatique a, du moins, pu lui fournir de lumières politiques.

La constitution de la monarchie lui semble fort bonne. Ainsi il trouve de suite « une très bonne chose », « la première spéciaulté » qui consiste dans le principe de l'exclusion des femmes et de leurs descendants de la couronne, « selon la loy que les Français appellent Salique » (1). Ayant le bonheur de n'être pas une monarchie élective, la France, pense-t-il, continuera toujours à prospérer, même sous des rois mauvais ou imbéciles, car le roi « n'y est ny maître absolu, ny l'esclave des lois ou des corps constitués » (2). « Tousiours la dignité et auctorité royalle [demeure] en son entier, non pas totalement absolue ne aussi restraincte par trop, mais réglée et refrenée par bonnes loix, ordonnances et coustumes » (3).

Il y a trois freins « par lesquelz la puissance absolue des roys de France est réglée » (4) : la religion, la justice, et la police. Si, laissant de côté les deux premiers qui sont d'ordre plutôt moral, nous parcourons l'exposé que fait Claude de Seyssel de ce qu'il appelle la police, nous y trouvons la thèse traditionaliste des lois

(1) Ch. VII, p. 9, v°.

(2) Claude DE SEYSSEL rappelle vivement à cet endroit un autre évêque écrivain, Jean DE SALISBURY, évêque de Chartres (mort en 1182), dont le *Polycraticus* contient des passages comme ceux-ci : « Princeps, licet sit legis nexibus absolutus, legis tamen servus est et aequitatis » (lib. IV, cap. IV, col. 514); — et plus loin : « Sunt autem praecepta quaedam, perpetuam habentia necessitatem, apud omnes gentes legitima et quae omnino impune solvi non possunt » (lib. IV, cap. IV, col. 527, dans Migne, *Patrilogiae Cursus completus*, t. 199, Paris, 1855). — Jean PETIT, dit de Salisbury, n'apporte que des principes et fragments de droit national, mais où déjà des lois positives s'indiquent nettement. C'est à ce titre qu'un rapprochement entre lui et Claude de Seyssel semble intéressant.

(3) Ch. VIII, p. 2, v°.

(4) *Ibid.*

fondamentales finement exposée. « Le tiers frein, dit-il, est celuy de la police, c'est assavoir de plusieurs ordonnances qui ont esté faictes par les roys mesmes et après confermées et approuvées de temps en temps, lesquelles tendent à la conservation du royaulme en universel et particulier. Et si ont esté gardées par tel et si long temps : que les princes n'entreprennent point d'y deroguer, et quand le vouldroient faire, l'on n'obeist point à leurs commandements, mesmement quand au faict de leur demaine et patrimoine royal qu'ilz ne peuvent aliener sans necessité » (1). Il ne cite cependant pas toutes ces lois : on ne voit, pour le moment, son attention attirée que par l'inaliénabilité du domaine et le consentement des impôts par les États et Parlements. Mais, plus tard, il ajoute qu'il y a encore d'autres lois et ordonnances ; et s'il se refuse toujours à en parler « pour éviter prolixité », une remarque qu'il fait à propos des revenus du royaume et où il appelle le roi « administrateur » (2) nous montre du moins sa juste conception du principe statutaire.

Il va jusqu'à faire de cette observation des lois fondamentales une des plus grandes gloires des rois de France : « Et sont les roys beaucoup plus à louer et priser de ce qu'ils veullent en si grande auctorité et puissance estre subiectz a leurs propres loix et vivre selon icelles, que s'ils pouvoient a leur volunté user de puissance absolue » (3).

Dans la seconde partie de son ouvrage il revient encore sur ce point ; il exhorte le roi à « garder et faire

(1) Chap. XI, p. 15.

(2) « Jaçoit ce que des fruits et du revenu du royaulme, les roys puissent disposer à leur volonté pour le temps qu'ilz en sont administrateurs » (ch. XI, p. 15).

(3) Ch. XII, p. 16.

observer le plus qu'il peult » (1) ces lois de police ; il lui rappelle le serment du sacre, afin d'en faire voir l'inviolabilité et la sainteté.

Quant à la question précise de la succession au trône, Seyssel l'a traitée à part dans un petit ouvrage intitulé : *La Loi Salique, premiere loy des Français* (1540). Dans cet ouvrage, comme dans tant d'autres, retentit encore l'écho de la longue lutte contre les Anglais : aussi bien les horreurs de la guerre de Cent ans sont-elles restées trop profondément gravées dans l'esprit du peuple pour que les écrivains ne soient pas en quelque sorte contraints d'y revenir constamment.

Étudiant donc, lui aussi, cette lutte, Seyssel remonte aux origines de la loi salique pour mieux déterminer les droits du roi de France. Arrivant enfin au traité de Troyes, il définit la succession en ces termes : « Les filles ne le peuvent debouter [le fils] de la succession ny le pere ne le peult desheriter sans cause. Et encore moins a la couronne de France que en nulle aultre succession. Car ce n'est qu'une continuation de seigneurie de pere en filz ou au plus prochain masle sans ce qu'il se puisse selon droict et raison changer ne transmuer deça ne dela. Et fault qu'elle voise tousiours la ou la ligne et consanguinité l'envoye et oncques ne fut aultrement faict » (2).

(1) IIe partie, ch. XVII, p. 44.

(2) P. 121. — Le P. Lelong, dans sa *Bibliothèque historique de la France*, note que Louis Chantereau Le Febvre, dans l'avant-propos de son *Discours historique concernant le mariage d'Ansbert et de Blithilde*, cite Claude de Seyssel comme ayant été le premier à mettre en avant la loi salique. Jusqu'à lui on invoquait seulement la coutume du Royaume (v. plus loin, p. 162, note 1). C'est aussi Claude de Seyssel qui le premier aurait déduit du Titre LXII, § 6 de la loi salique que la couronne revient aux seuls mâles à l'exclusion des femmes et de leurs descendants. Il faut remarquer que du Moulin, le contemporain de Claude de Seyssel, emploie lui aussi le mot de loi salique. Sans qu'il nous soit possible de résoudre définitivement la question de priorité, nous,

C'est au nom de l'histoire que Seyssel croit pouvoir s'exprimer de la sorte.

§ 3. — *Du Tillet.*

Aussi bien, les études historiques ont-elles amené plusieurs autres écrivains à définir ou préciser le droit. La seconde moitié du XVIᵉ siècle, — si bouleversée, — vit même surgir contre les tendances audacieuses et novatrices une école qui, s'appuyant sur l'histoire de la France et de ses institutions s'efforça de bien déterminer la valeur des coutumes et des lois si souvent attaquées ou déguisées par l'ignorance et l'esprit de parti. C'est à Jean du Tillet, protonotaire et secrétaire du roi, greffier du Parlement, que revient l'honneur d'en être le chef. Si d'ailleurs cet écrivain tombe souvent, lorsqu'il disserte sur les siècles passés, dans des erreurs historiques, son exactitude s'accroît à mesure que les époques dont il parle se rapprochent de la sienne : en sorte que, pour la connaissance des idées et des faits de son temps, il devient d'une aide véritable (1). Son œuvre inachevée contient donc des indications précieuses pour l'étude de la conception qu'avaient ses contemporains des lois fondamentales.

Tout dispersés qu'ils se trouvent au hasard de l'histoire, on peut grouper sous trois chefs essentiels ses principes de droit public.

1° *Principe statutaire de la loi de succession*, loi inviolable à laquelle le prince ne peut déroger. — L'acte de

pouvons toujours dire que le premier emploi imprimé du terme, par l'un ou par l'autre juriste, ne saurait être de plus de trois ans antérieur au second.

(1) *Recueil des Roys de France*, par Jean DU TILLET, Rouen, 1577 : Références à la belle édition de Paris, 1580. — *Recueil des traictez d'entre les Roys de France et d'Angleterre*, Paris, 1588, par le même : Références à l'édition de 1602.

Charles VI, déclarant au traité de Troyes que le roi d'Angleterre est son successeur, lui inspire la réflexion suivante : « Au dommage et total eversion de la couronne dont il [Charles VI] n'était qu'administrateur, non Seigneur et propriétaire... il n'en eust pu priver le dit sieur Dauphin son fils, auquel elle devait échoir sans titre d'hoirie... Car en France, le roi ne peut oster à son fils ou plus prochain ladite couronne, s'il ne luy oste la vie, encore, luy mort, elle viendra à ses descendants mâles s'il y en a » (1).

2° *Exclusion des femmes et de leurs descendants* (2).

3° *La loi des partages est abolie et l'inaliénabilité du domaine déclarée.* — « Les puisnez [ne peuvent] quereller ou demander certaine légitime part ou quotte ». Le roi est libre de leur conférer des apanages, « sans qu'il soit loisible ausdits puisnez eux plaindre la modicité ». Encore le roi peut-il les « retrancher ». Quant à l'inaliénabilité, du Tillet a recours aux évangiles pour la fixer par une digne comparaison : « le domaine de ladite couronne, dit-il, est inaliénable comparé pource à la tunique inconsutile qui ne fut divisée » (3).

Du Tillet, historien de second ordre, vaut mieux comme juriste : c'est que, si médiocrement qu'il sût en user, la méthode historique qu'il faisait sienne était la

(1) *Recueil des traictez*, p. 197.

(2) « Elles sont perpétuellement excluses par coustume et loy particulière de France » (*Recueil des Roys de France*, p. 214), et « non pas par application de la loy salique », car, dit-il, d'après la loi salique, « quand n'y avoit fils, les filles héritoient en l'ancien patrimoine », ce qui ne peut avoir lieu en France. Tout en rapprochant le fait de l'exclusion des femmes des règles de la loi salique, il en rapporte la véritable origine à Philippe III : « Et fut introduite la loy et coustume particulière de la maison de France recitée en l'arrest donné au proufit du Roy Philippe Tiers » (*Op. cit.*, p. 207).

(3) *Ibid.*

bonne et devait nécessairement lui révéler la vraie tradition.

Parmi les hommes qui comme lui recherchèrent dans l'histoire des origines des lois fondamentales, il faut citer Étienne Pasquier et du Haillan.

CHAPITRE II

AU TEMPS DE LA RÉFORME

§ 1. — *Hotman.*

Cependant la Réforme a éclaté. Elle a amené la guerre religieuse en France. Les brochures et les libelles abondent, et si ces opuscules portent généralement sur des sujets religieux, les lois de succession n'y forment pas moins l'objet de nombreuses études, à cause de la possibilité, dès lors entrevue, de l'extinction des Valois et de l'avènement au trône de France d'Henri de Navarre.

Toute cette littérature passionnée nous révélera la force que gardaient dans l'opinion les lois fondamentales françaises. A ce sujet, François Hotman, le plus intéressant en même temps que le plus fougueux parmi les écrivains protestants, se distingue entre tous (1).

En 1573, il publia son livre capital : *La Franco Gallia*, œuvre dont le retentissement fut énorme et dont l'influence resta longtemps prépondérante parmi les protestants. Avec ce livre ardent, plein d'idées novatrices, on pourrait presque se croire transporté aux séances des États Généraux de 1789, surtout lorsqu'on lit les pages

(1) Sur la vie et correspondance d'Hotman, voir R. Dareste, *François Hotman*, dans la *Revue historique*, 1re année, t. II, 1876.

dans lesquelles Hotman propose l'établissement d'une grande assemblée, l'abolition presque complète des Parlements et cours souveraines, etc. Mais voici qu'il arrive aux lois de succession royale. Le style change. Le hardi novateur n'est plus que le disciple de J. de Terre Rouge, à qui il emprunte jusqu'à des phrases entières. Le roi, affirme-t-il, ne peut disposer de son royaume ; son successeur ne peut être déshérité par lui, car il ne succède que *ex sola vi consuetudinis*. Le domaine, ainsi que la couronne, est inaliénable et indivisible ; seul l'aîné des enfants royaux héritera du roi ; les femmes et leur descendance sont exclues. Enfin, — toujours à la suite de Jean de Terre Rouge, — Hotman rappelle une à une toutes les anciennes lois fondamentales sur la succession royale (1).

(1) Fr. HOTMAN, *Disputatio de controversia successionis regiae*, 1585.

« In hereditate illius regni nulla est neque communio, neque partium divisio : quia solida hereditas uni defertur, qui nullum coheredem, aut participem admittit » (p. 10).

« Maior natu... succedat,... nullo tempore dividendo » (p. 23).

« Nam etsi scripto (ut opinor) non constant, tamen ex perpetuis tot annorum moribus, hanc habent omnium confessione sententiam : Ut rege mortuo filius ipsius, vel hoc praemortuo, nepos ex eo susceptus, regi suus heres existat. Si plures filii extabunt tum natu maximus, solus sit heres. Si in illius stirpe masculus esse desierit, tum ad alteram gentis eiusdem stirpem, prout quisque gradu anteibit, hereditas transmittatur ; idemque in ea gradum ordo servetur » (p. 20).

« Regia autem hereditas, quae neque a Rege neque ab ipsius iudicio, amore, aut studio erga successorem proficiscitur, sed ab antiqua populi lege, filio natu maximo destinata est, non personae sed gradui, loco et aetati destinata intellegetur » (p. 61).

« Et in hanc sententiam doctissime scripsit Joann. de Terra Rubea : ... Adeo ex sola, inquit, vi consuetudinis et legis in Regno Franciae succeditur, quod sicut nec ex voluntate dispositiva et testamentaria regis successio defertur, sic nec ex tacita voluntate : sed sola consuetudo defert regnum succedenti. Item, Primogenitus, aut alius in regno Franciae succedens non est, nec proprie dici potest heres eius cui succedit, nec patrimonialiter successor : sed solum successor quadam simplici et non hereditaria successione in vim consuetudinis, sive legis quae illi confert successionem » (p. 62).

Il y a certainement là une des plus éclatantes manifestations de la force intangible de ces lois. Tandis que Parlement, Cours souveraines, États Généraux sont en butte aux projets des réformateurs, les lois de succession au trône restent immuables. Elles forment le fond du grand contrat qui unit la maison royale et la nation; les briser serait rompre ce contrat.

§ 2. — *Jean Bodin.*

Hotman allait trouver bientôt dans le camp catholique un adversaire digne de lui : Jean Bodin. D'ailleurs les deux grands auteurs n'étaient en opposition que sur le point des doctrines relatives à l'établissement d'une nouvelle constitution : ils se retrouvaient unis sur le terrain des lois de la succession royale.

Puissant esprit, soutenu d'une vaste érudition, Jean Bodin fut « le premier constructeur d'une théorie complète et harmonique de la souveraineté » (1). Absolutiste quant aux lois civiles, il était traditionaliste sur le sujet des lois et coutumes fondamentales. Le droit public français est selon lui le fruit d'un développement naturel. Si le droit en général se crée et se développe par la force de la nature, c'est cette loi naturelle qui a doté en particulier la France de la meilleure des constitutions (2). Bodin est donc monarchiste non seulement de cœur,

« Item (dicit T. Rub.) Rex Franciae non potest tollere successionem ei qui successurus est in regno : quia non ex eius dispositione et voluntate succedit ei : sed ex sola vi consuetudinis etiam illo invito » (p. 63).

Cf. le ch. IX de l'autre ouvrage de Hotman, la *Franco Gallia*.

(1) Esmein, *Histoire du droit français* p. 346.

(2) Bodin, *Les six livres de la République*, 1577. — « Les subjects obéissent aux loix du monarque, et le monarque aux lois de nature » (livre II, ch. II, p. 354).

mais encore de raison (1), et la monarchie française lui semble parfaite entre toutes, parce qu'elle est statutaire, parce qu'elle exclut les femmes et leurs descendances de la succession au trône, parce qu'elle a fait disparaître le funeste abus des partages et maintient l'inaliénabilité du domaine et de la souveraineté.

Bodin distingue nettement entre « loix », c'est-à-dire droit privé, sur lequel il donne au roi le pouvoir absolu, et « contract », c'est-à-dire droit public (jamais il ne prononce le mot de lois fondamentales, mais il entend bien la chose) qui échappe au pouvoir absolu du prince (2).

Ainsi, « l'État », c'est-à-dire la forme de la monarchie, est absolu; mais « le gouvernement », c'est-à-dire l'exercice du pouvoir, est tempéré par le contrat et les coutumes nationales (3). Le Prince, « sujet aux loix de Dieu et de nature et a plusieurs loix humaines communes a tous peuples » (4), ne peut en outre, déroger aux lois « qui concernent l'estat du royeaume et de l'establissement d'iceluy, d'autant qu'elles sont annexées et unies avec la couronne; comme est la loi Salique : et quoy qu'il face tousjours le successeur peut casser ce qui aura

(1) Au cours du livre VI, il développe tout au long les inconvénients des républiques démocratiques ou aristocratiques.

(2) « Il ne faut donc pas confondre la loy et le contract : car la loy dépend de celuy qui a la souveraineté, qui peut obliger tous ses sujets, et ne s'y peut obliger soi mesme : et la convention est mutuelle entre le Prince et ses sujets, qui oblige les deux parties réciproquement, et ne peut l'une des parties y contrevenir au préjudice, et sans le consentement de l'autre : et le Prince en ce cas n'a rien par dessus son sujet » (livre I, ch. IX, p. 202).

(3) « Alle fürstliche Macht beruhte auf vertragsmässige Uebertragung seitens des Volkes an den König, und als Bestandteil dieses Vertrages wurde das sich über die Herrschaftsausübung ergehende Verfassungsgesetz angesehen » (HANCKE, *Bodin, Eine Studie über den Begriff Souverainetät*, Breslau, 1894, p. 33).

(4) Liv. I, ch. IX.

esté faict au préjudice des loix royalles et sus lesquelles est appuyé et fondé la majesté souveraine » (1). Ce qui maintient avant tout cette fixité et continuité dans les lois fondamentales du royaume, c'est, dit Bodin, la forme de la succession royale, qui n'est ni héréditaire ni testamentaire, mais statutaire : « car il est certain, que le Roy ne meurt jamais, comme l'on dit, ainsi si tost que l'un est décédé, le plus proche masle de son estoc est saisi du Royaume et en possession d'iceluy, auparavant qu'il soit couronné : et n'est point déféré par succession paternelle, mais bien en vertu de la loy du Royaume » (2).

Cette théorie de Bodin, fidèle à la tradition qui unit la maison royale et le pays par les liens indissolubles d'un contrat, a triomphé par la suite, non seulement dans les théories, mais dans les faits.

§ 3. — *Guy Coquille.*

Hotman et Bodin dominent évidemment cette époque : ils en sont les grands théoriciens. Mais ce n'est pas à dire que, parmi les juristes qui ont surtout exercé leurs talents dans le domaine plus pratique de la politique intérieure, tous soient négligeables. Pendant cette période, deux d'entre eux méritent particulièrement d'attirer notre attention : on recherchera avec fruit leur opinion sur la question des lois fondamentales. Ce sont : Guy Coquille, le juriste nivernais, et le chancelier de l'Hospital.

Guy Coquille est bien un des auteurs les plus typiques de cette époque, où les conflits, les crises, les guerres, en remuant profondément la France, font surgir des idées ou

(1) Liv. I, ch. IX, p. 204.
(2) Liv. I, ch. IX, p. 229.

méthodes qui, tout en semblant au premier regard nouvelles, ne sont souvent qu'une réédition sous une forme plus moderne de plus ou moins vagues pensées et aspirations antérieures.

Au XVIe siècle, les projets élaborés en vue de changer les grands rouages de l'État abondent. Chacun propose sa solution, où il n'est pas toujours malaisé de démêler des influences de caste et de religion.

Les uns sauvent la France en attribuant aux cours souveraines les pouvoirs les plus étendus; d'autres ne jurent que par les États Généraux. Tous ces projets et contre-projets hardis dans l'innovation, mais respectueux des lois fondamentales, ne sauraient nous intéresser que comme une nouvelle preuve de la solidité de ces lois et du respect invariable qu'on leur témoignait.

Quant à Guy Coquille, la part qu'il prit aux affaires de l'État (il fut trois fois député : en 1560, aux États d'Orléans; en 1576 et en 1588, aux États de Blois) le portait naturellement à s'exagérer le rôle et les prérogatives des États Généraux. Aussi n'examinerons-nous point ses arguments en faveur de l'établissement de nouvelles lois fondamentales avec le concours des États Généraux; théorie d'ailleurs très contestable, puisqu'elle ne peut guère s'appuyer sur des faits. Ce qui nous intéresse, c'est de constater son respect pour les anciennes lois. Elles sont, pour lui, intangibles, immuables; leur existence est liée à celle de la monarchie elle-même. S'il ne les nomme pas toutes, son excuse est jolie : « Les anciens François, dit-il, grands guerriers et bons politiques, s'adonnaient plus à faire et à bien faire, qu'à dire ni écrire » (1).

Ce même respect inspire les œuvres d'autres écrivains

(1) *Institution au droit des Français*, dans *Œuvres*, t. II, p. I.

plus modestes, qu'éclipse sans doute le grand jurisconsulte nivernais, mais qui jouissent encore d'un juste renom : tels du Vair, le président de l'Alouette, etc.

§ 4. — *Le chancelier Michel de l'Hospital.*

Le chancelier Michel de l'Hospital, dont l'intégrité fut, comme le large esprit de tolérance, une des gloires de la magistrature, expose, lui aussi, dans ses nombreuses harangues et son *Traité de la réformation de la justice*, son opinion sur la constitution qui lui semble « plus tempérée qu'absolue » et dont la force réside dans le maintien intégral des anciennes lois fondamentales du royaume. Réunissant sous le nom général de loi Salique l'ensemble des lois relatives à la couronne, il affirme que, cette « loi Salique » est « la loi fondamentalle et fidèle conservatrice de ceste couronne » (1). Et saisissant l'occasion solennelle de l'ouverture des États Généraux, il proclame dans sa harangue que « le roi ne tient la couronne de nous, mais de Dieu et de la loy ancienne du royaume » (2).

Le chancelier se garde bien de dire : le roi tient sa couronne « immédiatement » de Dieu ; cependant son gallicanisme bien connu nous autorise à supposer qu'il n'a supprimé ce terme « immédiatement » que par prudence, tout en le laissant sous-entendre.

(1) *Traité de la réformation de la justice*, dans *Œuvres inédites*, édition Dufey, 2 vol., 1825, t. I, p. 61.

(2) *Harangue prononcée à l'ouverture des États Généraux de 1560*, dans *Œuvres complètes*, édition Dufey, 3 vol., 1824, t. I, p. 389.

CHAPITRE III

DE LA LIGUE A LA FRONDE

C'est au milieu des plus graves troubles de la Réforme que les Valois s'éteignaient. Rien d'étonnant donc à ce que l'avènement d'Henri IV, en suscitant des discussions infinies, ait fourni à plusieurs juristes l'occasion de revenir sur la question des lois fondamentales et de maintenir la tradition.

Sans qu'il nous soit possible de parler de tous, il nous semble du moins équitable d'accorder une place spéciale à l'un d'entre eux qui mériterait plus de gloire, Pierre de Belloy.

§ 1. — *Pierre de Belloy.*

Il fut toujours un catholique ardent. Cependant, avant même la mort d'Henri III, il devint le défenseur du droit d'Henri IV. Ne mêlant point, comme tant d'autres, les considérations religieuses aux considérations ou ambitions politiques, son jugement s'élève et acquiert une valeur toute spéciale.

En un mot, Pierre de Belloy est un modéré, ce qu'on appellerait de nos jours un constitutionnel (1). Combat-

(1) L'étude de la *loi de catholicité* — à savoir : le roi de France doit-il nécessairement être catholique? — n'entrant pas dans notre sujet, nous ne discuterons point la portée de cette loi ni le point de savoir si P. de Belloy a ici bien ou mal raisonné.

tant un adversaire politique, — Des Rosières, archidiacre de Toul, — qui a publié un « discours » contre les droits de la branche de Bourbon (1), il suit cet adversaire dans toutes ses divagations à travers le droit français, la Bible, l'histoire chaldéenne, romaine, grecque, etc. Son objet est de prouver et de défendre ce qu'il appelle « la loy salique ». Le mot est bien de l'époque : il englobe toutes les « loys fondamentales », — loi salique et coutumes fondamentales.

La coutume, explique-t-il, n'est qu'une loi non écrite, « de laquelle l'autheur est incertain, parce qu'elle est receüe d'un commun accord et volonté du peuple, déclarée plus par effect que de parole » (2). Mais sa force est tout aussi grande que celle de la loi, « elle tient lieu d'expresse et certaine ordonnance » (3).

Or, l'étude des lois fondamentales mène Belloy à développer tout son système juridique (4).

Il y a des lois muables et des lois immuables. Les lois divines et celles de la nature sont immuables, et parmi les « loix civiles et politiques », sont immuables celles qui « appartiennent à l'estre de la chose publique et sont comme fondamentales de l'Estat : d'autant qu'il est fondé sur la raison d'icelles, et sans lesquelles il ne pourroit subsister, ny durer sur son poinct. Or, celles-là sont immuables et ne peuvent souffrir changement, sans altération, corruption et ruine de la République » (5).

(1) *Stemmatum Lotharingiae ac Barri ducum tomi VII*, Paris, 1580.

(2) *Examen du discours publié contre la maison royalle de France et particulièrement contre la branche de Bourbon, seule reste d'icelle, sur la Loy Salique, et succession du Royaume, par un catholique, apostolique, Romain, mais bon François et très fidèle subiect de la couronne de France, imprimé nouvellement, 1587*, p. 176. — P. DE BELLOY était avocat général au parlement de Toulouse.

(3) *Ibid.*

(4) *Op. cit.*, art. 6.

(5) P. 225.

Cette définition si claire des lois fondamentales est encore mieux précisée par l'énumération des lois « muables », qui ne sont autre chose que nos lois de droit privé, « qui ne sont justes, sinon parce qu'elles sont approuvées » (1). C'est dans cette dernière catégorie seule que se manifeste la puissance législative du Prince.

Continuant sa distinction, l'auteur parle de la différence entre succession particulière et succession royale et en arrive au point de savoir si le roi peut priver son héritier de la couronne. Tous ceux qui en ont écrit, dit-il, sont de la même opinion : le roi ne peut pas le faire. Le principe statutaire s'y oppose (2). « Le Roy qui règne ne peut tester, ny disposer de la Couronne au préjudice de celuy auquel la loy et coustume l'a réservée après luy » (3), même si le successeur était « ingrat ou peu agréable, particulièrement au Roy régnant : toutefois ce n'est pas à lui de priver l'autre du droict que la Loy luy a acquis et réservé »... « Si bien que le Roy qui règne, n'est ny l'instrument ny le moyen, ni la cause, par laquelle la couronne soit acquise au successeur, lequel ne la tient d'autre que de la seule Loy. Par quoi en ce qui touche la couronne, le successeur n'a que craindre du Roy son prédécesseur » (4).

Pour ce qui est donc des lois fondamentales, P. de Belloy leur soumet le roi sans aucune restriction. « La loy a lié les mains au Roy qui règne, et ne luy a voulu

(1) P. 230.

(2) P. 304. « D'autant que la succession du Royaume de France n'est pas acquise au successeur du Royaume, comme héritier, et ayant cause du prédécédé, qui n'en peut disposer en façon que ce soit, ains en vertu de la Loy Salique, et coustume perpétuellement gardée en France, contre laquelle n'a jamais esté rien fait ny attenté ».

(3) *Ibid.*

(4) P. 307.

permettre d'en disposer autrement qu'elle l'a ordonnée » (1).

Cette discussion sur l'héritier de la couronne est la plus importante de son ouvrage, puisqu'il veut défendre les droits d'Henri de Navarre. Cependant il n'oublie aucune des autres lois fondamentales, qu'il englobe sous le titre de *loi salique et coustumes*. Ces lois consistent :

1° Dans le principe de la descendance masculine avec représentation à l'infini ;

2° Dans l'exclusion à perpétuité des femmes et de leur descendance ;

3° Dans l'inaliénabilité et l'indivisibilité du domaine de la couronne (2) ;

4° Dans le caractère statutaire de la loi de succession.

Tout l'exposé de P. de Belloy est d'une clarté et d'une correction parfaites. Il mériterait certainement d'être plus connu et apprécié.

*
* *

... Henri IV, devenu catholique, reconquiert la France. Son gouvernement rend la paix intérieure au pays.

Dès lors, la tendance va vers un pouvoir central très fort. Et cependant le respect des anciennes lois est sauvegardé. Henri IV lui-même l'affirme dans son Édit du 29 janvier 1593 publié et enregistré à Tours : « Telle est la force de la loi salique, qu'aucune constitution nouvelle ne peut y déroger et que les Rois de France, arbitres des lois, sont essentiellement soumis à celle-ci » (3).

(1) P. 308.
(2) P. 107.
(3) *Histoire universelle de de Thou*, traduite de l'édition latine de Londres, Londres, 1734, t. XI, p. 687.

§ 2. — *Loyseau.*

Loyseau, dont la théorie sur l'étendue des *droits de la souveraineté* rappelle à la fois les fortes influences des deux grands adversaires Bodin et Hotman, est cependant, en ce qui concerne *l'origine et la nature des pouvoirs royaux*, traditionaliste. La puissance du roi a des limites, mais n'est sujette qu'aux lois de Dieu, à celles de la justice naturelle et « aux lois fondamentales de l'État ». Et si elle leur est sujette, c'est « que le prince doit user de sa souveraineté selon la propre nature [de celle-ci] et en la forme et aux conditions où elle est établie » (1). En d'autres termes, il y a des lois « fondamentalles essentielles », et ces lois sont : l'inaliénabilité de la souveraineté et des droits de la couronne sauf le consentement libre et solennel des États (2), l'indivisibilité du royaume, l'exclusion des femmes, et enfin « la loi de succession non élective, non héréditaire purement, mais déférée au plus proche masle par la loi fondamentalle de l'État» (3).

§ 3. — *De l'Hommeau et Le Bret.*

Traditionalistes, mais penchant, eux aussi, sous la pression générale, vers un pouvoir fort et centralisateur, les contemporains de Loyseau, de l'Hommeau et le Bret, qui s'inspirent en partie de Bodin, sont au nombre de ceux qu'on a pu appeler les absolutistes modérés. L'évo-

(1) *Les œuvres de Maistre Charles Loyseau, Traité des seigneuries*, Paris, 1666 (éditées par son petit-fils Claude Joly. La 1re édition est de 1608), nos 8-9, p. 12.

(2) *Œuvres, Des offices*, livre II, ch. II, nos 39-41.

(3) *Des Seigneuries*, ch. II, no 92; *Des offices*, livre II, ch. II, no 34 : « ... la couronne n'est pas purement héréditaire ni même ab intestat ».

lution historique de la France entraînait ainsi les plus purs traditionalistes à concéder au roi, en dehors d'une sévère restriction pour les lois fondamentales, des droits de plus en plus étendus. Encore cette restriction était-elle faite sans ambages.

De l'Hommeau en particulier affirme sa théorie du droit statutaire dans une formule restée célèbre : « Les rois de France ne sont héritiers de la couronne et *la succession du royaume de France n'est pas héréditaire ni paternelle, mais légale et statutaire*, de sorte que les rois de France sont simplement successeurs à la couronne par vertu de la loy et coustume générale de France » (1).

§ 4. — *Jérôme Bignon.*

Mais feuilletons encore l'écrit de Jérôme Bignon, avocat général au Parlement, le *Traité de l'Excellence des Rois et du Roïaume de France, traitant de la Préséance et des Prérogatives des Rois de France par dessus tous les aultres, et des causes d'icelles* (Paris, Douceur, 1610).

C'est toujours la même exactitude et rigidité dans les principes : « Il y a une qualité notable, qui n'est pas un petit avantage du Roïaume de France, en ce qu'il est, et a été toujours successif héréditaire et non électif. Et pour rendre cette succession plus assurée et par icelle les Rois immortels, il a toujours été reçu en France, que ceux, qui sont de la race Roïale, quand bien ils seroient éloignez de mille degrez, toutefois, s'il n'y en a point d'autres plus proches, ils sont appellez à la succession du Roïaume, et en sont saisis par le seul décès sans autre fait..... Cette

(1) *Maximes générales du droit français*, Maxime 6.

façon de venir au Roïaume par l'ordre de succession, est fort ancienne et dès le premier établissement de cet État gardée comme Loy fondamentale et inviolable » (1).... « Sans raison, aucuns ennemis du nom François et envieux à vrai dire de cette prérogative, ont voulu s'efforcer de révoquer en doute la Loy salique ; disant que l'origine en étoit douteuse et incertaine, comme si on pouvoit désirer une meilleure et plus certaine preuve que la suite et possession de tant de centaines d'années depuis l'établissement de cet État, cette loy aiant été gravée, non dans du marbre ou du cuivre, mais dans le cœur des François et toujours certainement gardée (2). Au demeurant il seroit superflu d'aller rechercher l'origine de cette Loy Salique et s'enquérir plus avant, quand ni comment elle a été faite, puisqu'il apparoit de l'usage certain, et qu'elle a été toujours gardée par les François. La Loy n'a point de force, si ce n'est par la Coutume, qui est la plus forte Loy de toutes les autres. Et faut bien dire que c'est un droit de grande autorité, quand on l'a observée si étroitement, qu'il n'a point été nécessaire d'en rédiger une Loy par écrit. Ce n'est point une Loy écrite, mais née avec nous,

(1) P. 265. — Il est curieux de trouver, dès le XIVe siècle, un texte dont celui-ci se rapproche trop pour ne pas s'inspirer. Ce texte est de BALDE (mort en 1400), et nous aurions relevé à sa date, c'est-à-dire antérieurement au traité de Jean de Terre Rouge, cette formule si nette du principe statutaire, si Balde eût été un juriste français. Encore ne fait-il manifestement que répéter les maximes françaises. Voici ce qu'il dit (Cf. *ad Tit. de Feudo, l. I. de Feudis*) : « Si toute la maison royale venait à manquer, et qu'il restât un seul prince de l'ancien sang, fût-ce de la maison de Bourbon,..., encore que ce fût au millième degré, il succéderait au royaume des Français par le droit du sang et de la perpétuelle coutume ».

(2) P. 265. — C'est ici même que Torcy avait recherché les principes du droit de succession : il le dit (*Mémoires*, 1756, t. III, p. 291). De là, un historien de Philippe V affirme « qu'on reconnaît là la célèbre théorie de Jérôme Bignon », — comme si les lois fondamentales avaient été inventées par le dit avocat général!

que nous n'avons point inventée; mais l'avons puisée dans la nature même, qui le nous a ainsi appris et donné cet instinct ».

§ 5. — *Les États de 1614.*

Il y a lieu enfin de faire au moins mention du grand débat soulevé aux derniers États Généraux, en 1614. Le Tiers État avait demandé que la théorie gallicane du droit divin fût déclarée loi fondamentale de l'État. Sans doute l'opposition du Clergé et de la Noblesse fit-elle étouffer la proposition. Mais il est bien curieux de voir le Tiers État se réclamer dès 1614 d'une théorie qui plus tard devait passer pour celle de l'absolutisme royal et qui tendait à soustraire le roi à la sujétion des lois essentiellement antérieures et supérieures à lui.

CHAPITRE IV

AU TEMPS DE LA FRONDE

La Fronde fait naître une nouvelle littérature de pamphlets, libelles et brochures. Mais, — phénomène remarquable : tous les révoltés et intrigants se croient obligés, dans ces « Mazarinades », de s'appuyer encore sur les lois fondamentales. Suivre cette cohorte et exposer toutes les idées qu'elle lance nous ferait, d'ailleurs, sortir de notre cadre. Encore ne saurait-on omettre à cette époque les parlementaires, — l'âme du mouvement frondeur. Aussi ne détacherons-nous de cette pléiade d'hommes politiques et d'écrivains plus ou moins sérieux que deux auteurs, ceux qui vraiment émergent de la masse des théoriciens de la Fronde et dont l'un fut magistrat : La Roche Flavin et Claude Joly.

§ 1. — *La Roche Flavin.*

La Roche Flavin, il est vrai, écrivait au début du règne de Louis XIII, mais ses écrits ont eu pendant la Fronde un retentissement trop grand et ont été, à cette époque agitée, trop souvent copiés pour qu'on ne doive voir déjà en lui le type du parlementaire de 1648, aussi honnête qu'imbu à l'excès des droits du Parlement. La

Roche Flavin, homme posé, conseiller du roi en ses conseils d'État et privé, et pendant trente-six ans président de la chambre des requêtes du Parlement de Toulouse, fut un des premiers à formuler nettement certaines prétentions des Parlements.

Sa thèse (1), c'est d'établir le droit du Parlement de refuser, limiter ou restreindre les actes royaux. Le Parlement, sorte de Sénat romain ou d'États Généraux au petit pied, s'arroge les privilèges de ces derniers comme contrôleur général et nécessaire des actes du roi.

Pour légitimer cette prétention, il faut, explique La Roche Flavin, remonter aux lois fondamentales. Quant à nous, nous ne chercherons point à débrouiller à fond ce qu'il y a de juste et de faux dans cette théorie : ici encore, ce qui nous intéresse exclusivement, c'est de voir l'auteur invoquer les lois fondamentales et y recourir. Nous nous en tiendrons donc à l'exposé clair et net qu'il fait de l'existence de ces lois.

Le royaume de France, dit-il, n'est pas un royaume « absolu où la volonté du roi fait loi, sa parole arrêt » (2). « Car, encores que le souverain soit par-dessus les loix et qu'il puisse déroger au droict ordinaire, en quoi gist proprement la souveraineté, il est nécessaire que la puissance absolue soit retenue par la civile et qu'il considère qu'en détruisant la loy et offençant la justice il semble au lierre qui abat la muraille qui le soutient » (3). Ainsi que Bodin, La Roche Flavin distingue donc nettement entre le droit privé, sur lequel le roi a les pouvoirs les plus étendus en vertu de sa fonction de grand justicier du royaume, et

(1) La Roche Flavin, *Treize Livres des Parlements de France*, Bordeaux, 1617. — Références à l'édition de Genève, 1621.

(2) Livre III, ch. XVII, nº 9.

(3) Livre XIII, ch. XVII, nº 23.

le droit public, essentiellement intangible. Or La Roche Flavin tient à bien signaler cette limite des droits royaux, car il y revient : les deux « brides » qui retiennent l'exercice de la volonté royale sont la religion et la justice. Par là « sont leurs lois [aux souverains] modérées et tempérées : et lesquelles [brides] la débonnaireté et prudence de nos princes n'a accoutumé d'estimer tant brides que colonnes fermes, sur lesquelles leur puissance est surement appuyée pour en être ferme et plus durable » (1).

§ 2. — *Claude Joly.*

Claude Joly, petit-fils de Charles Loyseau, fait un raisonnement ou développement analogue. Le pouvoir des rois « est borné et fini ; les François vivent dans une monarchie royale dont le chef n'est pas un maître, mais un père, un tuteur, un curateur » (2). Tout un chapitre de son œuvre est ainsi consacré à démontrer que la puissance des rois n'est pas absolue, qu'ils sont sujets aux lois fondamentales.

Les moyens violents et révolutionnaires de la Fronde allaient empêcher toute entente entre le parlement, la noblesse et la royauté. Quel que fût leur désir de secourir la misère du peuple en s'offrant, en s'imposant comme modérateurs entre lui et les excès possibles de l'absolutisme royal, les parlementaires, intègres et honnêtes, péchèrent

(1) Livre XIII, ch. XVII, n° 13.

(2) *Recueil de maximes véritables et importantes pour l'institution du roi*. Paris, 1652, p. 369.

par un mesquin esprit de corps et de caste privilégiée. Défendant leurs intérêts propres sous le nom d'intérêts populaires, ils provoquèrent avec d'autres mécontents des troubles si sanglants que le peuple ne vit son salut véritable que dans l'absolutisme du jeune roi. Ce fut donc Louis XIV qui, en réduisant au silence parlement, noblesse et clergé, rendit au peuple des villes et des campagnes la paix et la prospérité. La grande masse des Français lui donna son appui moral, comme le Tiers l'avait donné à Louis XIII en 1614; c'est elle qui fournit au jeune Roi-Soleil les moyens d'ériger dans le pays l'absolutisme centralisateur.

CHAPITRE V

LES PARLEMENTS ET COURS SOUVERAINES

Ce ne sont pas seulement les œuvres des juristes qui proclament l'existence des lois fondamentales et qui les commentent : les Parlements, eux aussi, et les cours souveraines, c'est-à-dire les corps constitués de la Justice, ont défendu toujours — et souvent même contre le roi — cette tradition vivante de la monarchie.

Au cours des siècles, il est bien arrivé aux Parlements, sous l'influence de passions politiques, de tenter d'accroître le nombre de ces lois fondamentales, en y faisant entrer certains principes favorables à leurs prétentions; mais s'efforcer d'augmenter un groupe, c'est avant tout reconnaître l'existence de ce groupe. Jamais Parlement ne songea à contester la force sacrée des lois fondamentales. Il est même nécessaire de dire que les lois constamment et unanimement reconnues par les cours comme fondamentales n'étant que celles qui concernent : 1° la succession royale et la dévolution de la couronne; 2° l'inaliénabilité du domaine (1), ces lois, réduites à deux séries brèves, n'en avaient pour « la robe » que plus de majesté.

(1) Cf. Hitier, *La doctrine de l'absolutisme*, p. 114.

Aussi l'histoire des parlements et des cours souveraines abonde-t-elle en faits qui témoignent de ce respect de la magistrature française pour les lois intangibles. La grande séance du Parlement de Paris à l'occasion de l'enregistrement des renonciations de Philippe V suffirait à elle seule à démontrer ces sentiments traditionnels. Mais on n'a que l'embarras du choix, si l'on veut donner des exemples antérieurs. Nous nous contenterons, pour le temps de la Réforme, de citer la harangue que prononça le premier président du Parlement de Paris à l'occasion d'un lit de justice tenu en 1586.

S'adressant au roi, le premier président lui dit : « Si devez vous, si vous voulez etre estimé juste et légitime prince, observer les lois de l'État et du royaume qui ne peuvent etre violées sans révoquer en doute votre puissance et souveraineté. Nous avons, Sire, deux sortes de lois : les unes sont les ordonnances des rois qui se peuvent changer selon la diversité des temps et des affaires ; les autres sont les ordonnances du royaume qui sont inviolables et par lesquelles vous etes monté au trone royal » (1).

C'est la pure théorie qui distingue nettement les lois en lois civiles, variables, et lois constitutionnelles, invariables.

Plus tard, sous Henri IV, l'une des plus importantes parmi les cours souveraines, la Chambre des Comptes, rappelle vivement le roi à l'observation des règles fondamentales. Bien qu'il ne s'agisse que de l'inaliénabilité du domaine, les paroles du président en la Chambre des

(1) Dans *Œuvres du sieur du Vair, composées en cinq parties*, Paris, 1618, *Actions et traités oratoires*, p. 141, *Harangue du premier président, faite le quinzième juin 1586, à la publication de vingt-six édits* (cité par Hitier, p. 112).

Comptes sont à signaler. — L'intention du roi avait été bonne : pressé par des besoins urgents, il avait vendu des biens du domaine, « bien que l'Edict fut contre les loix de son royaume, *ausquelles il n'estoit moings subiect que les officiers qui en iuroient l'observation* ». Toutefois, le 18 mars 1593, la Chambre des Comptes s'adressant au roi par la bouche du président commis, lui dit : « En la monarchie de France vous avez deux principalles et vraiment fondamentalles loix du royaume ; la première qui transfère le royaume au plus prochain masle ; la seconde qui touche et regarde la conservation du domaine et le déclare inaliénable ». — « C'est chose que vos prédécesseurs n'ont jamais estimé estre de leur auctorité ny nous de nostre pouvoir que de voulloir corrompre ceste sy sancte et inviolable loy de domaine que l'histoire nous apprend estre la vray patrimoine du royaume, et de la est toujours demeuré inaliénable, imprescriptible, indivisible, non plus que l'Estat mesme, non plus que la couronne » (1).

Cet esprit des cours souveraines ne varia point Nous le retrouverons au XVIIIe siècle. Au risque de renoncer pour une fois à l'ordre chronologique que nous suivons, rappelons, en effet, avant d'aborder le règne personnel du grand roi et la conception des lois fondamentales à cette époque, qu'en 1718 le Parlement de Paris saisit l'occasion d'itératives remonstrances sur la refonte des monnaies pour exposer à Louis XV et au gouvernement sa ferme intention de voir respecter le dépôt sacré des ancêtres : « En même temps, Sire, que nous reconnaissons que vous êtes seul maître, seul législateur, qu'il y a des lois que les différents événements, les besoins de vos peuples, la police,

(1) Bibliothèque Nationale, manuscrits français, 23,023, f° 492. — Publié dans la revue *Documents d'histoire*, IIIe année, pp. 177 et suivantes.

l'ordre et l'administration de Votre Royaume peuvent Vous obliger de changer, en en faisant de nouvelles dans la forme de tout temps observée dans cet état, nous croyons de notre devoir de vous représenter qu'il y a des lois aussi anciennes que la monarchie qui sont fixes et invariables, et dont le dépôt Vous a été transmis avec la couronne; Vous promettrez à Votre sacre [Louis XV devait être sacré le 25 octobre 1722] de les exécuter, et vous ne voudriez pas, Sire, les détruire avant que d'avoir pu vous engager par serment à les maintenir. C'est à la stabilité de ces lois que nous sommes redevables de vous avoir pour maître; c'est elle qui nous fait espérer que la couronne, après avoir été sur Votre tête pendant un règne long, juste et glorieux, passera à Votre postérité jusqu'aux temps les plus reculés » (1).

(1) Séance du 26 juillet 1718, Archives Nationales, X^{1B} 8899.

CHAPITRE VI

LES PREMIÈRES ANNÉES DE LOUIS XIV

La Fronde s'était attiré par ses excès la haine du peuple. « La France, lasse de l'anarchie, meurtrie par la guerre, avait besoin d'un sauveur et d'un médecin. Elle attendait ce double rôle de son jeune roi, et, confiante en lui, elle faisait entre ses mains l'abandon de ses destinées » (1).

Or Louis XIV arrivait au pouvoir bien jeune, et sans ignorer certes, toutes choses, mais après avoir reçu de différents précepteurs une instruction trop peu homogène. Le bon sens, ainsi que la fermeté et la suite dans les idées lui tinrent lieu d'une plus forte éducation première. Il souhaitait d'ailleurs de faire le bien à l'instar de son ancêtre Henri IV qu'il prenait pour modèle, et le vif ressentiment qu'il gardait contre les hommes dont la turbulence révolutionnaire avait agité les premières années de son règne fixa rapidement son attitude politique.

La paix et la tranquillité régnaient : la nation, de suite, idolâtra son souverain (2). Et cette union intime du roi et du peuple, idéal qu'exprimait traditionnellement la

(1) LACOUR-GAYET, *L'éducation politique de Louis XIV*, Paris, 1898.

(2) C'est ce qu'écrit un Anglais dès 1652 : EVELYN, *Extraits* (15 février 1652), à la suite de LISTER, *Voyage à Paris en 1698*, Paris, 1873, p. 309.

cérémonie du sacre (1), devait être nécessairement pour tous le présage d'un règne de gloire et de bonheur.

Ici comme ailleurs, l'événement trahit bien des espérances. On assista à une sorte d'exaltation de la personne royale. Mais il ne faut pas oublier que, si le roi a « ébranlé et renversé toutes les maximes de l'État pour faire monter au comble son autorité » (2), « la faute en était aussi à la situation matérielle et morale de la France vers l'année 1661, qui était trop belle et trop tentante » (3).

Le culte de la personne royale étant dès lors poussé à l'extrême, on devait comme fatalement aboutir à une sorte de déification du roi. L'idée d'une supériorité, même intellectuelle, d'une sorte de privilège général assuré par Dieu aux rois, s'établit peu à peu et n'est pas pour déplaire au jeune monarque. Son orgueil monarchique ne fera donc que s'accroître avec l'illusion, entretenue par les grands écrivains contemporains, d'un pouvoir illimité, sans frein, dont il ne doit compte qu'à Dieu.

On a souvent confondu — au XVIIe siècle comme avant et après — dans une seule formule la théorie du droit divin et celle du pouvoir absolu. Rien de plus faux. Bossuet et Fénelon, défenseurs du droit divin, n'ont jamais été absolutistes.

(1) Dans la cérémonie du sacre, considérée par beaucoup comme une sorte de mariage mystique entre le roi et la nation, entrait le rite suivant : « Nos rois reçoivent en leur sacre un anneau que l'archevêque de Reims leur met au doigt, pour témoigner l'étroite alliance qu'ils contractent avec l'Etat; comme un époux n'a des passions que pour son épouse, de même nos monarques protestent qu'ils chériront leurs sujets de leur protection » (*L'image d'un bon roi qui aime ses sujets...*, Paris, 1652, pp. 108-109. Cité par Lacour-Gayet). Cette cérémonie eut lieu au sacre de Louis XIV : l'union symbolisée est plus belle encore que le mariage de la république de Venise avec la mer.

(2) *Lettres de Fénelon à Louis XIV*, édit. Renouard, 1825 (Lettres de 1691).

(3) Lacour-Gayet, *op. cit.*, p. 285.

Le droit divin, entendu au sens catholique, n'est que le droit de souveraineté conféré aux rois par Dieu, en tant que toute souveraineté découle de Lui. En répétant l' « *omnis potestas a Deo* », les théologiens orthodoxes du grand siècle et des autres se conforment donc à la pure et simple tradition de l'Église, laquelle, depuis saint Paul, refuse de placer chez l'homme même la source de la souveraineté et la fait toujours dériver de l'Auteur de toutes choses. Mais l'Église n'a jamais voulu, en rappelant sans cesse cette maxime, déclarer le dogme d'une transmission directe du pouvoir par Dieu aux princes. Ce qu'elle dit, c'est que, soit de l'intervention du peuple dans l'élection des rois, soit des contrats supposés établis entre le roi et son peuple, sont sortis, selon les divers pays, les différents modes par lesquels les peuples, usant du droit que Dieu leur a conféré, ont établi leurs souverains sur le trône.

Or cette constante théorie catholique était depuis la Réforme vivement attaquée par une foule de philosophes étrangers. Ce sont leurs écrits, très lus et très commentés qui ont longtemps fait oublier la tradition nettement catholique de nos juristes et de nos philosophes. De Calvin au synode de Vitré, les protestants se donnent pour les défenseurs du pouvoir royal; mais leur théorie est celle du droit divin entendu à la mode gallicane : le roi est directement établi de Dieu. Son pouvoir absolu n'admet aucun frein, ni celui des lois fondamentales, ni celui des lois naturelles.

De même, Grotius et Puffendorf, Hobbes et Spinoza attaquent à fond la tradition française pour dépouiller le peuple de tout droit envers et contre le roi. Hobbes attribue au seul prince le pouvoir de légiférer. Unique et suprême législateur, le prince peut abroger les lois et en dispenser tel ou tel individu. Il est ainsi libre de faire tout ce qu'il veut, puisque la loi n'est que la déclaration de sa volonté. Spinoza résume sa théorie en ces mots : « Le prince est au-dessus des lois » (1).

Cette doctrine s'explique fort bien chez les théoriciens des pays protestants : elle leur attirait les sympathies des princes; elle légitimait l'extension de leur religion par la force de la volonté souveraine : la prédication évangélique aurait eu moins de vertu. C'est le crédit donné à la célèbre et funeste formule : « Cujus regio ejus religio » qui permit, dans l'espace d'une nuit, de changer en protestantes des principautés catholiques.

Toute l'époque était si imprégnée de ces doctrines que c'eût été miracle de n'en pas apercevoir au moins le reflet dans un gouvernement déjà si porté à l'autocratie. Ne vit-on pas de vieilles formules et jusqu'à des mots nouveaux prendre peu à peu chez les complaisants comme chez les amateurs de légendes un sens complètement dénaturé? La formule finale des actes royaux : « tel est notre plaisir », traduction ancienne, devenue défectueuse, de « tale est placitum nostrum » qui signifie : tel est l'avis de notre conseil, — cette formule sacramentelle, usitée depuis de longs siècles, perdit pour la masse son véritable sens. Le vulgaire n'y vit plus que l'expression brutale de la volonté du roi (2). De même, le mot : « L'État, c'est moi », s'il a vraiment été prononcé par le jeune monarque, ne pouvait avoir qu'un sens et exprimer qu'une chose : l'identité parfaite de l'État et du souverain, identité admise depuis longtemps déjà, et que les rois comprenaient ou subissaient

(1) Spinoza, *Traité des cérémonies superstitieuses des Juifs*, 1678, p. 410.

(2) La formule royale est souvent citée ainsi : « Tel est notre *bon* plaisir ». Cette phrase est imaginaire, et de bonne prise, par conséquent, pour les historiens pamphlétaires ou ignorants. Il n'existe pas, sous l'ancien Régime, un seul acte que termine la formule, dénaturée de la sorte.

jusque dans ses plus rigoureuses, dans ses plus démonstratives conséquences, en renonçant à tous leurs biens propres le jour de leur avènement au trône. Leur prospérité, leur gloire étaient celles de la France, et les malheurs du pays ne touchaient personne de plus près que le Roi. Louis XIV lui-même n'en donna-t-il pas la preuve généreuse pendant les graves revers de la Guerre de Succession d'Espagne?

Toutefois, l'idée du monarque de droit divin, maître absolu de la France, avait fait son chemin. A peine libéré de Mazarin, le jeune souverain en fut déjà la réalisation éclatante. L'année 1661 révéla au pays cette conception personnifiée : « Dès lors, dit M. Lacour-Gayet, la théorie monarchique se fit homme, si l'on peut dire; elle se fixa en France, où elle devait rayonner pendant quelque temps d'un éclat sans pareil. Ce n'était plus une idée pure, une abstraction éclose dans le cerveau d'un utopiste; l'idée était devenue une réalité précise, vivante, agissante; elle s'était incarnée en la personne de Louis XIV » (1). Par la force des choses, le grand roi était prédestiné à régner en souverain absolu, et si l'on peut regretter cette profonde aberration qui devait mener à la ruine la vieille et glorieuse monarchie qui avait fait la France, on doit cependant reconnaître que ce ne fut ni l'orgueil, ni la faute d'un seul qui amenèrent ce résultat,

(1) *Op. cit.*, p. 465.

Quatrième Partie

DU TRAITÉ D'UTRECHT A LA CONSTITUANTE

LA CONTINUITÉ DE LA TRADITION

Quatrième Partie

DU TRAITÉ D'UTRECHT A LA CONSTITUANTE

LA CONTINUITÉ DE LA TRADITION

De la multitude des textes que nous avons apportés et des faits que nous avons racontés, deux vérités ou conclusions ressortent, qui s'imposent :

1° Les renonciations de Philippe V à la succession de la couronne de France furent arrachées par l'Angleterre à Louis XIV et au roi d'Espagne ; elles le furent malgré le sentiment intime du vieux roi et malgré la volonté bien établie de son petit-fils de maintenir ses droits de prince français. Tout ce que la nation comptait d'hommes éminents et désintéressés réprouva ces renonciations : le parlement en corps, les ministres, les hommes d'État, les juristes les considérèrent comme contraires aux lois et, par cela même, comme frappées de nullité.

2° Ces sentiments étaient de tous points traditionnels, conformes à l'esprit de l'ancien droit français, à l'interprétation formelle et constante de ces lois fondamentales dont les juristes ont à satiété et perpétuellement rappelé et défini la teneur.

Si donc on rejette en principe le droit d'une puissance

étrangère d'intervenir dans la politique interne d'un pays et d'en modifier à son gré le droit national, les renonciations sont nulles. L'acte de renonciation ne peut être, en regard des lois fondamentales, qu'une pure formalité, radicalement vaine. Au total, l'enregistrement des renonciations au Parlement ne fut que l'enregistrement d'un fait et ne put être celui d'un droit : c'est ce que proclame avec évidence la protestation qui accueillit cet acte.

Pour achever notre démonstration, il ne nous reste plus, dans toute la période monarchique postérieure à la séance du parlement, qu'à examiner ou contrôler deux points :

1° La Nation française, en tant que nation, a-t-elle constamment refusé de subir cette modification de ses lois? En d'autres termes, quelle fut, sous l'ancienne monarchie, l'opinion française relativement aux renonciations et au droit successoral de la branche espagnole?

2° Après le 15 mars 1713, comme au moment même du traité, la conviction répandue chez plusieurs que l'intervention étrangère, imposant des renonciations, modifiait désormais les lois fondamentales, cette conviction ne fut-elle pas le fait du seul parti intéressé? — en d'autres termes, où faut-il chercher les raisons de la déviation, chez plusieurs, de ce sens du droit fondamental?

C'est à cette double question que les chapitres suivants répondent.

CHAPITRE PREMIER

LES CONTEMPORAINS

Reprenons la simple suite des faits. — Le 15 mars 1713 avait vu le dernier acte de la longue guerre de la succession d'Espagne. Les renonciations faites par Philippe V pour lui et ses enfants avaient été enregistrées au Parlement...

Mais la presque totalité, en tout cas la partie la plus éminente, la plus compétente, des Français refusa d'admettre la validité d'un acte aussi insolite de substance et de forme qui, accusant la plus intolérable des interventions de l'étranger, ne tendait à rien de moins qu'à transformer le droit public le plus permanent de la France vaincue. A peine pouvait-on se réjouir à ce prix de la fin d'une guerre désastreuse.

Quelques-uns seulement, dont les anciens espoirs étaient de nouveau nourris par la mutilation de nos lois fondamentales, proclamaient la justice et la solidité de ce pacte forcé.

Cette minorité, appuyant désormais son ambition sur le traité d'Utrecht, prit bien vite forme de parti : c'est ce parti antidynastique, si ondoyant de principes et si indifférent aux moyens, dont l'histoire se jalonnera par la Régence, la Révolution, la monarchie de Juillet, etc.

Encore une fois, tout le reste des Français ressentaient douloureusement l'humiliation imposée par l'Angleterre et escomptaient sans doute telles ou telles conjonctures heureuses qui permettraient à l'avenir vengeur de rompre un traité dont, en vérité, l'obligation « paraissait très semblable à la promesse qu'un homme fait à des voleurs qui veulent l'assassiner au coin d'un bois » (1). L'émouvante préparation de la chose était, en effet, présente à tous les esprits. On savait la lutte soutenue par Louis XIV et Philippe V, les efforts désespérés de Torcy, la défaite, mais non le désaveu des droits, le mémoire implacable des « gens du Roy » représentés par d'Aguesseau, la protestation du premier président au nom de tout le corps illustre et celle de l'avocat général dans la séance même où l'on enregistra par force des actes dont on proclamait la nullité, enfin l'aveu, sorti de la propre bouche du roi, de son impuissance à empêcher une pareille violation de « l'ordre ancien de succéder à la couronne ». En conséquence, ducs et pairs, évêques, ministres, parlementaires, nobles et bourgeois, tous ceux dont les exigences anglaises ont heurté le loyalisme resteront fidèles à loi fondamentale de la succession capétienne : lorsque la mort semblera menacer le frêle et maladif enfant qui bientôt portera la couronne, ils regarderont tous du côté de l'Espagne, sachant que là réside le dernier petit-fils du grand roi, celui qui devra succéder selon l'antique loi.

Le fait n'est pas contesté des historiens.

« Le changement de l'ordre de succession en France, dit M. E. Bourgeois,... ne demeura... aux yeux de beaucoup de Français et d'Espagnols qu'une application pas-

(1) Paroles de Torcy à Louis XIV au sujet des exigences de l'ennemi durant les négociations de Gertruydenberg (F. Masson, *Journal inédit de J.-B. Colbert, marquis de Torcy*, p. 207).

sagère de la loi du plus fort, une usurpation aussi discutable que les entreprises formées par les princes protestants d'Orange ou de Hanovre depuis 1688... sur les droits des Stuarts catholiques... Leur résistance passive, mais tenace, à l'ordre de succession que le vainqueur venait de leur prescrire n'avait d'égale que la résolution bien formelle du peuple anglais et de ses chefs d'obliger la France à respecter les renonciations » (1).

M. Baraudon dit de même que les anciens serviteurs de Louis XIV « gardaient au fond de leur cœur le secret espoir de voir Philippe V prendre bientôt la régence du royaume, et, peut-être aussi, au cas où viendrait à mourir le faible enfant qui devait être Louis XV, monter, malgré les renonciations et malgré l'Europe, sur le trône de ses ancêtres ». « Ce parti nombreux, dit-il encore, riche, considéré », était en opposition directe avec le duc d'Orléans, « entouré de serviteurs propres à toutes les besognes et d'amis fort compromettants... Le sentiment de la légitimité était si vivant au cœur de l'aristocratie française, le prestige du respect qui doit entourer tout chef d'État manquait si bien au duc d'Orléans, que noblesse et peuple, dans l'attente d'un maître, regardaient involontairement vers Madrid » (2).

« Personne en France, dit enfin M. Baudrillart, excepté sans doute les d'Orléans, ne souhaitait que Louis XV mourût sans héritier mâle... mais à défaut de ce fils, bon nombre de Français considéraient la loi de succession au trône comme au-dessus de toutes les renonciations et n'admettaient pas qu'il y eût d'autre souverain légitime que Philippe V » (3).

(1) *Le Secret du Régent*, pp. 28-32.
(2) A. Baraudon, *La maison de Savoie et la Triple Alliance*, Paris, 1896, p. 91.
(3) *Op. cit.*, t. III, p. 311.

Ainsi s'expriment les historiens de nos jours. Mais si nous examinons, dans les textes mêmes, l'opinion que formulèrent, après la séance du Parlement et au temps de la Régence, les plus autorisés d'entre les Français, nous verrons qu'en effet elle était formelle.

***

A tout seigneur tout honneur. La première voix qui s'élève contre les renonciations est celle d'un prince du sang que ces mêmes renonciations rapprochent pourtant du trône. Dans sa brièveté, la protestation qu'il signe a toute la plénitude et toute la clarté de la coutume fondamentale.

Le soir même de la séance du Parlement, quelques heures après être rentré à son hôtel, exactement à 4 heures de l'après-midi, le prince de Condé (1) rédigeait en présence de deux notaires du Châtelet l'acte dont voici le texte intégral (2).

« Nous, Louis Henri de Bourbon, prince de Condé, prince du sang, pair et grand-maître de France, gouverneur et lieutenant-général pour le roi en ses provinces de Bourgogne et de Bresse : à tous présents et à venir. Le respect et l'obéissance que nous devons au Roi nous a obligé d'assister au Parlement, ce jourd'hui quinze mars mil sept cent treize, où l'on a lu, publié et enregistré les lettres patentes de S. M., données à Versailles, dans ce même mois de mars de la présente année, qui admettent

(1) Il est plus connu sous le nom de duc de Bourbon. C'est lui qui fut premier ministre sous Louis XV (1723-1726).

(2) *Protestation du duc de Bourbon contre les lettres-patentes du 15 mars 1713 admettant la renonciation du roi d'Espagne, Philippe V, à la couronne de France, et révoquant les lettres patentes enregistrées le 1er février 1701, contenant une disposition contraire* (*Œuvres de Louis XIV*, t. VI, pp. 545-547, Paris, 1806).

la renonciation faite par Philippe V, roi d'Espagne, pour lui et ses descendans, au droit que sa naissance, lui donneroit, le cas arrivant, de succéder à la couronne de France, révoquent et annulent d'autres lettres patentes données au mois de décembre mil sept cent, enregistrées au Parlement le premier février mil sept cent un, par lesquelles S. M. avoit conservé ledit roi d'Espagne dans les droits de sa naissance, de la même manière que s'il avoit toujours fait sa résidence actuelle dans le royaume. Et comme il est notoire et public, que par les lois fondamentales de cet état, le droit de la succession à la couronne ne dépend que de Dieu seul, qu'il ne peut être altéré, ni changé par aucune puissance de la terre, pour quelque cause ou prétexte que ce soit, et qu'il appartient successivement aux princes de la maison royale de France, à chacun suivant l'ordre et le rang de sa naissance; en sorte que par la mort du dernier possesseur de la couronne, elle est déférée de plein droit à l'aîné de la branche aînée, et plus prochaine de celui qui est décédé, et son successeur ne la tient point d'aucune disposition du prédécesseur, mais de Dieu seul, et de la loi inviolable, par laquelle l'ordre successif à la couronne a été établi; nous avons cru qu'il est de notre devoir de donner un témoignage certain et authentique, que par notre présence et assistance au parlement lorsque les lettres patentes du présent mois de mars y ont été cejourd'hui lues, publiées et enregistrées, nous n'avons point entendu et n'entendons point approuver, ni consentir, que, de ce qui a été fait sous prétexte de l'abandonnement volontaire dudit roi Philippe V des droits qui lui appartiennent par sa naissance, et de sa sortie et résidence actuelle hors du royaume, on puisse jamais pour quelque cause ou prétexte que ce soit donner aucune atteinte aux lois fondamentales de l'état, ni au droit et ordre successif des princes de la maison royale de France, qui doivent succéder à cette monarchie, chacun dans son rang et d'ordre d'aînesse et proximité de la branche, comme il est dit ci-dessus.

« Et afin que ce soit chose notoire et certaine à toujours, nous avons pris la résolution de rédiger notre intention dans la présente déclaration, et pour la rendre plus authentique, nous voulons faire dater et signer un acte au dos de la présente feuille de papier par deux notaires du Châtelet de Paris, pour en rendre la date certaine et incontestable. Fait à Paris, dans notre hôtel de Condé, le quinze mars 1713, à quatre heures après midi.

« LOUIS HENRI DE BOURBON. »

Le duc de Bourbon fit plus encore. Lorsque la faible santé de Louis XV sembla le rapprocher plus sensiblement du trône, dont il était déjà moins éloigné depuis la mort sans héritiers (4 mai 1714) du duc de Berry, dernier fils du Grand Dauphin, il n'hésita pas à déclarer au roi d'Espagne son entier attachement à sa cause. C'est à l'abbé de Montgon, envoyé en France (1727) par Philippe V pour préparer le terrain et sonder les hommes, que le duc de Bourbon fit la déclaration suivante : « J'ai toujours été porté à seconder ses intentions, vous pouvez donc l'assurer [Philippe V], comme je le ferai moi-même dans la suite (1), que si, ce qu'à Dieu ne plaise, le Roi mourait sans héritier, j'embrasserai et soutiendrai ses intérêts et ceux des princes ses enfants avec autant de zèle que de fidélité » (2).

(1) Lettre à Philippe V du 27 février 1727, Archives de Simancas, Est. l. 8107, publiée par BAUDRILLART, t. III, Appendice VI, pp. 559 et suivantes.

(2) *Mémoires de l'abbé de Montgon*, 1748, t. III, pp. 221-222.

Auprès de cette opinion princière, voici de nouveau celle de Saint-Simon. On retrouve sans cesse le duc et pair : mais, après les renonciations, il est embarrassé, ennuyé, irrité d'être pris entre ses principes et son attachement au duc d'Orléans. Nul n'a parlé comme lui de l'inviolabilité de la coutume fondamentale : rappelons-nous son intervention dans le comité des ducs, lors de la préparation des lettres patentes. Mais ensuite il oblique, s'explique, se contredit, et d'ailleurs, s'élève aux plus hauts honneurs : il est le conseiller et le confident du Régent. Vienne toutefois une circonstance grave où il lui faudra trop sacrifier et de sa dignité et de sa foi : alors sa fougue tumultueuse éclatera encore en paroles sincères. Ainsi, quand le Régent l'entretient de son projet de guerre contre l'Espagne (1718), la question des droits de Philippe V se pose pour lui avec une nouvelle force. Soudain Saint-Simon retrouve les beaux accents de sa fidélité au droit monarchique. Dans un long discours, il fit au Régent les déclarations suivantes :

« ...Dans l'un et dans l'autre cas [guerre heureuse ou malheureuse contre l'Espagne], vous affoiblissez l'État, vous en aggrandissez d'autant les ennemis naturels par qui vous vous laissez entraîner à la guerre ; vous tentez toute une nation, accoutumée depuis qu'elle existe, dans le pays où elle est, à l'aînesse dans la maison de ses rois ; vous hasardez un pouvoir précaire et vous donnez lieu de publier que vous ne l'employez que pour votre intérêt personnel, et pour acheter aux dépens de l'État, de son plus naturel intérêt et de tout le sang et les trésors répandus depuis la mort du feu roi d'Espagne, pour acheter, dis-je, un appui étranger contre les droits de Philippe V sur la France, dont par là vous avouez toute la force et toute votre crainte... Je vous confesse, Monsieur, à vous tout seul, que pour moi, qui n'ai jamais été connu du roi d'Espagne que pour avoir joué aux barres avec lui et à des jeux de cet âge, qui n'en ai pas ouï parler depuis qu'il est en Espagne, ni lui beaucoup moins de moi, et qui n'y connois qui que ce soit; moi, qui suis à vous dès l'enfance et qui savez à quel point j'y suis; qui ai tout à attendre de vous, et quoi que ce soit de nul autre, je vous confesse, dis-je, que si les choses venaient à ce point (1), je prendrais congé de vous, avec larmes, j'irois trouver le roi d'Espagne, je le tiendrois pour le vrai régent, et le dépositaire légitime de l'autorité et de la puissance du roi mineur; que si moi, tel que je suis pour vous, pense et sens de la sorte, qu'espérez-vous de tous les autres vrais François » (2)?

Telle est bien alors l'opinion de tous les Français. Saint-Simon le rappelle quelques jours plus tard au sujet du manifeste précédant la déclaration de guerre à l'Espagne, et qui avait passé au Conseil de régence « tout d'une voix, comme tout ce que le régent présentoit ». « Le public, dit-il, ne fut pas si docile. Il le fut encore moins à la déclaration de guerre. Cela ne servit qu'à montrer quelle étoit la disposition de la nation » (3).

Mais à cette époque, le témoin capital est Torcy, « l'un des hommes les plus honnêtes qui aient jamais été aux affaires » (4).

Après avoir, comme ministre des Affaires étrangères de Louis XIV et comme négociateur constant durant les

(1) Il envisage le cas où le roi d'Espagne serait défait et se rendrait en France.

(2) SAINT-SIMON, *Mémoires*, édition CHÉRUEL et RÉGNIER, Paris, 1887, t. XVI, pp. 127-128.

(3) *Ibid.*, pp. 178-179.

(4) SOREL.

longs et pénibles pourparlers qui précédèrent le traité d'Utrecht, affirmé sans relâche l'inutilité et la vanité des renonciations, Torcy ne s'est jamais démenti.

Lors de la conclusion de la Quadruple Alliance, il découvre les origines égoïstes de cette alliance si contraire aux intérêts de la France, et qui n'a d'autre objet que de renouveler en faveur du duc d'Orléans les dispositions d'Utrecht, et de préparer ainsi son avènement au trône.

Le prétexte de cette quadruple alliance, écrit-il, était premièrement de réparer les troubles apportés soit à la paix conclue à Bade au mois de septembre 1714, soit à la neutralité de l'Italie, établie par le traité d'Utrecht en l'année 1713.

Mais ce grand objet du bien et de la tranquilité publique n'était pas le seul, ni le principal de tant de mesures prises en apparence pour en assurer le repos; un intérêt plus particulier, et trop à découvert, était le ressort de cette alliance. M. le duc d'Orléans, persuadé que, si malheureusement le Roy encore enfant était enlevé aux désirs comme aux vœux que ses sujets formaient pour sa conservation, S. A. R. aurait peine à faire valoir les renonciations exigées du Roy d'Espagne, elle avait jugé que le meilleur moyen d'en assurer la validité était de se préparer des défenseurs tels que le Roy d'Angleterre et les Etats Généraux *pour soutenir la disposition faite à Utrecht pour le bien de la paix, mais contre les lois et la constitution inviolable du royaume* (1).

Ainsi, toujours logique avec lui-même, le marquis de Torcy condamne la politique du Régent, fondée sur un droit public nouveau qu'a institué le traité d'Utrecht et qui ruine la souveraineté de l'État (2).

(1) *Mémoires diplomatiques, Affaires générales de l'Europe dans les premières années qui suivirent la mort de Louis XIV, d'après les correspondances secrètes rassemblées par Jean-Baptiste Colbert, marquis de Torcy et de Sablé, membre du conseil de régence, ministre d'État* (Bibliothèque Nationale, Manuscrits, 10670, IIIe vol., pp. 903-904).

(2) Le marquis d'Argenson, l'homme de confiance du duc d'Orléans, dit à ce sujet : « Le Régent vouloit former des liaisons avec cette puissance

Le maréchal d'Huxelles, autre membre du Conseil de régence, ne douta jamais, lui non plus, des droits de Philippe V. Aussi bien, était-il du parti de la « vieille Cour » : c'est de ce nom que, sous la régence, on appelait volontiers le parti des opposants. Et sans doute valait-il mieux passer à la postérité comme ayant été de ce parti qui embrassait somme toute les hommes les plus remarquables des dernières années du règne de Louis XIV, que d'être compté parmi les roués du régime instauré par le Régent... Toujours est-il que des membres de la noblesse comme le marquis de Pomdadour, le duc de Chaulnes et d'autres représentants de l'ancien temps ne cachaient point les idées qu'ils se faisaient du droit de succession. Le duc de Chaulnes écrivait (1727) sa profession de foi à Philippe V en des termes vibrants : « Si le roi votre neveu (ce qu'à Dieu ne plaise) venait à nous être enlevé sans postérité,... je ne reconnaîtrai jamais d'autre souverain et d'autre maître que vous, Sire, et après vous les princes vos enfants ». Ce sentiment, continue-t-il, « qui se trouvant soutenu par l'autorité des lois fondamentales du royaume et par les vœux de la nation entière (si l'on excepte un certain nombre de courtisans avides, entraînés par quelques vues particulières ou par des motifs intéressés) me tient si fortement attaché à votre personne, que rien ne pourra jamais donner aucune atteinte au parfait dévouement, ni au

[l'Angleterre] et changer si complètement le système politique de la France dans la vue de ses intérêts particuliers, que M. de Torcy lui devenoit non seulement inutile, mais nuisible. Aussi, quoique M. le duc d'Orléans ne put s'empêcher de l'estimer, se contenta-t-il de le laisser au conseil de Régence, et de lui donner la surintendance des postes, sans permettre qu'il entrât dans le conseil des affaires étrangères ». (*Mémoires et Journal inédit du marquis d'Argenson publié par le marquis d'Argenson*, Paris, 1857, t. I, p. 28.) Il n'y a pas de plus bel éloge du marquis de Torcy.

profond respect avec lesquels j'ai l'honneur d'être... » (1).

Sentiments de la seule « vieille Cour », redira-t-on. Et quelques historiens de nos jours répéteront l'antienne. — Non, répondrons-nous, car nous verrons plus tard le Régent lui-même partager ce sentiment (2).

Il n'y a pas jusqu'aux premiers ministres qui se succèdent, — si l'on en excepte, et pour cause, Dubois, — qui ne soient partisans de Philippe V. Après le duc de Bourbon, le cardinal de Fleury, qui devait durant de si longues années gouverner le royaume au nom du roi, donna les gages les plus solennels de son dévouement absolu au principe du droit successoral incarné dans Philippe V. « Leurs Majestés Catholiques peuvent-Elles douter, déclara-t-il, que j'oubliasse ce que je dois au sang de Louis XIV » (3). « Si, par un malheur dont il faut espérer que Dieu n'affligera point ce royaume, nous venions à perdre le roi avant qu'il ait des enfants mâles, je ne balancerois pas un moment à seconder les vues de Sa Majesté catholique » (4).

Il est évident que d'autres assurances complétèrent ces premières déclarations, car ce fut Fleury que Philippe V chargea de gouverner en son nom la France, lorsqu'en 1728 une maladie de Louis XV fit entrevoir l'ouverture de la succession française.

Cet attachement au droit de Philippe V, le cardinal le garda toute sa vie. En 1740, il éventa une première intrigue du duc d'Orléans, en s'opposant au mariage du duc de Chartres avec Madame Henriette, fille de Louis XV,

(1) *Mémoires de Montgon*, t. III (cité par BAUDRILLART, t. III, pp. 309-311).

(2) Cf. plus loin, ch. II, la conversation du Régent avec le cardinal de Polignac.

(3) MONTGON, *op. cit.*, t. III, p. 139. — Il s'agit toujours de l'année 1727.

(4) MONTGON, t. III, p. 144.

mariage qui visait à faire accorder au duc de Chartres la succession du Dauphin au cas où celui-ci mourrait sans postérité. Le marquis d'Argenson, chancelier de la maison d'Orléans, écrit à ce sujet dans ses *Mémoires* : « Le cardinal croit avoir hérité des vues de la vieille cour, dont le dessein secret fut toujours de contrevenir au traité d'Utrecht, et de nourrir la pensée d'une réunion future des deux royaumes de France et d'Espagne » (1).

Cette persuasion si profonde et si générale des droits de Philippe V n'avait pu échapper à l'attention d'Alberoni qui dès 1712 écrivait : « Quelques précautions que l'on prenne pour l'avenir, les renonciations se trouveront inutiles quand l'échéance viendra » (2).

Enfin, ce qu'il y a de plus remarquable, c'est qu'en dépit des années, en dépit des générations changeantes, l'idée se maintint si fortement que nous voyons Voltaire en parler comme de la chose la plus naturelle et la plus commune du monde. Dans son *Siècle de Louis XIV*, « ce monument élevé par la bourgeoisie française à la gloire de la monarchie nationale », il s'exprime à ce sujet avec le désintéressement de son temps : « On venait d'éprouver par douze ans de guerre combien de tels actes lient peu les hommes. Il n'y a pas encore de loi reconnue qui oblige les descendants à se priver du droit de régner auquel auront renoncé leurs pères » (3).

Ainsi persistait toujours ce sentiment des Français que les hommes d'État anglais avaient signalé comme si

(1) D'Argenson, *Mémoires*, 1857, t. I, p. 240.

(2) E. Bourgeois, *Lettres intimes de J. M. Alberoni au comte Rocca*, Paris, 1892, p. 190 (lettre du 24 octobre 1712). Dans sa lettre CCLXVII, Alberoni disait : « Sono ossa slogate, e se potessi parlarvi a quattro occhi, vi direi che si pensa di gia a farli intrare al suo luogo, e prima forse che faccino callo o sopraosso ».

(3) Voltaire, *Siècle de Louis XIV*, édition Zeller, 1892, p. 269.

unanime en 1712 (c'est-à-dire antérieurement aux renonciations) et qui motiva cette adresse des lords envoyée à la reine Anne : « Les offres de la France... sont bâtis [*sic*] sur la renunciation du duc d'Anjou à ce royaume, la Renonciation qui à nôtre avis est si trompeuse qu'aucun homme raisonnable, beaucoup moins des nations entières ne puissent la considérer comme une seureté valable. L'expérience suffit pour nous convaincre combien peu nous devons nous reposer sur les renunciations de la Maison de Bourbon. Et quoy qu'il arrivat que le présent Duc d'Anjou se crut lié par son present Acte, ce que son grand Père n'a pas fait, il ne sera pas moins libre à ses descendans de dire qu'aucun Acte de sa façon ne pouvoit les priver d'un droit que la Naissance leur donne quand ce droit est tel que du consentement de tous les François, il doit être maintenu inviolablement, selon la constitution fondamentale du Royaume de France » (1).

Quinze ans plus tard, la violation des droits de succession, si sensible aux Français de 1712, n'avait encore trouvé en France que fort peu de partisans ; la partie saine et indépendante de la nation voyait toujours en Philippe V l'héritier nécessaire du jeune roi, si celui-ci venait à mourir sans postérité mâle. Seul, un groupe de courtisans rivés à la fortune du duc d'Orléans travaillait dans l'ombre à son avènement. Durant la période troublée de la Régence, ces manèges, ces « secrets » purent gouverner la France, et il nous reste à les étudier : mais le pays prit une revanche éclatante lors de la majorité de Louis XV. Les événements diplomatiques des années 1727

(1) *Actes et Mémoires concernant la paix d'Utrecht*, Utrecht, 1714, t. II, pp. 38-39. (*Protestation de quelques Pairs contre le projet de Paix, du samedi 7 juin 1712*. — Elle est signée de 25 pairs.)

et 1728 apporteront une nouvelle preuve de l'attachement national aux lois fondamentales. Il paraît bien certain que si la maladie de Louis XV avait emporté le jeune roi, Philippe V entrait alors en France aux acclamations de tout le peuple.

Avant d'en venir à cette époque, jetons un coup d'œil sur l'époque de la Régence : il est nécessaire de montrer l'effort acharné du Régent et de Dubois, d'éclairer une politique dont le but le plus certain fut d'assurer, par de nouveaux accords internationaux et surtout par l'appui de l'Angleterre, le maintien, contre le sentiment français et les droits de Philippe V, des renonciations d'Utrecht.

CHAPITRE II

LA POLITIQUE DU RÉGENT

§ 1. — *Le but d'une Régence.*

Parmi tous les contemporains, personne ne prouvera plus surabondamment la nullité des renonciations de Philippe V, que son ennemi le duc d'Orléans, puisque toute sa politique, disions-nous, consistera à constituer une alliance formidable, surtout destinée à imposer au roi d'Espagne, fût-ce au prix de l'honneur et des intérêts de la France, le renouvellement des renonciations, c'est-à-dire à satisfaire ses visées personnelles, contraires au droit public français.

Après avoir repassé les glorieux malheurs de la dernière guerre, il est vraiment pénible de se remémorer les années de la Régence. La France avait failli périr en défendant ses droits : elle va de nouveau se trouver humiliée, mais cette fois en servant une œuvre contraire. Elle est dans la main d'un homme qui songe avant tout à ses ambitions privées et qui, nouvel Henri V d'Angleterre, la terrasserait pour lui arracher ses droits anciens.

Philippe V, dont les droits incontestables à la Régence avaient été primés par les exigences politiques du moment, ne pouvait rester indifférent au sort de la France. Le maladif petit roi, qui restait avec lui le seul descendant direct de Louis XIV, pouvait, en effet, mourir d'un jour à l'autre. Quel serait alors le souverain? La France le voyait en Philippe V. Aussi ses ambassadeurs en France, del Giudice (1714) et Cellamare (1715), avaient-ils reçu la mission d'y suivre attentivement les intérêts de leur prince, non seulement en tant que roi d'Espagne, mais aussi en tant que parent le plus proche des rois Louis XIV et Louis XV.

Or, Louis XIV n'était pas mort que déjà les Anglais préparaient la candidature du duc d'Orléans à la Régence et au trône de France (1). Il y eut des négociations entre le duc d'Orléans et l'ambassadeur Stair. C'est donc à nouveau l'Angleterre qui vient jouer le premier rôle dans cette question de droit interne français. C'est elle qui reparaît comme toujours dans ce conflit des peuples et des princes : on y retrouve bien l'empreinte de sa politique et de son esprit. C'est elle qui imagina les renonciations, c'est elle qui les imposa, c'est elle désormais qui, afin d'assurer l'avenir de sa lignée protestante, les défendra. Les Bourbons, d'autre part, avaient soutenu la maison catholique des Stuarts : il était réservé au duc d'Orléans d'assurer la victoire des Hanovre protestants.

Toute la grande politique de relèvement national, à laquelle Louis XIV avait voué avec une énergie admirable ses dernières années de vie, sera donc détruite ; car, dès le jour de sa mort, le seul intérêt des deux maisons de Hanovre et d'Orléans constituera le jeu de la politique

(1) E. Bourgeois, *Le Secret du Régent*, p. 36. — Du reste, la harangue de la Reine Anne aux deux Chambres du Parlement (6/17 juin 1712) faisait bien prévoir une politique semblable : « En France les personnes à qui cette succession doit appartenir seront assez prêtes à soutenir leurs droits et assez puissantes pour en venir à bout » (*Actes et mémoires concernant la paix d'Utrecht*, Casimir Freschot, Utrecht, 1714, t. II, p. 28).

internationale ; et quel sera le fruit de cette politique? La puissance navale de l'Angleterre se verra doublée aux dépens de la nôtre et de celle de l'Espagne ; notre seule alliée véritable et nécessaire, l'Espagne, nous sera aliénée, le prestige français baissera partout, le commerce français sera amoindri... Le Régent perdra tout cela de vue, n'étant guère soucieux que de s'assurer des possibilités d'accès au trône de France par l'exclusion définitive de Philippe V et de sa race (1).

Dès les premiers mois de la Régence, tandis que le maréchal d'Huxelles, partisan comme toute la vieille cour des droits de Philippe V, conseille une politique d'amitié avec l'Espagne, l'Angleterre fait des avances de plus en plus nettes. Le Régent hésite encore... Mais voici venir l'homme qu'il lui faut, l'abbé Dubois (2). C'est

(1) Les velléités, manifestées au cours de la campagne d'Espagne, d'usurper le trône de Philippe V, donnèrent dès lors à ceux qui entouraient le duc d'Orléans une idée du peu de scrupules que ce prince témoignait à l'égard du droit.

(2) Il faut laisser l'abbé Dubois à Saint-Simon, il le tient bien, encore que l'abbé ait trouvé, comme tout le monde, des défenseurs et des admirateurs, voire même un « hagiographe » (le mot est de M. Émile Bourgeois) dans le P. Bliard, S. J. Son rôle n'est pas défendable.

« Dubois fut, en effet, l'artisan de ce rapprochement politique entre la France et l'Angleterre qui se fit au lendemain des traités d'Utrecht ; rapprochement qui fut aussi scandaleux à cette époque que l'eût été, deux ou trois ans après le traité de Francfort, le geste de la France allant se jeter au cou de l'Allemagne. Mais l'ambition, l'égoïsme, le cynisme du Régent le voulait ainsi : le maintien du traité d'Utrecht, c'était pour lui l'accession possible au trône de France, à cause de l'exclusion dont les Bourbons d'Espagne étaient frappés. Il ne songea donc qu'à maintenir les traités de 1713. Pour cela, il fallait conclure avec Georges Ier d'Angleterre une alliance intime, c'est-à-dire faire litière de nos plus légitimes revendications et même de l'honneur national. Qu'importe? La couronne de France pour lui-même pouvait être le prix de ces humiliations, de cette honte.

« Dubois avait mené l'affaire avec son entregent et sa souplesse. L'Angleterre avait tout intérêt à cette alliance inattendue, puisqu'elle maintenait pour elle-même les avantages si grands de la paix de 1713 ; aussi elle servit à Dubois, sans lésiner, une honnête pension. Saint-Simon l'affirme. On l'a

avec ce serviteur sans foi ni loi que s'élaborera la politique secrète du Régent (1).

On débute (1716) par une maladresse et une grossièreté, la mission de Louville (2) à Madrid, dont l'objet précis était d'élucider la grave question : Philippe V, le cas échéant, reviendra-t-il? Le point, à vrai dire, n'était pas obscur. On n'ignorait guère que le roi d'Espagne préférerait, si l'occasion s'en présentait, l'héritage français à son royaume d'adoption (3) : toujours est-il que Phi-

nié de nos jours; on a donné pour preuve cette singulière raison, qu'il n'y a pas de trace de cette pension dans les documents des archives anglaises, si secrets qu'ils puissent être. Je le veux bien. Il suffit à la honte de Dubois qu'il ait écrit à un confident de Georges Ier la lettre suivante, pour remercier Sa gracieuse Majesté; elle venait d'agir efficacement à Paris pour le faire nommer aux affaires étrangères. Car la Régence vit cela : un ministre des affaires étrangères du roi de France nommé sur la recommandation d'un Etat étranger, et d'un Etat qui avait été de tout temps et encore ici, en 1718, sous les dehors de l'amitié, le pire ennemi de la France. Voici les effusions de Dubois :

« Si je ne suivais que les mouvements de ma reconnaissance et que je ne « fusse pas retenu par le respect, je prendrais la liberté d'écrire à Sa Majesté « Britannique pour la remercier de la place dont Mgr le Régent m'a gratifié ; « puisque je ne la dois qu'à l'envie qu'il a eue de n'employer personne aux « affaires communes à la France et à l'Angleterre qui ne fût agréable au « roi de la Grande-Bretagne. Ce motif m'est si glorieux qu'il ne me reste « rien à désirer que les moyens de marquer au roi combien je suis touché « de la confiance dont il m'honore. Je supplie Votre Excellence de m'aider « à lui faire connaître mes respectueux sentiments sur ce sujet et mon zèle « pour tout ce qui pourra contribuer à l'affermissement de la bonne intelli- « gence ».

« Peu importe, après cette lettre à son complice de Londres, qu'on n'ait pas trouvé au Foreign Office les reçus de quarante mille livres sterling au nom de Dubois ». (LACOUR-GAYET, conférence à l'hôtel du Foyer, 26 avril 1913. — Cf. la *Revue du Foyer* du 15 novembre 1913, n° 1, 2e série, pp. 36-38 : *Un régime qui se meurt, une Révolution qui se prépare : IV, Les hommes d'État.*)

(1) BOURGEOIS, *op. cit.*, pp. 61-62.

(2) Cf., au sujet de la mission Louville ainsi que des ambassades de Saint-Aignan et de Nancré, le t. XII du *Recueil des Instructions données aux ambassadeurs et ministres de France.*

(3) « Les renonciations, dit M. E. BOURGEOIS, qui avaient écarté Philippe V pour jamais du trône de France en les réservant à la branche d'Orléans,

lippe V fit aussitôt chasser l'enquêteur malveillant (1).

Philippe V, fortement soutenu par sa femme Élisabeth Farnèse (2), allait tenir bon jusqu'au bout en dépit des ruses de Dubois. L'idée bien ancrée de faire éventuellement valoir ses droits au trône de France lui fit même éviter de s'engager trop à fond en Italie, ainsi qu'Alberoni l'aurait désiré.

Alors, le Régent n'hésite plus; ne pouvant obtenir que ses droits éventuels soient reconnus de Philippe V, il se précipite dans les bras de l'Angleterre. Nous allons une seconde fois assister au honteux spectacle de l'asservissement à l'étranger de notre droit public. Mais cette fois ce n'est plus la force des armées ennemies qui opère, c'est le traître concours du défenseur attitré du roi et du pays. Les intérêts français seront abandonnés à l'étranger, qui, en retour, garantira au Régent la défaite du droit français. Cette double victoire anglaise, ce fut Dubois qui la prépara activement. De ses conférences secrètes (fin juillet 1716) avec Stanhope en Hollande, naquit, entre le Régent et l'Angleterre, une première convention, la convention de Hanovre (octobre 1716), aux termes de laquelle, sans

considérées par lui et par les royalistes de principe, serviteurs de Louis XIV, comme une victoire de la force sur le droit monarchique, valaient à ses yeux ce que valaient les traités d'Utrecht, ce que vaut l'œuvre des hommes au regard des décrets divins... Tout indiquait, dans ses entretiens intimes avec sa femme et ses ministres, qu'en présence de l'événement [la mort de Louis XV], le roi d'Espagne ne devait pas résister à la tentation ». (*Le secret des Farnèse*, p. 214.)

(1) Le prince de Cellamare avait signalé à son souverain les vraies intentions du Régent. V. Cellamare, *Mémoires manuscrits*, British Museum, n° 8756, cités par Bourgeois, *Le secret du Régent*.

(2) Le 5 octobre 1716, Alberoni écrivait au duc de Parme : « Si jamais le petit roi de France venait à mourir, le génie et la volonté de la reine sont entièrement portés à réclamer le trône » (Arch. Nap., Farnesiana, fasc. 58. — Cité dans *Saint-Simon*, édit. Chéruel XIII, p. 68 et dans Bourgeois, *Le secret des Farnèse*, p. 205.

plus de déguisements, les deux chefs d'État s'assuraient réciproquement leurs droits de succession (1). Le rappel des traités d'Utrecht servait de prétexte à la comédie qui se jouait au détriment du pays (2).

Du reste, le Régent lui-même ne cachait point son jeu devant ceux qu'il croyait être de ses amis. Ainsi une conversation qu'il tint au début de janvier 1717, avec le cardinal de Polignac, nous dévoile tout le plan de sa politique étrangère : « Le duc d'Orléans, raconte d'Argenson, dit au Cardinal de Polignac que le roi étoit d'une frêle santé, à chaque instant malade ; qu'ils perdroient cet enfant-là, que lui Régent seroit au désespoir, mais qu'enfin il y voyoit toute apparence, et s'y vouloit précautionner ; que les renonciations consommées en vertu du traité d'Utrecht l'appeloient à cette belle succession ; *qu'à la vérité la loi salique, loi si sacrée et si fondamentale, y répugnoit ;* mais que lui, tout le premier, jugeroit en sa faveur s'il n'y étoit pas appelé personnellement ; que cela étant, il ne pou-

(1) « L'objet de la négociation n'était pas de procurer un avantage réciproque aux deux pays, qu'il eût été difficile, peut-être, de satisfaire également, mais de concilier les intérêts des deux princes, qui, au contraire, avaient beaucoup d'analogie : succession d'Angleterre, succession de France » (Bourgeois, *Le Secret du Régent*, p. 102). Stanhope promit à Dubois : « Que l'Angleterre dépenserait jusqu'à son dernier sol et son dernier homme pour défendre les droits du Régent à la Couronne de France » (Dépêche de Dubois, Archives des Affaires étrangères, Angleterre, t. 277, f° 106 ; *op. cit.*, p. 108). Les principes de l'alliance nouvelle étaient ainsi formulés par Dubois et Nocé dans une note au Régent : « Elle assurera si fort les droits de S.A.R. qu'il ne sera plus possible d'y donner atteinte et qu'elle produira la paix entre l'Empereur et le roi d'Espagne, par laquelle l'Empereur renoncera aux États qui composent la monarchie d'Espagne, et le roi d'Espagne confirmera sa renonciation au royaume de France. Cette alliance me paraît sans prix ; si j'étais maître de la France, j'aimerais mieux donner trente millions que de la manquer ». A la veille de la conclure, le 2 octobre, le Régent avait répondu de sa main en marge : « Je pense comme vous sur tout cela : il n'y a nulle dépense qui puisse contrebalancer l'importance de l'alliance ». (Archives des Affaires étrangères, Angleterre, t. 278, f° 174 ; *op. cit.*, p. 138.)

(2) *Ibid.*, pp. 139-140.

voit éviter de suivre cette vocation avec tout le soin possible ; que, les renonciations n'étant opérées que par des traités imparfaits, il les falloit renouveler, les réitérer par la paix entre l'Espagne et l'Empereur, et s'assurer, le cas échéant, du secours de ces trois puissances : l'Empire, l'Angleterre et la Hollande » (1).

C'est ainsi que, l'Angleterre seule ne semblant point suffire au Régent (la ratification de la convention de Hanovre avait été signée à la Haye le 28 novembre 1716), une alliance des deux puissances amies avec l'ennemi le plus tenace de la France, la Hollande, fut conclue, et c'est ainsi que les premiers jours de l'année 1717 virent la confirmation d'une grande entente guerrière, celle de la Triple Alliance.

« A Paris, le maréchal d'Huxelles fut obligé de l'accepter et de subir la joie de la Maison d'Orléans. Le duc et sa mère, suivant un contemporain, s'embrassèrent et baisèrent le texte du traité qui faisait la fortune de leur famille (2). D'Huxelles dut le baiser à son tour à contrecœur : sa « mine allongée » augmentait la joie du Régent » (3).

L'apparence d'assurer par là la paix ne trompait personne ; c'était purement et simplement un acte par lequel les deux puissances qui depuis si longtemps avaient combattu Philippe V et ses droits sur la France garantissaient au Régent ses droits éventuels à la succession de Louis XV.

Il fallait bien payer de quelques sacrifices un tel résultat : on abandonnait donc la marine du Nord, on affran-

(1) D'ARGENSON, *Mémoires*, 1857, t. I, pp. 58-59.

(2) BUVAT, *Journal de la Régence*, t. I, p. 243.

(3) Stair à Methuen, 1717 (*Stair's Papers*, WIESENER, t. I, p. 448). — Ces six lignes sont de BOURGEOIS, *Le secret du Régent*, p. 168.

chissait la marine hollandaise de la concurrence française. Le canal de Mardyck, que Louis XIV avait fait creuser afin de tourner la désastreuse clause de l'ensablement du port de Dunkerque, fut comblé sous la surveillance des Anglais. Enfin le Régent, accédant avec empressement à la volonté de l'Angleterre, chassa honteusement le prétendant Stuart qui s'était réfugié à Avignon sur le territoire du Pape. Toutes ces humiliations semblaient à Dubois des bagatelles vraiment auprès des avantages reçus (1). Qu'étaient-ils cependant? Pourquoi donc cette joie de la Maison d'Orléans, pourquoi surtout ces sacrifices, s'il s'agissait seulement de confirmer un traité « aussi inviolable dans la forme que dans le fond »? Oui, il était étrange que le Régent se donnât tant de peine pour démontrer en fin de compte que ses droits éventuels à la Couronne de France lui apparaissaient comme reposant, non sur les lois fondamentales de la monarchie française, — seul code des droits de succession, — mais sur le droit international, sur l'accord des puissances. L'ancien droit français, celui sur lequel s'appuyaient les prétentions de Philippe V, était inscrit, comme disent nos vieux juristes, dans le cœur des Français; pour le défendre, des milliers de soldats français étaient morts dans les dernières guerres : or voici que surgissait, dans des traités passés avec nos ennemis héréditaires, un simulacre de droit nouveau, fort antipathique au peuple, qui n'entrevoyait pas sans une espèce de honte une guerre fratricide avec l'Espagne. Ces résultats étaient-ils si brillants?

Au reste, l'accord qu'il venait de conclure ne semblait pas au duc d'Orléans lui-même contenir toutes les garanties désirables. Il travaillait à gagner l'Empereur à son

(1) Dubois à Nocé, 21 novembre 1716, Archives des Affaires étrangères, Angleterre, t. 300, f° 260.

jeu, tandis qu'il n'hésitait pas à fomenter en Espagne, par son propre ambassadeur, Saint-Aignan, une révolte parmi les Grands. Le régime autoritaire d'Alberoni et d'Elisabeth Farnèse en avait mécontenté quelques-uns : Saint-Aignan les appuyait, les stimulait, sous prétexte de sauver le pays du régime italien ; mais ce n'était qu'un mauvais prétexte : « il ne s'agissait pas, dit fort bien M. E. Bourgeois, de conserver l'Espagne à Philippe V, mais d'arracher le Roi aux conseils d'Alberoni et de sa femme, pour qu'il cédât la France à la Maison d'Orléans » (1). De ce côté, il est vrai, le « secret du Régent » fut percé à jour, et sa politique n'eut point de succès. En revanche, les démarches répétées (1717) de l'abbé Dubois obtinrent enfin l'adhésion de l'Empereur à la Triple alliance.

Le jeu était compliqué. Toute la politique du duc d'Orléans consistant à amener, de gré ou de force, le roi d'Espagne à renoncer définitivement au trône de France, il fallait d'abord faire renoncer Philippe V à ses prétentions sur l'Italie ; car, si l'empereur Charles VI continuait à évoquer ses droits sur l'Espagne pour contre-balancer ceux de Philippe V en Italie, jamais celui-ci ne renoncerait à ses droits à la couronne de France. En un mot, pour se faire un allié de l'Empereur, il fallait lui sacrifier les intérêts de l'Espagne et par contre-coup ceux de la France. On mènerait Philippe V à une guerre inévitable, qui ferait revivre la grande alliance, cette fois augmentée de la France, et qui imposerait de vive force un nouvel acte de renonciation au petit-fils du grand roi (2).

(1) *Le secret des Farnèse*, p. 231.

(2) M. E. Bourgeois juge ainsi cette politique du Régent : « Elle conduisait insensiblement le royaume, en dépit des espérances et des promesses contraires, à la guerre, à la plus impolitique et à la plus fâcheuse des guerres, une guerre contre l'Espagne, au profit de l'Angleterre ; une guerre contre les Bourbons au profit des Habsbourg. La meilleure critique qu'on

Louis XIV avait, au moment de sa plus grande détresse, répondu qu'il aimait mieux faire la guerre à ses ennemis qu'à ses enfants : le Régent, lui, s'était allié à ces mêmes ennemis pour déclarer la guerre au roi d'Espagne dans le cas où celui-ci refuserait de lui « abandonner la France » (1). Cette affaire « inavouable » (2) jette une curieuse lumière sur l'opinion que le Régent devait se faire de ses droits de succession au trône de France. Il ne recule pas devant une guerre avec notre alliée nécessaire pour obtenir de l'Empereur son adhésion au traité lui garantissant ses droits.

Le 4 avril 1718, Charles VI promit de souscrire au traité : la Quadruple Alliance offensive devenait ainsi un fait accompli. Enfin, le 2 août, l'ambassadeur impérial Pentenridter assura définitivement l'Angleterre et la France que Charles VI renonçait à ses prétentions sur l'Espagne. La succession de la Maison de Hanovre était garantie, celle de la Maison d'Orléans, rendue possible.

L'historien ne peut que juger sévèrement une pareille

eût pu faire était la lettre qu'à cette époque Stanhope écrivait à Dubois pour calmer ses scrupules, écarter ses représentations, soutenir sa bonne volonté : « Dans le cas où le roi d'Espagne refuserait d'entrer dans le plan, « comme un tel refus ne pourrait avoir d'autre motif que de faire valoir ses « prétentions à la couronne de France, le cas arrivant, nous croyons qu'alors « l'intérêt de M. le Régent serait encore plus grand à conclure avec l'Em- « pereur, et à chercher sa sûreté dans la garantie de ce prince, dans celle « du Roi et des États Généraux, ce qui peut le tirer de toute inquiétude « touchant ses droits à la succession, et affermir dès à présent l'autorité de « sa Régence ». (Stanhope à Dubois, 31 juillet 1717, Archives des Affaires étrangères, Angleterre, t. 300, f°s 376-377). Et M. Bourgeois conclut : « Stanhope ne parlait point des intérêts de la France, mais de ceux du duc d'Orléans : n'était-ce point le principe de leur entente et le moyen de la maintenir dans les orages qui la traversaient? » (*Le secret du Régent*, pp. 202-203).

(1) Paroles de Chavigny dans un mémoire sur le système de Dubois (Archives des Affaires étrangères, Mémoires et Documents, France, t. 457. — Cité par Bourgeois, *Le secret du Régent*, p. 303).

(2) Bourgeois, *ibid.*, p. 305.

politique. Au nom et dans l'intérêt du Régent, Dubois avait successivement « sacrifié à l'Angleterre et à la Hollande les intérêts commerciaux et maritimes de la France. Il lui sacrifiait encore ses alliées naturelles, l'Espagne dans la Méditerranée, la Suède et la Russie dans la mer Baltique. Sous le prétexte mensonger d'une paix nécessaire à l'Europe et à la France, l'abbé Dubois avait provoqué la guerre. Il imposait au royaume les frais d'une entreprise destinée à ruiner l'Espagne, après que les Français l'avait ranimée de leur sang et de leur génie. Il félicitait le Régent de ce beau résultat comme d'une victoire » (1).

Il n'est pas jusqu'au marquis d'Argenson, chancelier de la maison d'Orléans sous le fils du Régent, qui ne reconnaisse l'odieux d'une pareille politique : « Le Régent, dit-il, fit d'abord plusieurs traités sans nécessité. Il voulut satisfaire sa haine contre la cour d'Espagne ; il se lia étroitement avec l'Angleterre, il accrut la puissance autrichienne, et méprisa nos maximes fondamentales » (2).

Il fallait évidemment que ces maximes fondamentales fussent bien assises en France pour qu'un semblable appareil de guerre fût nécessaire afin de passer outre.

Mais, devant l'injustice d'une pareille coalition contre le droit, le sang de France ne put se taire. Vibrante et fière, sa voix s'éleva au delà des Pyrénées en face de quatre ennemis redoutables. Philippe V ne transigea point. En réponse à l'entente internationale qui le dépouillait une fois de plus de ses droits, il déclara que « par déférence pour le Roi son grand-père, il avait acquiescé aux traités d'Utrecht, où quelques particuliers anglais ont fait la loi. Il ne la veut pas recevoir une seconde fois, puisque Dieu l'a mis dans un état d'indépen-

(1) BOURGEOIS, *Le secret du Régent*, p. 352.

(2) D'ARGENSON, *Journal et Mémoires*, éd. Rathery, 1860, t. II, p. 378.

dance et de force à ne pas subir le joug de ses ennemis, pour s'attirer l'indignation et le mépris de ses sujets» (1).

Torcy, lui non plus, ne pouvait voir se conclure un pareil pacte d'injustice. Nous avons déjà cité le passage de ses *Mémoires inédits* où il définit admirablement la situation : selon lui, la Quadruple Alliance n'est conclue que dans un intérêt particulier, celui du Régent, qui entend « se préparer des défenseurs tels que le roi d'Angleterre, les États Généraux et l'Empereur pour soutenir la disposition faite à Utrecht pour le bien de la paix, mais contre les lois du royaume » (2).

Les amis du Régent eux-mêmes se récrièrent contre le projet d'une pareille guerre. Il nous plaît de répéter ici l'avertissement et les paroles drues que lui adresse Saint-Simon : « Dans l'un et dans l'autre cas [guerre heureuse ou malheureuse contre l'Espagne], vous affoiblissez l'État, vous en agrandissez d'autant les ennemis naturels par qui vous vous laissez entraîner à la guerre ; vous tentez toute une nation accoutumée depuis qu'elle existe dans le pays ou elle est à l'aînesse dans la maison de ses rois ; vous hasardez un pouvoir précaire et vous donnez lieu de publier que vous ne l'employez que pour votre intérêt personnel, et pour acheter aux dépens de l'État, de son plus naturel intérêt et de tout le sang et les trésors répandus depuis la mort du feu roi d'Espagne [Charles II], pour acheter, dis-je, un appui étranger contre les droits de Philippe V sur la France, dont par là vous avouez toute la force et toute votre crainte » (3).

(1) Nancré au Régent, 26 avril 1718, Archives des Affaires étrangères, Espagne, t. 269, f° 177, cité par BOURGEOIS, *op. cit.*, p. 317.

(2) TORCY, *Mémoires inédits*, t. III, f° 904 (Bibliothèque Nationale, Manuscrits, 10670).

(3) *Mémoires de Saint-Simon*, éd. Chéruel et Régnier, Paris, 1887, t. XVI, pp. 127-128.

La guerre était devenue inévitable, mais il manquait au Régent un bon prétexte. Ce prétexte, Dubois le trouva dans les menées du prince de Cellamare. L'ambassadeur espagnol, chargé par son souverain de surveiller ses intérêts en France contre les ambitions du Régent, avait reçu pleins pouvoirs « pour arrêter et invalider les résolutions contraires et faire connaître la ferme intention dans laquelle Philippe V était de ne pas souffrir qu'il lui soit fait aucun préjudice et de maintenir inviolablement ses droits établis et fondés sur les lois de France ». On pouvait donc l'accuser de contrevenir aux clauses d'Utrecht et aux intérêts privés du Régent, mais non de contrevenir au droit public interne français et à ses lois fondamentales. Sa conjuration (2), — œuvre très

(2) La conspiration de Cellamare est devenue pour les apologistes du Régent l'un des lieux communs les plus appréciés. Bien que Lemontey ait reconnu l'intention de Dubois d'y chercher le prétexte désiré pour attaquer Philippe V, M. Baudrillart tâche de faire poser le Régent et Dubois en victimes de la politique espagnole. Peine perdue, car un troisième historien, joignant l'étude des Archives de Paris à celle de Londres et d'Espagne, M. E. Bourgeois, a nouvellement mis à jour, avec des documents irréfutables, les desseins secrets de Dubois et du Régent lors de l'arrestation du prince de Cellamare. Il nous semble utile de citer son jugement : « Il faut ou une grande dose d'indulgence pour le duc d'Orléans et son ministre, ou une partialité démesurée contre Alberoni et Philippe V, qui ne s'expliquent guère chez des historiens aussi désintéressés que M. Baudrillart, pour ne pas sentir toute la différence qu'il y eut alors entre la conduite de l'oncle et celle du neveu. Tandis que l'un, secrètement, depuis deux ans conspirait contre le gouvernement espagnol, au mépris du droit des gens, par son propre ambassadeur, et applaudissait ouvertement à ses revers, l'autre n'avait recours à des menées analogues que réduit au désespoir, entraîné par les mécontents que la politique du Régent en France avait provoqués : entraînement irréfléchi d'ailleurs, et bien maladroit, quoiqu'il pût se justifier par un besoin de légitime défense ». (*Le secret de Dubois*, p. 31.) — Un écrivain monarchiste, dévoué partisan du comte de Chambord, avait cependant, même avant la mise au jour de tous les documents, entrevu, avec la clarté de son esprit d'historien attaché aux vieilles traditions françaises, la vraie portée de cette conspiration, et aboutissait à des conclusions analogues à celles de M. Bourgeois (Voir S. Laurentie, *La conspiration de Cellamare*, dans le *Journal de Paris*, juin, juillet 1885 ; éditée par son fils, F. Laurentie, Paris, 1909.)

fragile pour un si grand mot, — et qui ne peut guère se comparer aux menées scandaleuses de Saint-Aignan à Madrid, servit à Dubois pour frapper un grand coup. Cellamare fut emprisonné et ses papiers confisqués (décembre 1718).

Il ne restait plus qu'à abattre les forces militaires et économiques de l'Espagne (1). C'est ce que le Régent fit consciencieusement avec la collaboration et sous le contrôle incessant et impérieux des Anglais. Les mêmes troupes qui, sous Louis XIV, avaient aidé à arracher l'Espagne aux Impériaux et aux Anglais repassaient maintenant la Bidassoa, battaient les armées espagnoles, brûlaient les chantiers de la flotte à Passages et excitaient les Espagnols à la révolte contre leur roi, pour forcer Philippe V à une paix dont le principal article devait être la reconnaissance des droits inexistants du Régent.

Vaincu, sans flotte, sans armée, Philippe V dut se résigner à venir traiter avec ses ennemis. Leur première condition fut la reconnaissance des traités d'Utrecht quant aux renonciations, par l'expresse déclaration de Philippe V de « maintenir dans tous ses termes cet acte essentiel à l'équilibre Européen ».

L'adhésion définitive du roi d'Espagne à la quadruple alliance semblait marquer pour lui la fin d'un beau rêve et d'un patient labeur ; mais jamais elle ne put, jamais elle ne pourra marquer pour lui ou pour ses descendants la fin

(1) Le manifeste précédant la déclaration de guerre à l'Espagne fut l'œuvre de Fontenelle, sur l'ordre de Dubois. Saint-Simon appelle cet acte « une pièce masquée, fardée, mais pitoyable jusqu'à montrer la corde ; presque nul art ne pouvait couvrir le fond ni produire au public rien de plausible ; du reste écrite aussi bien que possible, parce que Fontenelle ne pouvait mal écrire ». Et il montre le mécontentement du peuple au sujet de cette guerre (*Mémoires*, éd. Chéruel et Régnier, t. XVI, p. 178). — Cf. plus haut, ch. I, p. 188.

d'un droit. Ce roi, dont toute la vie avait été remplie par la grande idée de ses droits au trône de France, dut s'avouer deux fois vaincu ; mais si, à Utrecht, il pouvait, du moins, se reconnaître vaincu par l'étranger seul, cette fois il devait constater avec douleur que la patrie de sa race avait été le plus grand facteur dans la violation de ses droits.

En France, il n'y eut guère que la Maison d'Orléans pour se réjouir de cette guerre. Le peuple en restait consterné. Et de fait, pour obtenir le droit de succession éventuelle à la Couronne, droit que les lois fondamentales du royaume lui refusaient, le Régent avait déjà sacrifié à l'étranger la grande politique de Louis XIV, les alliances du Nord et la prospérité de l'Espagne. Il fallait encore sacrifier toute puissance maritime à l'amitié anglaise : après avoir débuté par la France, le Régent parachevait son œuvre en Espagne. Mardyck en 1717, Passages en 1719 : il ne pouvait acheter plus chèrement la confirmation de ses prétentions. Mais qu'importait à son injuste ambition le prix auquel les ennemis avaient su lui fixer son usurpation ? C'était le pays et son alliée naturelle, l'Espagne, qui payaient.

En résumé, tous les actes de la Régence du duc d'Orléans affirment sans relâche le peu de valeur qu'il attachait aux renonciations de Philippe V, puisque l'effort de sa politique ne tend qu'à faire confirmer ces renonciations par les puissances jalouses et ennemies de la France... Il nous paraît donc que les pleines et fortes protestations, que nous avons relatées, des princes, des ministres, des hommes d'État, des écrivains, ne prouvent pas mieux que les actes de cette politique à quel point restait enracinée dans l'esprit français la grande tradition de l'ancienne loi fondamentale.

§ 2. — *Le juriste du Régent : le cordelier Poisson.*

Le Régent ne se contenta pas de faire confirmer ses prétentions par des actes internationaux. Il devait tenter de les justifier. L'affirmation de l'immutabilité de la coutume fondamentale, sans cesse répétée par tout ce qu'il y avait de plus illustre à la cour et au parlement, l'irritait, l'inquiétait : il lui fallait dresser contre cette affirmation une autre affirmation et tâcher de découvrir dans l'histoire et le droit des textes et des faits qui pussent, au moins, jeter le doute dans les esprits et commencer à légitimer le nouvel ordre successoral que son avènement au trône devait instituer.

Le Régent aurait pu, aurait dû s'adresser pour cet ouvrage à des juristes éminents, gloires de la Sorbonne ou du Parlement. Il s'adressa à un moine cordelier, le P. Poisson (1), qui prêchait beaucoup et bien ; esprit aventureux, d'ailleurs, subtil, retors, habile au jeu du syllogisme et qui ne s'inquiétait guère de ses prémisses. Le Régent lui promit 100 000 écus et un évêché. Le cordelier se mit à l'œuvre. Cette œuvre est restée inédite, arrêtée par la mort du duc d'Orléans. Mais M. Baudrillart a retrouvé l'un des deux manuscrits et en a fait, en faveur de la Maison d'Orléans, la base de son travail juri-

(1) « Le P. Poisson, qui a eu une grande vogue depuis six ans dans l'art de prêcher, ayant voulu se faire recevoir bachelier en Sorbonne, il a été différé jusqu'à ce qu'on ait éclairé des mémoires anciens envoyés contre lui par rapport à ses mœurs, étant accusé d'être partisan de la bonne chère et pas indifférent pour deux beaux yeux. Il a interjetté appel du décret de sursis au Parlement, mais il perdit ces jours-ci son procès, la cour l'ayant renvoyé à ses examinateurs à sa grande confusion. Il est à craindre pour lui qu'on n'élude sa réception pour le punir du mauvais procès qu'il a fait à la maison. » (*Gazette de la Régence*, janvier 1715-juin 1719, publiée par le comte de Barthémy, Paris, 1887. — Lettre du 6 février 1716, pp. 68-69.)

dique (1). Souvent cité, ce mémoire mérite de fixer notre attention.

Disons tout d'abord que l'œuvre du P. Poisson n'est pas l'œuvre d'un juriste, mais celle d'un partisan. Il est impossible de tenter la réfutation de toutes les assertions de l'auteur, car c'est un véritable cours d'histoire du droit français qu'il nous faudrait entreprendre.

Le P. Poisson a sa méthode : il papillonne et butine à travers les textes et les faits juridiques : après quoi, il raisonne sans fin.

Il part de ce principe, tiré du Code, au titre *de Appellationibus,* que : toutes les fois qu'il s'agit d'un droit nouveau qui a corrigé sur quelques points un droit ancien, tout ce qui n'est point exprimé est censé demeurer conforme aux

(1) Au point de vue qui nous occupe, M. Baudrillart soutient que la France et l'Europe réunies en congrès pouvaient abolir l'ancien droit, cet ancien droit n'étant, d'après lui, qu'une « coutume subrepticement établie et dont la formule légale ne se trouve nulle part » (*Op. cit.*, t. II, p. 152). Cette formule, nous l'avons abondamment fournie ; elle se rencontre partout, et sans cesse définie, et M. Baudrillart l'a notamment découverte dans le traité de l'avocat du roi, Jérôme Bignon (*De l'excellence des rois et du royaume*). Il l'a entendue répéter par Torcy, par d'Aguesseau, par Saint-Simon ; il l'a lue dans les lettres patentes de 1700. Enfin les protestations exprimées contre sa violation dans la séance même du Parlement de 1713 lui montrent, comme à tout le monde : 1° qu'elle était si nettement définie et connue qu'il suffisait de la nommer pour que nul ne se méprît sur son étendue et ses limites ; 2° que sa violation subie n'a pu être « qu'une application passagère de la loi du plus fort, une usurpation aussi discutable que les entreprises formées par les princes protestants d'Orange ou de Hanovre depuis 1688, avec le concours des Hollandais et des Anglais, sur les droits des Stuart catholiques » (E. Bourgeois, *Le Secret du Régent*, p. 28). — « Mauvaise plaisanterie », dit M. Baudrillart : mais je ne sais si l'on eût trouvé bonne la plaisanterie qui eût consisté, de la part de la Prusse, à exiger au congrès de Francfort, — même des bons républicains qui traitaient au nom de la France, — avec l'abandon de l'Alsace, de la Lorraine et des cinq milliards, l'établissement de la République. Les plénipotentiaires auraient du moins jugé regrettable que l'on allât aussi impérieusement au-devant de leurs désirs. Je force l'argument sans en détruire l'essence. Jamais le droit public interne n'a été matière de traité de paix, et il ne peut l'être.

règles du droit ancien ; et il en déduit que le droit statutaire du temps de Louis XIV pouvait se compléter des principes du droit personnel des deux premières dynasties. C'est-à-dire que, dans le cas de Philippe V, on pouvait appliquer les règles relatives aux partages du haut moyen âge. Bref, Poisson ne veut voir qu'un partage entre deux frères dans le fait que Philippe V alla régner en Espagne tandis que son frère le duc de Bourgogne restait en France dans l'expectative de la couronne de Louis XIV. C'est bien ainsi qu'agirent Childebert et Thierry, Chilpéric et Gontran! pourquoi Philippe et Louis n'auraient-ils pas fait de même ? !

Une telle conception est la négation même de tous les principes du droit public français (1). Car non seulement il n'y avait point, en fait, de partage entre les deux princes, mais encore l'habitude des partages, fondée sur le principe du roi *propriétaire* de son royaume, avait cessé dès que ce principe fut abrogé, c'est-à-dire à l'époque des premiers Capétiens, pour faire place au principe statutaire, développé tout au long par tous les juristes du Moyen âge et de la Renaissance. Ainsi, le raisonnement tiré du Code, tit. *de Appellationibus*, porte à faux : il n'y a point ici de droit nouveau ayant *corrigé* un droit ancien, il s'agit d'un droit qui s'est substitué au droit précédent avec le développement de la Maison d'Hugues Capet.

Or c'est bien là le point capital de toute l'argumentation de notre juriste en marge. « Les renonciations, dit-il, pourraient être invalides en tant que renonciations, sans l'être en tant que traité de partage ; si l'on peut soutenir,

(1) Cf. ESMEIN, *Cours élémentaire d'histoire du droit français*, pp. 316-318 ; LEMAIRE, *Les lois fondamentales de la Monarchie Française*, Paris, 1907, pp. 293-294 ; VIOLLET, *Histoire des institutions politiques et administratives de la France*, Paris, t. II, p. 52 ; GIRAUD, *Le traité d'Utrecht*, p. 105 ; LUCHAIRE, *Histoire des institutions monarchiques de la France*, t. I, pp. 67 et suivantes.

en effet, à la rigueur, qu'un prince est dans l'impossibilité de renoncer au trône pour lui-même et pour ses descendants, personne ne lui conteste du moins le droit de signer un traité de partage; seize exemples de partage dans notre seule histoire en sont la preuve suffisante » (1).

Mais nous croyons avoir suffisamment prouvé antérieurement que, par la renonciation de son père et de son frère au trône d'Espagne, Philippe V y était appelé en vertu de la loi fondamentale dite des Partidas; que, d'autre part, jamais un prince de la Maison de France, montant — tel Henri III — sur un trône étranger, ne crut conclure un partage, ni ne perdit par là sa qualité de prince français; que, par conséquent, les lettres patentes de 1700 ne créaient point de droit nouveau, mais entendaient n'être que des lettres de prévention; qu'enfin les renonciations arrachées à Philippe V et à son aïeul par l'ennemi victorieux constituaient, au point de vue du droit interne français, un acte contraire aux lois fondamentales du pays, acte nul selon le roi, la magistrature, le parlement et l'ensemble des contemporains.

Il ne nous reste donc à rétorquer qu'un dernier argument de Poisson : c'est celui du serment. Philippe V, ayant juré sur les saints évangiles de maintenir les renonciations signées par lui, aurait été dans l'impossibilité de se rétracter sans devenir parjure. Nous répondons :

1° Le serment, malgré sa clause de style indiquant que le roi le prêtait librement et sans contrainte, était le type même du serment contraint (2). Serment forcé, serment nul.

2° L'Angleterre obligeait le roi d'Espagne à prêter

(1) BAUDRILLART, *op. cit.*, t. II, p. 162.

(2) Le cardinal del Giudice, rendant compte à Philippe V d'une conversation avec le marquis de Torcy, fait en deux mots le procès de ce serment :

serment sur un objet qui ne lui appartenait point et qui était nécessairement hors de lui et de sa volonté. La contrainte était donc vaine. Philippe V ne pouvait en aucune façon porter atteinte à des lois supérieures à lui, intangibles et inviolables, aux lois fondamentales « contre lesquelles, dit Bossuet, tout ce qui se fait est nul de droit » (1). On ne peut jurer que de son droit.

3° Enfin, l'autorité d'Innocent XII avait poussé Charles II à ne point tenir compte des serments faits par Anne et Marie-Thérèse d'Autriche en leur nom et au nom de leurs descendants, et sans nul doute la réponse de Benoît XIII à la lettre de Philippe V qui lui demandait conseil au sujet de son serment a dû être conforme à celle d'Innocent XII : l'attitude du roi d'Espagne en est, à défaut de preuve écrite, la preuve morale la plus forte (2).

Multipliant, détachant, isolant Grotius, Puffendorf, Macedo et d'autres, Poisson développe ainsi sa discussion bizarre. Ne connut-il pas ou ne voulut-il point connaître Jean de Terre-Rouge, Juvenal des Ursins, Bodin et tous les autres grands juristes français ? Toujours est-il qu'ignorant complètement la différence qui sépare le droit public et le droit international, les mélangeant donc ou les subordonnant l'un à l'autre selon les besoins du moment, il eût été incapable d'apprécier et même

« Je lui répondis que le consentement de Votre Majesté ne devait pas être tenu pour libre, quoiqu'Elle dît un peu plus loin qu'il l'avait été ; la violence et la nécessité de conclure avec l'Angleterre avait en effet pesé sur sa décision ». (4 mai 1714, Archives de Simancas, Est. l. 4316, cité par Baudrillart, t. I, p. 581). Faut-il rappeler encore une fois le mot de Torcy comparant, en 1710, le traité proposé à une promesse faite à un assassin dans un bois, que personne ne se croirait obligé à tenir (MASSON, *Journal inédit de Torcy*, p. 207, au 21 juin 1710) ?

(1) *Politique tirée de l'Écriture sainte*, liv. VIII, article II, proposition 1.

(2) Voir le chapitre suivant.

de comprendre l'incomparable édifice juridique élevé par la tradition et par les juristes.

L'œuvre du malheureux cordelier, bombardé juriste à son tour, resta impayée : le P. Poisson n'avait pas de chance.

CHAPITRE III

L'AFFAIRE MONTGON. — LOUIS XV MALADE. — PRÉPARATIFS DU RETOUR DE PHILIPPE V

La mort du duc d'Orléans (1723) avait mis le duc de Bourbon à la tête du gouvernement. Dès lors, la politique changea, ce qui ne l'empêcha pas d'être désastreuse, parce que, d'abord, elle marquait une réaction trop brusque contre la précédente et parce qu'elle s'inspira trop des intérêts privés du premier ministre. Encore le duc de Bourbon ne livra-t-il point la France aux puissances étrangères dans le seul dessein de procurer le trône à sa famille.

On le verra, dès le début de son ministère, tenter un rapprochement de la France et de l'Espagne et, sans doute, commettre peu après l'illogique et lourde faute de renvoyer l'infante destinée à Louis XV, mais rejeter, du moins, d'une façon constante, les conceptions qui avaient dicté les traités de la Triple et de la Quadruple Alliance : les droits de Philippe V et de sa branche ne seront plus contestés, et le cardinal de Fleury qui succèdera au duc de Bourbon les maintiendra.

Bien qu'affermie, la santé de Louis XV était loin d'être brillante. Peu après la mort du duc d'Orléans, il tomba malade. Derechef, la question de la succession se posait. C'est alors qu'agissant pour la première fois comme ministre, le duc de Bourbon proposa son appui à Philippe V. Si Louis XV meurt, il le soutiendra. Sur son invitation, le 14 juillet 1724 (1), don Patricio Laulès (2) écrit une longue lettre à Philippe V. Cette lettre ne laisse aucun doute sur les intentions du duc :

« M. le duc emploiera tout son crédit et son sçavoir faire pour que Votre Majesté, en cas d'événement, soit appelée à la couronne de France. Il est évident qu'il est d'une conséquence la plus essentielle pour M. le duc et pour toute sa maison, de se concilier avec V. M. sur ce point. Il n'est pas moins essentiel pour le maintien de la religion dans sa pureté et pour le salut général de tout le royaume de France, que V. M., en cas d'événement, rentre dans ses droits légitimes et naturels plutôt que de soutenir le party d'une renonciation violente imposée par nos ennemis en faveur de la maison d'Orléans. D'ailleurs on ne peut ignorer les traités secrets que feu M. le duc d'Orléans avoit fait avec le gouvernement présent d'Angleterre et le Roy de Prusse, et par leur moyen avec tous les protestants de l'Europe pour se soutenir, et l'on est persuadé que M. le duc d'Orléans son fils a renouvelé ces mêmes engagements... (3) »

La prompte guérison de Louis XV arrêta l'étude du sujet. Mais, quelques mois plus tard, en avril 1725, elle est reprise ; à toute éventualité, on dessine un plan d'action,

(1) Archives d'Alcala, Est. l. 2733, citée par Baudrillart, t. III, pp. 553 et suivantes.

(2) Patrick Lawless, irlandais entré au service de Philippe V, officier, puis diplomate. Ce fut lui qui, en qualité d'ambassadeur d'Espagne, quitta la France avec l'infante Marie lors du renvoi de celle-ci en 1725. Il mourut gouverneur de Majorque.

(3) Cf. la lettre du duc à Philippe V, du 22 février 1727 (Archives de Simancas, Est. l. 8107, citée par Baudrillart, t. III, p. 148, note 3).

et ce plan, on le désigne d'un mot diplomatique : « le bouclier ». Le « bouclier » n'est autre chose que la proposition faite aux princes d'Espagne de soutenir leurs droits au trône de France (1).

En juillet 1726, Louis XV eut une nouvelle indisposition. L'événement, aussitôt connu à Madrid, alarma la Cour, et « il y eut, dit Montgon, bien des mouvements secrets » (2).

Le cardinal de Fleury avait remplacé aux affaires le duc de Bourbon. Comme lui convaincu des droits de Philippe V, il écrivit au P. Bermudez, confesseur de Philippe V, pour attirer de nouveau l'attention du roi sur la succession française (3). Quoique les termes prudents et mesurés du diplomate ne dévoilassent point toute l'idée du ministre, ces appels de la France qui se répétaient à chaque indisposition de Louis XV décidèrent Philippe V à marcher de l'avant. Gouverner, c'est prévoir : il fallait que la France fût prête à le recevoir le jour de la mort de Louis XV.

En dépit d'une conviction profonde de ses droits, Philippe V s'inquiète pourtant. Dévot, timoré, tremblant sur tout ce qui touche à la religion, il se souvient qu'il a juré solennellement sur le crucifix, sur les évangiles, sa renonciation au trône de France. Un tel serment ne le lie-t-il pas? Certes, il ne manqua jamais en Espagne de théologiens et de casuistes pour trancher une question de ce genre. Mais, désireux de vaincre, en sa dernière retraite, son scrupule, le roi se décide à confier sa crainte

(1) Tessé à Morville, 12 avril 1725, Archives des Affaires étrangères, Espagne, t. 340, f° 326; — cité par Baudrillart, t. III, p. 197, note 2.

(2) *Mémoires de M. l'abbé de Montgon*, publiés par lui-même, 5 vol., s. l., 1748, t. II, p. 215.

(3) Fleury à Bermudez, 1er septembre 1726, Archives des Affaires étrangères, Espagne, t. 243, f° 426; cité par Baudrillart, t. III, pp. 263 et suiv.

au chef même de l'Église et à solliciter de lui une réponse décisive. La lettre qu'il écrivit au pape Benoît XIII est l'un des témoignages les plus irrécusables de l'état d'âme de Philippe V. Il est à fond persuadé de son droit; néanmoins les scrupules tourmentent ce roi malade et vieilli par tant de luttes, souvent malheureuses.

Après avoir prié le Pape de l'aider dans ses difficultés présentes, il lui expose nettement le cas de conscience : d'une part, son serment solennel, confirmant la renonciation de ses droits pour lui et ses enfants, semble lui interdire toute revendication; d'autre part, son droit de naissance, ainsi que la résolution nettement prise et manifestée par la meilleure partie de la nation française, si « attachée à ses lois et à la succession de sa couronne dans la ligne directe de la famille royale », l'appellent au trône de France, si Louis XV meurt sans enfants. Il laisse donc au Pape le soin de décider si le serment lui interdit toute revendication personnelle; il ne peut toutefois s'empêcher de manifester au Souverain Pontife son opinion motivée sur les droits de ses enfants. « Je suppose, dit-il, que cette renonciation ne peut pas avoir de force à l'égard de mes enfants, aux droits desquels je n'ai pas pu préjudicier, comme il s'est vu touchant les renonciations des reines Anne et Marie-Thérèse d'Autriche, renonciations qui n'ont pas empêché que le feu pape Innocent XII, consulté par le roi d'Espagne, Charles II, mon oncle, ne décidât que la couronne d'Espagne m'appartenait après sa mort, de l'avis même de quelques cardinaux, du nombre desquels était le feu pape Clément XI ».

Après avoir proclamé à nouveau qu'il maintiendrait comme un principe fondamental la désunion des deux couronnes de France et d'Espagne, Philippe V s'en remet au Pape pour décider de sa conduite (1).

Il a été malheureusement impossible de retrouver la réponse du Pape (2). Mais est-il permis de penser que Philippe V, aussi porté qu'on le sait aux scrupules, ait entrepris des négociations positives sans avoir reçu une réponse affimative de Benoît XIII? On doit logiquement admettre que ce pape encouragea Philippe V à poursuivre ses droits en France, de même qu'Innocent XII avait approuvé la disposition testamentaire de Charles II.

Le soir du 21 octobre 1726, l'archevêque d'Amida appelle mystérieusement l'abbé de Montgon (3) dans le chœur de la chapelle royale et lui confie le secret d'une mission qu'il doit remplir en France : il s'agit d'assurer les droits de Philippe V à la couronne de ses ancêtres si le roi très chrétien vient à mourir sans successeur (4).

Muni d'instructions précises (5) et d'une lettre destinée au Parlement, l'abbé partit de Madrid le 8 janvier 1727. La lettre au Parlement, écrite pour le cas de la mort de Louis XV, était brève et concise. On y lisait : « La couronne de France nous est incontestablement dévolue par le droit de notre naissance et par les lois fondamentales de l'État ». Et Philippe V ordonnait au Parlement de le faire proclamer de suite roi de France (6). Quant aux instructions, elles étaient également claires. Il fallait contrecarrer et surtout devancer les manœuvres du duc d'Orléans, c'est-à-dire agir sans retard et entre-

(1) Archives d'Alcala, l. 2460; cité par Baudrillart, t. III, pp. 285-288.

(2) Après M. Baudrillart, nous avons fait faire les recherches les plus minutieuses aux Archives du Vatican. Rien n'y a été retrouvé.

(3) *Mémoires de l'abbé de Montgon*, 1748, t. II, p. 349.

(4) MONTGON, t. II, p. 352.

(5) MONTGON, t. III, p. 70.

(6) Archives d'Alcala, Est. l. 2460; cité par Baudrillart, t. III. p. 282.

tenir chaudement les sentiments presque unanimes des Français. Le parti créé par le Régent, tout diminué qu'il fût, existait toujours. Un coup hardi du duc d'Orléans pouvait donc assurer à ce prince la couronne dans le désarroi qui suivrait la mort du roi. Mais cette surprise devenait impossible si le cardinal ministre et le duc de Bourbon étaient prévenus des intentions formelles de Philippe V.

L'affaire confiée à l'abbé de Montgon réussit au-delà de toute espérance. Le cardinal et le duc, avertis, protestèrent hautement de leur attachement et de leur dévouement sincère au petit-fils de Louis XIV. Leur concours, au cas d'une mort subite du jeune roi, était acquis, en même temps que celui d'un grand nombre de gentilshommes, à la tête desquels se placèrent le duc de Chaulnes, le marquis de Pompadour et le comte de Marcillac. En quelques semaines, un véritable parti était formé, sur la fermeté duquel le roi d'Espagne pouvait pleinement compter et qui, l'année suivante (1728), devait fournir la preuve de son activité.

Le mercredi 27 octobre de cette dernière année, les médecins déclarèrent le roi de France atteint de la petite vérole. Dès le 5 novembre au soir, Philippe V en est averti par un courrier extraordinaire. Il prend immédiatement ses mesures. Dans la nuit même, un premier courrier part chargé de lettres pour Fleury et le duc de Bourbon ; on leur rappelle leurs promesses, on les met en garde contre une surprise possible... Puis, on attend. Et comme aucun courrier n'arrive de France les jours suivants, on se prend à craindre les pires événements. Le 9 novembre, Philippe V fait partir un second courrier qui apporte au cardinal de Fleury pleins pouvoirs pour gouverner la France en son nom jusqu'à son arrivée. Si le cardinal se dérobe à cette tâche, le duc de Bourbon doit notifier la volonté de Philippe V au Parlement et prendre le gouvernement. Des instructions sont jointes, ainsi qu'un « acte original » destiné à annuler les renonciations, et une nouvelle lettre au Parlement plus étendue et explicite que la première : « Je prétends, y dit le roi, jouir du droit que ma naissance me donne de succéder à la couronne de France, auquel je n'ai jamais pu valablement renoncer, et dont aucun traité contracté, de quelque nature qu'il puisse être, ne peut ni ne doit empêcher l'effet » (1).

Chose admirable ! L'idée de rentrer en France avait guéri le roi, qui en proie à des vomissements terribles et à des syncopes, ne quittait plus le lit depuis six mois. Il se leva, reprit son ancienne vie et s'en alla chasser.

Mais on restait toujours sans nouvelles de France. L'ambassadeur de France, le marquis de Brancas, manquant, lui aussi, de courrier, passa des jours cruels (2).

Déjà les troupes étaient massées sur la frontière. Quant à l'argent, la prévoyance d'Elisabeth Farnèse l'avait accumulé. Philippe V se disposait à partir et à rentrer en France par sa bonne ville de Toulouse, quand, le 13 novembre, le courrier de France arriva, porteur de la nouvelle de la guérison de Louis XV.

L'alarme à Paris, pour avoir duré moins longtemps, n'en avait pas été moins chaude. « Le public, d'un cri unanime, avait réclamé Philippe V, Philippe V en per-

(1) Archives d'Alcala, l. 2460; cité par Baudrillart, t. III, pp. 465-467. Le style est bien différent de celui de la lettre au Pape. Comment ne pas se convaincre qu'une réponse favorable de Benoît XIII avait encouragé le roi ?

(2) Voir *Mémoires de l'abbé de Montgon*, t. VII, pp. 59 et suivantes de la 3e éd., Lausanne, 1752. Le marquis de Brancas, ambassadeur à Madrid après le rappel de Bonnac en 1713, était alors pour la seconde fois en Espagne, où il avait remplacé le comte de Rottembourg en 1728; Rottembourg lui succéda en 1730. — Voir sur sa seconde ambassade le t. XII *bis* du *Recueil des Instructions données aux ambassadeurs et ministres de France.*

sonne, et non l'un de ses fils, par la crainte d'une nouvelle minorité » (1). Les ministres se montraient également décidés. Le cardinal de Fleury et le duc de Bourbon s'étaient constamment tenus prêts à l'événement, dont la réussite parut si certaine que les amis du duc d'Orléans en vinrent à le prier de transiger et de se soumettre au droit du roi d'Espagne. Le doute n'est guère permis : la mort de Louis XV eût placé Philippe V sur le trône de France.

La guérison rapide du roi mit provisoirement fin à cette mobilisation des deux camps. Cependant Philippe V pouvait se déclarer fort satisfait de l'expérience tentée ; il retrouvait toute l'ancienne France, celle de sa jeunesse, groupée autour de lui, disposée à l'acclamer, et le fils de celui qui avait armé l'Europe pour lui imposer de nouvelles renonciations humiliantes était obligé de s'incliner devant lui.

Le cardinal de Fleury, même après le retour de Louis XV à la santé, renouvelait, dans une lettre à Philippe V, l'expression de sa fidélilité « au sang de Louis XIV ». Son « attachement, disait-il, n'était fondé sur aucun intérêt et n'avait d'autre principe que les lois du royaume et l'avantage de sa patrie » (2). Quant au duc de Bourbon, il demandait de nouvelles instructions pour préparer ce qui lui paraissait inévitable.

Ainsi tout le monde vivait dans la persuasion que les maladies répétées de Louis XV, à qui la reine ne donnait pas d'enfant mâle, finiraient par ouvrir sa succession au profit de Philippe V. Cette perspective agitait si bien les diplomates que, quinze jours après la guérison du roi de

(1) Baudrillart, t. III, p. 471.

(2) Lettre du 20 novembre 1728, Archives d'Alcala, l. 3988 ; cf. Baudrillart, t. III, p. 474.

France, le marquis de Brancas entretenait encore le cardinal de Fleury des dispositions du roi d'Espagne : « Le Roy, disait-il, ne ferait nulle difficulté en cas de malheur de repasser en France, et de faire valoir ses droits naturels à la couronne pour luy. Mais en même temps, le Roy catholique prétend avoir la mesme obligation de soutenir les droits d'un de ses enfants sur la couronne de France s'il n'y allait pas, car bien que l'on ait fait des renonciations, il est évident qu'elles sont caduques » (1).

Cependant Marie Lesczinska était de nouveau enceinte ; déjà trois fois la naissance d'une fille avait déçu les espérances de Louis XV et de la nation. Cette fois, la fin de la grossesse de la reine était attendue avec encore plus d'anxiété. Le 4 septembre 1729, à 3 h. 40 du matin, en présence des princes et princesses du sang, du cardinal de Fleury, du chancelier d'Aguesseau et d'un grand nombre de seigneurs et de dames de la Cour, la reine mit au monde un fils. Louis, dauphin de France, assurait la lignée de Louis XV. La question de la succession semblait écartée pour toujours.

(1) Archives d'Alcala, l. 2460, cité par Baudrillart, t. III, p. 468, note 2.

CHAPITRE IV

LA TACTIQUE DE LA CHANCELLERIE D'ORLÉANS ET LES MENÉES DU PARTI A L'ASSEMBLÉE NATIONALE

En fait, après la naissance du Dauphin, fils de Louis XV, la santé même du roi étant devenue bonne, le problème de la succession au trône ne se pose plus. Aucun acte officiel ne viendra, jusqu'à la Révolution, témoigner pour ou contre les droits de la branche de Philippe V.

Mais la question sera soulevée à la Constituante, en 1789, et cette publique résurrection du problème, dévoilant tout à coup les menées du duc d'Orléans et de ses partisans, témoigne avec évidence que l'affaire n'a pas cessé un instant de hanter la branche cadette. Cette extraordinaire intervention fut même, on ne peut en douter, le résultat et la conclusion d'un système bien établi, constamment suivi et dont l'origine remonte au Régent.

En dépit de l'opinion presque universellement favorable à la branche d'Espagne, la branche cadette, en effet, ne se lassa point de poursuivre le rêve, transmis de père en fils, de se substituer à la branche aînée en s'assurant le trône de France. Ce fut sa grande affaire, on peut dire son unique affaire, qui la mena insensiblement du mécontentement à la révolte, de la révolte à la rébellion. Lorsque le moins scrupuleux de ses ducs en trouvera l'occasion, il entrera en lutte, non plus contre la seule maison d'Espagne, mais contre le roi de France lui-même dont la lignée fermement établie défiait par l'ensemble de ses princes tout espoir de substitution légale.

On ne saurait s'étonner que les actes officiels soient muets sur la lente préparation à une telle conclusion finale ; c'est dans les papiers mêmes de cette maison qu'il faudra chercher les étapes marquant cette route ascendante.

Ne pouvant, il est vrai, retracer dans tous ses détails la longue et occulte histoire, nous nous contenterons d'en détacher quelques pages. Écrites de la main du chancelier même de la maison d'Orléans, elles éclatent de sincérité.

René-Louis, marquis d'Argenson (1694-1757), l'auteur des *Mémoires* (1), était le frère du comte d'Argenson, chancelier de la maison d'Orléans; il lui succéda dans cette charge, lors de la nomination de celui-ci à l'intendance de Paris (août 1740). Dès lors il prit en main les intérêts de cette maison, et s'y dévoua passionnément.

Or, dès l'année 1740, un événement contrecarra les plans du duc d'Orléans, fils du Régent.

Son fils, le duc de Chartres, se vit refuser par le roi la main de Madame Henriette, fille de Louis XV. Le roi, en effet, avait été averti de ce qui se tramait sous le manteau d'un amour princier; le cardinal de Fleury empêcha donc l'exécution du projet. Il s'agissait bel et bien de s'assurer la succession du Dauphin, lequel était encore sans fils. D'Argenson le note dans son journal : « A ne prendre la chose que sous le rapport de la politique, je ne doute

(1) *Mémoires et Journal inédit du marquis d'Argenson*, publiés par le marquis d'Argenson, 5 vol., Paris, Jannet, 1857.

pas que ce mariage ne fût avantageux (1). Quoi de plus rassurant pour l'Europe que de nous voir renouveler en quelque sorte les renonciations d'Utrecht, déclarer le duc de Chartres, duc d'Anjou, l'élever au rang de fils de France, l'annoncer hautement comme héritier de la couronne à défaut de la postérité masculine du Dauphin? Mais ce n'est pas ainsi que pense le cardinal : il croit

(1) On y songeait depuis longtemps. L'année précédente, d'Argenson s'offusquait même d'un autre projet de mariage qu'on donnait comme certain pour Madame Henriette. Voici le passage (*Journal et Mémoires du marquis d'Argenson*, édit. Rathery, Paris, 1860, t. II, p. 77) :

« 22 février [1739]. — Aujourd'hui, à l'issue du Conseil d'État, a été déclaré le mariage de Madame de France l'aînée (1) avec l'infant D. Philippe d'Espagne; on prétend qu'il pourra devenir un jour roi de Naples (2), le prince des Asturies n'ayant pas d'enfants, lui et sa femme étant également stériles. Alors D. Carlos, aujourd'hui roi de Naples, deviendra roi d'Espagne, et, suivant le dernier traité de paix, jamais il ne doit y avoir de réunion des Deux-Siciles avec la monarchie de Castille; ainsi, le cas arrivant de la mort du prince des Asturies sans enfants, D. Carlos sera roi d'Espagne, D. Philippe doit devenir roi de Naples, et nous serons intéressés par cette alliance à tenir la main à cette exécution fidèle du traité, ce qu'on fait valoir sans doute auprès de l'empereur et des puissances de l'Europe, ainsi qu'auprès des Napolitains qui aiment à avoir leur roi chez eux.

« D'un autre côté, si D. Carlos a plusieurs enfants de la princesse de Saxe (qu'on dit déjà grosse), il y a apparence qu'il cherchera plutôt à laisser régner à Naples un de ses enfants.

« Ceci est contraire aux intérêts de la maison d'Orléans; on assure que le mariage de Madame seconde (3) est assuré avec le duc de Savoie, fils aîné du roi de Sardaigne, celui de M. le Dauphin avec l'infante Marie-Thérèse d'Espagne. Par là donc M. le duc de Chartres serait rejeté à épouser Madame troisième (4), qui n'a que sept ans; il y aurait donc cinq ans à attendre et davantage pour qu'il en tirât postérité. Ainsi, voilà un prince d'Espagne devenu plus cher à Louis XV que M. le duc de Chartres, et plus prêt à être appelé à la couronne de France, si M. le Dauphin manquait, ou si sa femme était stérile, et certes ce serait l'intérêt de l'Espagne de nous l'envoyer telle, et de lui ôter par quelque breuvage le don de fécondité ; car devenant féconde, elle travaillera à ôter à sa branche la belle espérance de régner en France ».

(1) Marie-Louise-Élisabeth (1727-1759).
(2) Il devint, par suite du traité d'Aix-la-Chapelle, duc de Parme, de Plaisance et de Guastalla.
(3) Anne-Henriette de France (1727-1752).
(4) Marie-Adélaïde de France (1732-1800).

avoir hérité des vues de la vieille cour, dont le dessein secret fut toujours de contrevenir au traité d'Utrecht, et de nourrir la pensée d'une réunion future des deux royaumes de France et d'Espagne » (1).

L'idée cependant ne fut point encore abandonnée, puisque l'année suivante on discuta à nouveau sur les moyens de « faire de M. le duc de Chartres un duc d'Anjou, de le montrer hautement comme substitué à la race de Louis XIV ». Mais le duc d'Orléans, qu'un premier échec avait rendu plus prudent, fit prévaloir « qu'en ce moment le cardinal était porté pour la branche d'Espagne ; que si M. le Dauphin venoit à manquer, ce seroit certainement celle-ci qui succéderoit au trône » (2).

Le cardinal était donc le grand ennemi. N'avait-il pas instauré une politique d'amitié avec l'Espagne, d'expansion de la maison de Bourbon, d'amoindrissement de ses grands rivaux ? Cette politique, renouvelée de Louis XIV, était en opposition absolue avec les principes du Régent. Celui-ci n'avait songé qu'à abaisser l'Espagne, à l'humilier, à traverser ses projets de conquêtes italiennes. Toute gloire nouvelle de la branche espagnole était pour lui une atteinte à celle de sa famille ; tout malheur frappant l'Espagne, — dût-il même atteindre par contre-coup

(1) D'ARGENSON, *Mémoires*, 1860, t. III, p. 240, 28 septembre 1740. — Nous avons déjà cité, pp. 191-192, la fin de ce passage. On trouve encore dans ces *Mémoires* (*ibid.*, pp. 159-160, août 1740) : « [Le duc d'Orléans] est sensible encore davantage sur l'article de la succession à la couronne pour garder le droit conventionnel au préjudice du droit de naissance de la branche d'Espagne... Le roi devrait lui tendre les bras dans cette vue [au duc de Chartres], en faire son gendre, lui donner les grands honneurs de fils de France, et resserrer aux yeux de l'Europe ce droit conventionnel qui la rassure. L'Espagne il est vrai peut opter, le cas arrivant, mais cette option est de trop difficile exécution ». — Même idée le 29 août 1740 (p. 164), le 9 septembre 1740 (p. 166), le 24 septembre 1740 (pp. 173 et suivantes).

(2) Il ajoutait : « [cela] nous mettrait toute l'Europe à dos ». (*Ibid.*, t. III, pp. 346 et suiv., 24 juillet 1741.)

la France, — une satisfaction de famille. Cette activité antibourbonienne se développait clandestinement et préoccupait sans répit les bureaux de la chancellerie d'Orléans.

Voici, en effet, le texte même d'une esquisse de politique notée par le chancelier du duc d'Orléans en date du 26 décembre 1741 : « Sans nous embarrasser de l'Espagne, déclarons que la branche d'Orléans est appelée à la succession de la couronne. Refusons d'entrer dans les querelles déraisonnables de cette puissance, surtout dans ses conquêtes italiques. C'est déjà une grande faute d'y avoir établi don Carlos (1) ; nous allons doubler cette faute en formant un nouvel État pour don Philippe (2). Plût à Dieu que nous n'eussions travaillé que pour laisser l'Italie aux Italiens, et en exclure les François, Allemands et Espagnols (3) » ! Il est clair que le système de Dubois et du Régent avait institué une tradition.

Mais tout fut vain. Reléguée définitivement au second plan, la branche cadette semblait devoir se confiner dans un rôle muet, tandis que la branche aînée des Bourbons, bientôt augmentée, en France, de trois princes, en Espagne, prolifique et envahissante, formait un magnifique faisceau d'États bourboniens. Louis XIV n'eût pu voir sans orgueil une pareille puissance dévolue à sa postérité qui tenait sous un quadruple sceptre la France avec ses riches provinces et ses colonies, l'Espagne avec son énorme empire d'outre-mer, le royaume des Deux-Siciles et les duchés de Parme. Les drapeaux fleurdelisés se rencontraient sur toutes les côtes et croisaient sur toutes les

(1) Le traité de Vienne de 1738 donnait définitivement Naples et la Sicile à don Carlos, fils de Philippe V, futur Charles III d'Espagne.

(2) Les duchés de Parme. Ce n'est que par le traité d'Aix-la-Chapelle, en 1748, que don Philippe les obtint.

(3) D'Argenson, *Mémoires*, 1857, t. II, p. 252, 26 décembre 1741.

mers. En face d'un tel essor réservé aux quatre branches bourboniennes issues de Louis XIV, quel pouvait bien être l'éclat de la maison d'Orléans, issue de Louis XIII?

Aussi bien, contentons-nous d'attendre l'heure où se découvrira le jeu de cette suite d'intrigues.

Ce n'est, d'ailleurs, qu'au moment où gronde déjà le bruit avant-coureur de la grande Révolution que se fait nettement entendre l'ambition contenue de l'arrière-petit-fils du Régent. Elle éclate alors presque soudainement.

« Dès le commencement de l'année 1788, dit Rivarol, M. le duc d'Orléans parut vouloir se rapprocher du peuple, dont il n'avait jusque-là négligé ni le mépris, ni la haine, il fit annoncer des distributions de pain à sa porte et remplit les papiers publics de sa bienfaisance (1) ».

A ce moment, en effet, l'esprit ouvert, l'intelligence directe de ce prince lui a fait entrevoir que l'heure de ses ambitions approche. Il ne néglige rien pour la préparer, et voici que surgit une fois de plus le spectre du traité d'Utrecht. Chose curieuse! avant d'attaquer le roi lui-même, c'est donc contre la branche d'Espagne que le duc d'Orléans entend porter ses premiers coups : manifeste preuve de l'existence d'une tradition que rien n'avait pu déraciner de l'esprit français, qui avait résisté aux luttes entre les deux nations et que même l'immense vague de scepticisme déchaînée contre les institutions politiques par les écrits de Bayle, de Montesquieu, de Voltaire, n'atteignit pas, puisqu'elle persistera dans les esprits les plus clairs et les plus souples, tels que celui de Rivarol, l'un des hommes qui ont le mieux su

(1) *Journal politique national*, t. I, p. 124, article de Rivarol.

trouver les titres de cette tradition dont parle Taine, « sorte de raison qui s'ignore » (1), mais qui n'en existe pas moins.

Ainsi, après un siècle presque de séparation, la France, en un jour de deuil, aurait pu songer encore à demander un roi à la branche d'Espagne.

C'est pourquoi, en 1788, le duc d'Orléans chargea le « garde de ses archives » de lui préparer un mémoire sur la question d'Utrecht. En décembre, ce mémoire était prêt (2). On y lit :

« Le Garde des archives de Monseigneur a fait les recherches les plus exactes pour découvrir s'il avoit été rempli, de la part de la maison d'Orléans, à la mort des différents Rois d'Espagne, quelques formalités relativement aux renonciations respectives faites par la maison d'Espagne à la Couronne de France et par les Princes de la Maison de France à celle d'Espagne ; mais il ne s'en est trouvé aucune trace, et M. de Bellisle, qui étoit en Espagne, lors de la mort du Père du feu Roy, a assuré qu'il n'y avoit été fait aucun acte conservatoire, à cet égard, de la part de Monseigneur le duc d'Orléans, ce qui sembleroit prouver que la Maison d'Orléans, ayant regardé les actes de renonciation faits en 1712 comme suffisants, elle a cru ne devoir faire aucune démarche pour les faire renouveller par les rois d'Espagne à leur avènement au trône.

« Pour pouvoir apprécier les motifs qu'ont eus les Princes de la Maison d'Orléans de rester dans l'inaction à ces différentes époques, il est nécessaire de rappeler

(1) H. Taine, *Les Origines de la France Contemporaine* (12 vol., Paris, 1905), t. II (*L'Ancien Régime*), livre III, ch. III, nº 11, p. 6.

(2) Archives Nationales, J. 931, coté : « II. Supplément, mélanges, Espagne, Philippe V », pièce nº 2, cahier de 6 feuillets de papier. — Cette pièce était restée, — croyons-nous, — absolument inconnue jusqu'à ce jour.

succinctement ce qui a donné lieu à ces renonciations respectives et ce qui s'est passé alors ».

Ici l'archiviste rappelle brièvement les événements qui se sont succédé depuis la mort de Charles II jusqu'aux renonciations de Philippe V. Quand il en vient aux lettres patentes, sa sincérité le contraint d'avouer la répugnance de Louis XIV à signer cet acte et de reconnaître que seule la pression étrangère l'y forçait.

« Le Préambule de ces lettres patentes, dit-il, semble annoncer que Louis XIV voyoit avec peine l'abdication de Philippe V à la Couronne [de] France, et que ce ne fut que la nécessité et le désir d'une paix générale, pour principale condition de laquelle la Cour d'Angleterre mettoit cette abdication, qui l'y firent consentir et parce que toutes les puissances de l'Europe étoient déterminées à continuer la guerre plutôt que d'être exposées à voir un jour le même Prince réunir deux monarchies aussi puissantes que celles de France et d'Espagne ».

A la fin, l'auteur se résume et conclut ainsi :

« Il paroit que d'après une abdication si authentique et si solennelle et qui tenoit même au système politique de l'Europe, puisqu'on en fit une condition expresse du traité de paix, la Maison d'Orléans n'a jamais pensé que le Rois d'Espagne pussent revenir contre cet acte, et qu'en conséquence elle n'a pas cru qu'il fût nécessaire d'en demander la rénovation aux Rois d'Espagne, à leur avènement au Trône ».

Cette conclusion du garde des archives est particulièrement intéressante. N'affirme-t-elle pas, en effet, la continuité du système du Régent et de Dubois, s'efforçant de convertir les renonciations en un acte « qui tenoit même au système politique de l'Europe », au lieu de le juger, comme il le fut toujours et le dut être en France, au regard de notre droit public? Mais il est remarquable que l'archiviste, si soucieux de rechercher les faits motivant pour Philippe V et sa maison l'exclusion de la succession française, si soucieux aussi d'affirmer la prétendue assurance que la maison d'Orléans avait de ses droits, se garde bien de faire allusion au long effort de la politique du Régent pour renouveler l'acte d'Utrecht (1)...

***

En 1789, ce n'est plus un mystère pour personne, il y a un parti du duc d'Orléans (2). Dans un magistral et cinglant article du *Journal politique national*, Rivarol le dénonce : « Ce fut, dit-il, vers le milieu du mois de septembre, lorsqu'on statua l'hérédité du trône par ordre de primogéniture parmi les mâles, à l'exclusion des femmes; ce fut, dis-je, au milieu du mois de septembre que la cabale d'Orléans jeta tout à coup le masque

(1) Ce mémoire en rappelle un autre, composé dès le règne de Louis XV, du vivant de Philippe V, et réédité en 1824 (Paris, Pochard) on ne sait par qui (l'éditeur ne le dit point). Nous avons retrouvé l'original de ce mémoire à Chantilly (*Catalogue des manuscrits du musée Condé à Chantilly*, t. III, p. 202, note 1016), manuscrit de 55 pages (358 mm. × 233 mm.) en calligraphie, titre : *Justification des lettres patentes de Louis XIV données à Versailles au mois de mars 1713 et registrées au Parlement le 15 du même mois, qui déclarent Philippe V, roy d'Espagne, et ses descendants exclus de la couronne de France*, reliure aux armes de la duchesse de Berry, fille du duc d'Orléans (+ 1717). Ce mémoire ne fait que produire d'une façon plus prudente et plus atténuée les arguments du P. Poisson.

(2) Mirabeau en était, ainsi que Danton, Sillery, Fabre d'Eglantine, Lepelletier de Saint-Fargeau; pour secrétaire, on avait choisi Choderlos de Laclos, l'auteur des *Liaisons dangereuses*.

patriotique et se montra sous sa véritable forme au milieu de l'Assemblée nationale (1).

Délibérant, en effet, sur le droit de « veto » du roi (septembre 1789), l'Assemblée nationale semblait de plus en plus acheminer les débats vers le fond même des anciennes lois fondamentales. Alors, les députés sincèrement royalistes s'alarmèrent et firent, à la demande de M. de Juigné, voter la déclaration suivante : « L'Assemblée nationale a reconnu par acclamation et déclaré à l'unanimité des voix, comme un point fondamental de la monarchie française, que la personne du roi est inviolable et sacrée ; que le trône est indivisible ; que la couronne est héréditaire dans la race régnante de mâle en mâle par ordre de primogéniture, à l'exclusion perpétuelle et absolue des femmes et de leur descendans » (2).

A ce moment, un inconnu, le député de Dijon, Arnoult, demanda qu'une déclaration vînt corroborer les traités excluant pour toujours la branche d'Espagne du trône de France. Cette motion directement inspirée par le parti du duc d'Orléans et que ce dernier espérait faire passer sans exciter l'attention de la droite, fut la cause ou l'occasion d'une suite de débats furieux.

M. de la Luzerne, évêque de Langres, s'étant déclaré partisan de la motion Arnoult, Mirabeau se lève et propose d'écarter le fond de la question.

Et voici que le duc d'Orléans sort et disparaît sous les

(1) *Journal politique national*, publié d'abord par M. l'abbé Sabatier, et maintenant par M. Salomon de Cambrai, second abonnement, n° 11, pp. 123 et suivantes. Cf. aussi : *Œuvres choisies de Rivarol*, publiées avec une préface par M. de Lescure, Paris, s. d., Flammarion.

(2) Pour les débats à la Constituante, voir : *Gazette Nationale ou le Moniteur Universel* de l'année 1789, n°s 57 et suivants. — Le débat débuta le mardi 15 septembre. Cf. aussi : *Histoire de la Conjuration de Louis-Philippe-Joseph d'Orléans*, par l'auteur de l'*Histoire de la Conjuration de Maximilien Robespierre* (Montjoie), 3 vol., Paris, 1796, t. II, pp. 136 et suivantes.

gradins des couloirs, d'où il écoutera la suite des discours, tandis que son capitaine des gardes, le marquis de Sillery (1), fait son entrée dans l'Assemblée.

Aussitôt, Lepelletier de Saint-Fargeau propose la motion qu'il n'y a pas lieu de délibérer *quant à présent.*

Ce *quant à présent* fit entrevoir aux royalistes la certitude et l'étendue du complot. « La chaleur que les royalistes mirent dans cette affaire est au-dessus de toute expression », dit Montjoie (2). L'amendement et l'ajournement furent rejetés et la déclaration « qu'il n'y a pas lieu à délibérer », adoptée.

Ne craignant plus de porter un coup direct, Mirabeau s'élance alors à la tribune et, d'un geste habituel aux démagogues, il accuse ses adversaires d'être inspirés par les Autrichiens ; il propose une nouvelle addition : nul ne pourra exercer la régence, qu'un homme né en France. — Presque toute la gauche appuie le tribun. Mais l'Alsacien Rewbel s'oppose à la motion, car l'exclusion de la maison d'Espagne y semble trop manifeste.

Or, le marquis de Sillery n'avait pu encore intervenir ; il croit le moment venu de livrer la vraie bataille. Ayant obtenu à grand'peine le silence, il sort de sa poche une liasse de papiers : « Je me trouve, dit-il, avoir *par hasard* dans la poche la renonciation du roi d'Espagne et de ses successeurs à la couronne de France ». La lecture de ces pièces, qu'un bienveillant hasard lui avait mises en poche, ne provoqua que l'hilarité moqueuse des députés auxquels la faction orléaniste (3) dévoilait si étourdiment ses plans.

(1) Mari de Mme de Genlis. Lors du procès du roi, il vota pour la détention de Louis XVI. Il mourut sur l'échafaud une semaine avant Philippe-Égalité, le 31 octobre 1793.

(2) *Histoire de la Conjuration*, etc., t. II, p. 137. — Voir aussi Rivarol, *Journal politique*, 2e série, n° 11.

(3) « La faction du duc d'Orléans était la seule qui eût bien le caractère

Encore une fois, Mirabeau propose avec sa violence accoutumée de scinder la question.

Mais M. d'Esprémenil réplique adroitement à Sillery et à sa suite que cette renonciation était une exception aux principes, et que, parce qu'il existait une exception, il n'en fallait pas moins reconnaître le principe. Or ce principe, quel est-il? C'est la loi d'hérédité. Ce serait donc à la branche d'Orléans de faire valoir l'exception contre la maison d'Espagne, — si jamais le cas se présentait. — Malgré une nouvelle intervention énergique et sensée du duc du Châtelet, le tumulte croissant, l'exaspération des partis rendirent toute conclusion impossible. Il fallut lever la séance.

Dans la soirée, Mirabeau, emporté par la hantise de l'affaire manquée, voulut se concilier l'esprit des députés modérés, Virieu, Mounier et autres « impartiaux ». Il ne rencontra que des adversaires, auxquels sa fougue dévoila tous les projets orléanistes.

Le lendemain (1), le tumulte recommença donc de plus belle. Les amendements et les propositions se succédaient, se combattaient. Plusieurs députés de la noblesse jugèrent la question oiseuse : la famille royale étant composée de nombreux princes, il n'y avait pas lieu d'en craindre l'extinction.

Cazalès et Bouche voulaient que le droit de décider fût déféré, le cas échéant, à la nation. L'évêque d'Autun, M. de Talleyrand, présenta un amendement analogue. Target enfin proposa d'ajouter à la déclaration : « Sans rien préjuger sur l'effet des renonciations ».

Une dernière fois, Mirabeau tenta d'enlever la posi-

de faction, mais sans en avoir la consistance ». (*Mémoires de Malouet*, publiés par le baron Malouet, 2 vol., Paris, 1874, t. I, p. 287.)

(1) *Gazette Nationale*, séance du mercredi 16 septembre 1789.

tion ; mais bien vite emporté par une véritable furie, il élargit son attaque et s'en prit à Louis XIV, au sacerdoce et au patriciat, ce qui lui valut d'incessants rappels à l'ordre. Et l'on alla aux voix pour adopter l'adjonction suivante — rédigée par M. Desmeuniers — à l'article IX : « sans entendre rien préjuger sur l'effet des renonciations ». Quant à l'ensemble de la déclaration, on décida d'en remettre au lendemain le vote par appel nominal. Sur 992 votants, 541 l'adoptèrent, 438 la rejetèrent, 13 ne votèrent point (1).

« La faction d'Orléans, dit Rivarol, perdait sa cause contre la branche espagnole » (2).

Ainsi apparut, au seuil même des heures tragiques où devait sombrer notre ancienne royauté, le lien intime qui unissait la question des lois fondamentales à cette même royauté. Les ennemis des unes étaient les ennemis de l'autre. Ce sont ces mêmes ennemis qui votèrent la mort de Louis XVI. Cette troublante logique des faits, Rivarol l'a fixée en une page magnifique et cruelle (3).

« La question sur les droits et les renonciations de la

(1) *Gazette Nationale*, séance du jeudi 17 septembre 1789. — L'article Ier de la Section Ire, chap. II, de la Constitution de 1791 est ainsi conçu : « La Royauté est indivisible, et déléguée héréditairement à la race régnante de mâle en mâle par ordre de primogéniture, à l'exclusion perpétuelle des femmes et de leur descendance. (Rien n'est préjugé sur l'effet des renonciations, dans la race actuellement régnante.) » Il est à remarquer que le *Projet des premiers articles de la Constitution, lu dans la Séance du 28 juillet 1789, par M. Mounier, membre du Comité chargé du plan de Constitution* (brochure de seize pages, quatorze imprimées, à Paris, chez Baudouin, imprimeur de l'Assemblée nationale) ne posait même pas la question. Voici l'article XXIX du chapitre II de ce Projet : « L'indivisibilité et l'hérédité du Trône sont les plus sûrs appuis de la paix et de la félicité publique, et sont inhérentes à la véritable Monarchie. La Couronne est héréditaire de branche en branche, par ordre de primogéniture, et dans la ligne masculine seulement. Les femmes et leur descendans en sont exclus ».

(2) *Journal politique national*, 2e série, no 14.

(3) *Ibid.*, no 16.

branche espagnole, dit-il, fut poussée pendant quatre jours avec une fureur inconcevable; jamais, au Congrès d'Utrecht, les ennemis de Louis XIV ne mirent plus de barrières entre les couronnes de France et d'Espagne; jamais la jalousie de l'Angleterre et de l'Empereur ne s'exprima comme la faction d'Orléans. Les séances furent si longues et si orageuses qu'on voyait bien, d'un côté que l'Assemblée nationale résistait de bonne foi, et que, de l'autre, la faction d'Orléans était plus embarrassée de l'Escurial que de Versailles. Toutes les factions se montrèrent à nu; l'une en voulait au roi et les autres à la royauté; c'était, en un mot, un combat de *régicides* et de *régnicides*. Ces derniers l'emportèrent; on se défia plus de Philippe d'Orléans que de Louis XVI, et on ne voulut pas de crime inutile. La populace parisienne a depuis jugé comme l'Assemblée nationale; elle a renversé le trône, mais elle a sauvé la personne du roi...

« En effet, l'Assemblée ne s'étant pas expliquée entre la maison d'Orléans et la branche espagnole, et ayant au contraire prononcé sur l'hérédité du trône, sans rien préjuger sur l'effet des renonciations, il ne resta plus au duc d'Orléans d'autre parti que d'exciter une tempête populaire assez violente pour submerger la famille royale, et, s'il le fallait, l'Assemblée nationale elle-même. »

CONCLUSION

Étudier les droits de la branche aînée des Bourbons à la succession de France, c'est refaire l'histoire de l'établissement de cette maison en Espagne et reprendre en même temps l'étude du droit successoral de l'ancienne monarchie.

Pour le juriste comme pour l'historien, le thème est ardu. Mais les résultats de l'enquête peuvent satisfaire l'un et l'autre. Ici, la violence des faits laisse subsister le Droit.

La conquête de l'Espagne est intéressante déjà parce qu'elle est la dernière (1) accomplie par le jeu même de la politique capétienne. Défenseurs pour leur compte de l'hérédité salique et de l'inaliénabilité du domaine, les Capétiens se sont montrés constamment habiles à profiter des droits successoraux étrangers au leur et à accroître par des héritages l'unité, la puissance ou le rayonnement de la France. Mais comme, précisément, cette politique dynastique de la France reste essentiellement subordonnée à la coutume fondamentale du royaume, principe de toute action royale, ce qui nous a attiré et intéressé surtout, c'est en quelque sorte le spectacle de cette Coutume

(1) La plus ancienne est celle du Portugal.

suprême qui, surgissant au plus fort d'une lutte tragique, semble un instant vaincue l'ultime conquête.

Elle ne l'est pas.

Tout au contraire, sa notion non écrite, mais vivante dans tous les esprits et dans tous les cœurs, jaillit soudaine et éclatante. Elle s'exprime sur toutes les lèvres, personne ne la nie, personne ne la désavoue.

Le grand roi s'incline douloureusement devant elle et tente même, pour la garder inviolable, d'abandonner le prix des flots de sang versés. Si, contraint, il l'outrepasse, il proteste...

Ceux donc qui ont pu dire que dans l'ancienne France il n'existait pas de droit public n'ont qu'à se reporter à cette mémorable séance du Parlement de 1713, et aux événements qui la préparèrent ou la suivirent.

Jamais dans notre histoire ne fut exprimé avec plus de clarté le triple principe qui a créé, maintenu et gouverné la glorieuse succession des rois capétiens depuis Hugues Capet jusqu'à Charles X : *la souveraineté, dépôt inaliénable, — non héréditaire mais statutaire, — constitue la dignité et non la propriété du Prince.*

« Ce sont ces coutumes supérieures à toute loi écrite qui ont fait, en notre pays, de la monarchie un bronze qui ne s'est laissé entamer qu'après dix siècles » (1).

Mais le miracle inouï est qu'après la crise de 1713 la France soit restée indéfectiblement attachée à sa coutume fondamentale et aux princes de son sang qui s'exilaient pour elle et qu'elle se réservait toujours. Malgré les efforts répétés d'une ambition particulière qui défiera cette coutume et qui, au risque de ruiner le fruit des longs espoirs, ira jusqu'à armer la France contre l'Espa-

(1) Barbey d'Aurevilly, *A côté de la grande Histoire*, article sur Saint-Simon.

gne, on verra l'ancienne France, « par une adhésion instinctive » et « en quelque sorte pieuse » (1) au *sang de France,* maintenir, de la séance du Parlement à celle de la Constituante, l'intangible hiérarchie de sa Maison et refuser d'abolir les droits d' « originaires » et de « régnicoles » des aînés des Bourbons.

Viennent par la suite d'autres heures — heures d'hier ou d'avant-hier — où se lèvera l'espoir d'une restauration de l'ancienne royauté : la même croyance et la même fidélité se retrouveront à travers la lutte des partis ; mais, en même temps, contre les princes aînés des Bourbons revenus d'ici ou de là, comme jadis de Pologne et de Navarre, se déploieront de nouveau l'ancienne tactique et l'identique argument que dressèrent les Guises et quelques ligueurs exaspérés contre Henri de Navarre : « que la Loi Salique est une fable, controuvée contre les Anglais » (2). *Habent sua fata libelli!* Henri de Navarre n'en fut pas moins Henri IV, un bon Français et le plus français des rois de France.

(1) Maurice BARRÈS.

(2) C'est particulièrement contre ce propos de Des Rosières que s'élève l'écrit intitulé : *Examen du discours publié contre la Maison Royalle de France, et particulièrement contre la branche de Bourbon, seul reste d'icelle, sur la Loy Salique, et succession du Royaume. Par un catholique, apostolique, romain, mais bon françois, et très fidèle subiect de la couronne de France* [Pierre de Belloy]. *Imprimé nouvellement,* Paris, 1587.

PIÈCES JUSTIFICATIVES

PIÈCES JUSTIFICATIVES

I

Saint-Germain-en-Laye, mai 1519.

Lettres patentes exemptant du droit d'aubaine Catherine de Médicis, fille de feu Laurent de Médicis, duc d'Urbin, et de Madeleine de Boulogne, bien que ledit Laurent et sa fille soient nés hors du royaume, le roi ayant toujours tenu ledit duc d'Urbin et sa fille pour ses sujets, alliés et confédérés.

Archives Nationales, O¹* 218, f°s 3-4.

François, par la grâce de Dieu Roy de France, scavoir faisons à tous presents et à venir. Comme à nostre prière et requeste nostre tres cher et amé cousin Laurent de Medecis, duc d'Urbain, soit venu en nostre royaume et ait pris alliance par mariage avec feu nostre très chère et amée cousine Magdelaine de Boulogne, duquel est issu nostre très chère et amée cousine Catherine de Medecis, mineure d'ans, leur héritière en tous les biens demeurez de leur deceds assis tant en nostre royaume que dehors et, pour ce nostre dit cousin le Duc d'Urbain et sa fille ont esté nais hors de nostre royaume et que nos officiers et autres pourroient prétendre iceux biens nous appartenir par droit d'aubaine ou autrement au moyen des ordonnances royaux sur ce faites, Nous, pour ce obvier et oster toute difficulté et empeschement qu'on leur pourroit sur ce faire et donner, avons, de nostre propre mouvement, certaine science, grâce spéciale, pleine puissance et authorité royale, déclaré et déclarons par ces présentes que nous avons toujours tenu et réputé, tenons et réputons feu nostre dit cousin le Duc d'Urbain et nostre dite cousine sa fille nos sujets, alliez et confédérez, capables et habiles de succéder à toutes personnes et aussi qu'on leur succède, tant par disposition testamentaire qu'autrement, sans que, sous couleur que feu nostre dit cousin le Duc d'Urbain et sa fille ayent esté néz hors de nostre dit royaume, comme dit est, Nous ne nos successeurs puissions quereller ne prétendre aucun droit et biens et successions echeues à nostre dite cousine Catherine de Medecis par le trepas de nostre dit feu cousin et cousine les Ducs et Duchesse d'Urbain, ses père et mère, ne aux successions que cy après luy pourroient escheoir et advenir de quelque ligne directe ou collatéralle ou autrement, en quelque manière que ce soit, mais d'abondant, de nostre plus ample grace, tous et tels droits que nous pourrions prétendre esdits biens et successions, à cause dudit aubeinage ou autrement, luy avons ceddé, remis, donné, ceddons, remettons, donnons par ces dites présentes et, en outre, à nostre dite cousine, avons octroyé et permis faculté et pouvoir d'acquérir en cetuy nostre dit royaume tous et tels biens meubles et immeubles qu'il luy plaira, pareillement de succéder à tous biens et héritages qu'en nostre dit Royaume, paiis et seigneuries luy pourroient à bon droit et juste titre parvenir et appartenir, et d'iceux ensemble de ceux qui sont jà acquis ordonner et disposer par testament et ordonnance de dernière volonté comme de sa propre chose et héritage, et que ses héritiers ou autres à qui elle en pourra disposer luy puissent succéder, prendre et appréhender la succession, saisine et jouissance de ses dits biens, ensemble jouir de tous tels autres droits, prérogatives, prééminences, comme si elle estoit née originaire de nostre dit royaume, sans aucune finance ou indemnité et laquelle, en tant que besoin seroit, à quelque valeur et estimation qu'elle se puisse monter, nous luy avons quité, donné et remis, quittons, donnons et remettons par ces présentes signées de nostre main. Si donnons en mandement à nos amez et féaux les gens de nos comptes et trésoriers à Paris et à tous nos justiciers et officiers ou à leurs lieutenans que, de nos présentes grâce, déclaration, permission, et de tout l'effet et contenu en ces dites présentes, ils fassent, souffrent et laissent nostre dite cousine jouir et user pleinement et paisiblement sans luy faire, mettre ou donner ne souffrir estre fait, mis ou donné luy estoit, l'ostent et réparent ou fassent oster, réparer et mettre incontinent et sans délay au premier estat et deub, car tel est nostre plaisir, non obstant quelconques statuts, ordonnances, et que descharge ne soit levée de la dite finance selon l'ordre de nos finances et quelconques ordonnances, restrictions, mandemens, inhibitions et deffences à ce contraires et, afin que ce soit chose ferme et stable à toujours, nous avons fait mettre notre scel à ces dites présentes, sauf en autre chose nostre droit et l'autruy en toutes. Donné à Saint-Germain-en-Laye, au mois de may, l'an de grâce mil cinq cents dix-neuf et de nostre règne le cinquième.

Signé : FRANÇOIS.

et, sur le reply, Par le Roy, Robertet, *et scellé de cire verte* (1).

II

Paris 22 août 1573.

Déclaration du Roi, signée de lui, des neuf princes de son sang et de ses quatre conseillers secrétaires d'État, reconnaissant le droit eventuel à la succession de la couronne de France de ses agnats nés et à naître, bien qu'ils s'établissent et naissent hors du royaume, pourvu qu'ils soient issus de loyal mariage et, ce, nonobstant les ordonnances du royaume qui, rendant les étrangers incapables de toute succession, les frappent à leur mort du droit d'aubaine.

Bibliothèque Nationale, ms. français; nouvelles acquisitions n° 21.697, *original.* — *P. de Cenival* : Un document relatif à la succession de Charles IX (*Bibl. de l'Ec. des Chartes*, t. LXXII, 1911, pp. 223-224). — Bibliothèque nationale manuscrits français, nouvelles acquisitions 7.733; manuscrits français n° 3.951 f°179; collection Dupuy, tome 500, f° 85.

Aujourd'huy, vingt deuxiesme jour d'aoust, l'an mil cinq cens soixante treize, le Roy estant à Paris, considérant que les événemens des choses futures sont en la main de Dieu seul, qui en dispose selon sa Providence, le conseil de laquelle est incogneu, et affin d'obvier à tous doubtes et scrupules que le tems, par les occasions, pourroit engendrer à l'advenir, à cause que Messeigneurs, frères dudict seigneur Roy, pourroient estre absens et demeurer hors ce royaume et que leurs enffans, à l'adventure, naistroient et demeureroient en pays estrange et hors cedict royaume, a dict et declairé, où il adviendroit (que Dieu ne veuille) qu'icelluy seigneur Roy décédast sans enffans masles, ou que ses hoirs masles deffaillissent, en ce cas le roy esleu de Poullogne, duc d'Anjou et de Bourbonnoys, comme plus prochain de la couronne, seroit le vray et légitime héritier d'icelle, nonobstant qu'il fust lors absent et résidant hors cedict royaume. Conséquemment et

(1) Par arrêt du 6 août 1519, ces lettres furent vérifiées à la Chambre des Comptes sous la réserve suivante :

« Proviso quod heredes impetrantes sint regnicolae, c'est à dire nez au royaume et demeurant en iceluy. »

immédiatement après, ou en deffault dudict seigneur roy esleu de Poullogne, ses hoirs masles procréez en loyal mariage viendroient à ladicte succession, nonobstant qu'ilz fussent naiz et habitassent lors hors cedict royaume. Après, ou en deffault desdicts hoirs, Monseigneur le duc d'Alançon viendroit à ladicte succession, et après luy ses hoirs masles descenduz par loyal mariage, nonobstant aussi que ledict seigneur duc fust à l'advanture absent et résidant hors du royaume et que ses enffens naquissent et demeurassent lors hors icelluy. Dict en outre et déclaire ledict seigneur Roy que, pour les causes susdictes, mesdicts seigneurs ses frères, ny leurs enffans respectivement, ne seront censez et repputez moins capables de venir à ladicte succession, ny aultre qui leur pourroit escheoir en cedict royaume, ains leur demeureront tous droictz et autres choses quelzconques, qui leur pourroient à présent et à l'advenir competer et appartenir, saulves et entières, comme s'ils résidoient et habitoient continuellement en cedict royaume jusques à leur trespas et que leurs hoirs fussent originaires et régnicoles, et ce nonobstant les ordonnances de cedict royaume, lesquelles rendent les estrangers et aulbains incapables de toute succession et déclairent les biens qu'ilz auroient audict royaume, à l'heure de leur trespas, acquis au Roy par droit d'aubeine, ausquelles ordonnances ledict seigneur Roy déclaire mesdicts seigneurs ses frères et leurs hoirs n'estre subgectz ny comprins et néanmoins déroge à icelles ordonnances, en tant que besoin seroit. Et d'abundant, dès maintenant comme pour lors que lesdictz enffans seroient naiz, ledict seigneur Roy les a habilitez et habilite pour estre capables tant de la succession de la couronne que de toutes aultres et droictz quelzconques, tout ainsi que s'ilz estoient originaires et régnicoles. En tesmoin de quoy ledict seigneur Roy a voulu signer ce présent acte et déclaration de sa propre main, icelluy faire aussi signer par mesdicts seigneurs ses frères, roy de Navarre et aultres princes de son sang, et contresigner par nous ses conseillers d'Estat.

CHARLES.

HENRY.

FRANCOIS.

HENRY.

CHARLES, cardinal de BOURBON.

LOYS DE BOURBON.

FRANCOIS DE BOURBON.

HENRY DE BOURBON.

FRANCOYS DE BOURBON.

CHARLES DE BOURBON.

De Neufville. Brulart. Pinart.

Fizes.

III

Paris, 10 septembre 1573.

Lettres patentes du Roi déclarant qu'il réserve à ses frères, les ducs d'Anjou et d'Alençon, leurs droits de succession à la couronne de France malgré leur résidence éventuelle hors du royaume.

Paris, 17 septembre 1573.

Arrêt du Parlement, le Roi y séant en lit de justice, qui publie et enregistre lesdites lettres.

Archives nationales, Registre X¹ᴬ 8.630, coté « F F, ordonnances de Charles IX, commençant le 22 mai 1572, finissant le 11 décembre 1573 », ff^{os} IIII^{C} IIII^{XX} XIII r° — IIII^{C} IIII^{XX} XIIII r°. (Collection d'Enregistrement sur parchemin en forme authentique). — Bibliothèque nationale, manuscrits français, nouvelles acquisitions n° 7.733, f° 359; Collection Dupuy, vol. 86, f° 223; manuscrits français n° 3.951, f° 177; cinq cents de Colbert, vol. 4, f° 89; Musée Condé, ms 1599.

DÉCLARATION DU ROY POUR LE ROY DE POLOGNE.

Charles, par la grâce de Dieu Roy de France, à tous ceulx qui ces présentes lectres verrons salut. Considérant que les evénemens des choses futures sont en la main de Dieu seul qui en dispose selon sa providence, le conseil de laquelle nous est incogneu, affin d'obvier à tous doubtes et scrupules que le temps par les occasions pourroit engendrer à l'advenir à cause que noz très chers et très amez frères le duc d'Anjou, de Bourbonnoys et d'Auvergne, nostre lieutenant general représentant nostre personne par tout nostre Royaume, à présent esleu Roy de Pologne, et duc d'Alançon pourroient estre absens et demourer hors ce Royaume et que leurs enfans à l'advanture naistroient et demeureroient en pais estranges et hors ce dict royaume. Pour ce est-il que nous avons declairé et declarons par ces presentes que, où il adviendroict que Dieu ne vueille que nous decedderions sans enfans masles ou que noz hoirs masles defaillissent, en ce cas nostredict frère le Roy de Pologne comme plus prochain de la couronne seroit le vray et legitime heritier d'icelle, nonobstant qu'il fust lors absent et resident hors ce Royaume; conséquemment et immédiatement après ou en défault de nostredict frère, ses hoirs masles procreez en loyal mariage viendront à la dicte succession nonobstant qu'ils fussent naiz et habitassent lors hors ce dict royaume; après ou en default desdictz hoirs, nostredict frère le duc d'Alençon et après / luy ses hoirs masles descendans par loyal mariage nonobstant aussi que nostredict frère fust à l'adventure absent et resident hors du royaume et que ses enfans naquissent et demeurassent lors hors icelluy, declarant que pour les causes susdictes nosditz frères ny leurs enfans respectivement ne seront censez et reputez moins capables de venir à ladicte succession ny autre qui leur pourroit escheoir en cedict Royaume, ains leurs demeureront tous droictz et autres choses quelzconques qui leur pourroient à present et à l'advenir compecter et apartenir saulves et entiers comme s'ilz residoient et habitoient continuellement en cedict Royaume jusques à leurs trespas et que leurs hoirs fussent originaires et regnicolles. Si donnons en mandement à noz amez et feaulx les gens tenans nostre court de parlement à Paris, Chambre de noz Comptes et autres noz courts et jurisdictions que besoing sera que cesdictes présentes ilz facent lire et enregistrer et du contenu en icelles nosdictz frères et tous ceulx qu'il apartiendra joir et user plainement et paisiblement nonobstant choses quelzconques à ce contraires ausquelles de noz grace special, plaine puissance et auctorité royal avons desrogé et desrogeons. En tesmoing de quoy avons (1) faict apposer nostre scel à cesdictes presentes. Donné à Paris le dixiesme jour de septembre l'an de grâce mil cinq cens soixante treize et de nostre règne le treiziesme.

Ainsi signé

CHARLES

et, sur le reply, est escript

Par le Roy estant en son conseil

signé. DE NEUFVILLE

et scellées en double queue de cire jaulne du grand scel

Leües, publiées et registrées, oy et ce requérant le procureur général du Roy, seant ledict seigneur Roy en son parlement et tenant son lict de justice à Paris le dix septiesme jour de septembre l'an mil cinq cens soixante treize,

Ainsi signé DU TILLET

Collation est faicte à l'original.

DU TILLET (2).

(1) Feuillet IIII^C IIII^XX XIIII.

(2) Suivent (ff^os IIII^C IIII^XX XIIII r°-V^C r°) les lettres patentes du Roi, écrites en langue latine, datées de Paris dans l'église Nostre-Dame, du 10 septembre 1573, scellées, « en laz de soye rouge et *grise* et *fil d'argent.* du grand scel en cire verd », enregistrées au lit de justice du 17 septembre, portant alliance entre la France et la Pologne.

IV

Paris, 9, 10, 13, 14 septembre 1573.

Procès-verbal de l'assistance de la Chambre des Comptes en corps à la prestation de serment du duc d'Anjou comme roi de Pologne, le 10 *septembre, à la publication en lit de justice de son élection le* 13 *et à sa joyeuse entrée dans Paris le* 14.

Archives Nationales, Registre : P. 2.318 « 14,946 Chambre des Comptes Mémoriaux NNN. 1573 », pp. 903-906. Copie du XVIIIe siècle, tirée du Mémorial 3 N. f° 409 v°.

SERMENT DU DUC D'ANJOU ELEÜ ROY DE POLOGNE

Le neufvieme jour de septembre mil cinq cens soixante et treize, le sieur de Nambu huissier de la Chambre du Roy vint de la part de Sa Majesté par devers la chambre pour luy faire entendre par le commandement exprès de Sadite Majesté qu'elle eüst à se trouver dans le lendemain dixieme dudit mois en l'église Nostre Dame de Paris pour assister au serment que Monseigneur le duc d'Anjou fils et frère du Roy, Roy eslu de Pologne, debvoit faire entre les mains des ambassadeurs dudit pays, que le dimanche ensuyvant en la grande salle du pallais aussi pour assister à la lecture des lettres portant l'eslection de Roy dudit Royaume de Pologne de la personne dudit s[r] Duc et le lundy aussi ensuivant d'aller au devant dudit sieur Roy de Polongne à son entrée qu'il devoit faire en cette ville de Paris.

Suivant lequel mandement, ladite chambre se seroit ledit jour de jeudy dix neufviesme (1) du présent mois de septembre assemblée et transportée en corps en ladite église, estans les seigneurs d'icelle tous vestus de robbes de soye, assavoir Messieurs les presidens de robbes de velours, les M[es] de robbes de satin, les Correcteurs de robbes de damas, les auditeurs et greffiers de robbes de taffetas et les gens du Roy de robbes de satin et leur auroit esté baillé rang et place aux haultes chaires du cœur à la main gauche estans après elle les généraux de la justice des aydes et, après, les (2) prevost des marchands et eschevins de la ville de Paris et, du costé de main droite, Messieurs de la Cour de parlement vestus de leurs robbes rouges.

Et ledit jour de dimanche treizième dudit présent mois, ladite

(1) *Sic.*
(2) [p.] 904.

chambre en corps et en mesmes habits que dessus s'estant transportée en la grande salle du pallais et ayant envoyé Me Simon de la Vergne premier huissier d'icelle vers le sieur de Chemaux me des Cérémonies de Sadite Majesté pour scavoir en quel lieu et place elle debvoit seoir, ledit sieur de Chemaux auroit conduit les sieurs d'icelle assemblez en corps ainsi que dict est sur les bancs qui estoient mis joignant et contre les piliers du milieu de ladite salle à commencer au premier desdits piliers regardant vers le théâtre de Sa Majesté et suivant tout d'un mesme rang estans derrière mesdits sieurs le lecteur et supposts de l'Université de Paris et après seroient aussi entrez en ladite salle mesdits sieurs de la Cour de parlement vestus en robbes rouges qui se seroient semblablement assis d'un mesme rang sur autres bancz estans devant et de distance de deux pieds de ceux où estoient ainsi que dict est assis mesdits sieurs des Comptes estans au dessus du premier président de ladite Cour Monseigneur le Chancelier de France, assis sur un siège couvert de drap d'or à la main gauche du (1) lieu ou estoit Sadite Majesté et à la droicte vis à vis dudit sieur chancellier estoient lesdits seigneurs Ambassadeurs de Polongne.

Et le lendemain quatorzieme jour dudit mois de septembre, jour de ladite entrée d'iceluy sieur Roy de Polongne, ladite chambre assemblée en corps et mesmes habits que dessus seroit partie du pallais après les generaulx de la justice des aydes et seroit allée vers ledit sieur Roy de Polongne estant hors la porte Saint Anthoine en une salle construicte de neuf eslevée de douze marches ou environ, près et joingnant le convent des religieux dudit Saint Anthoine où estans mesdits sieurs après avoir faict la révérance audict Sr Roy de Polongne qui estoit accompagné de Messeigneurs le duc d'Alençon, son frère, le Roy de Navarre assis à ses costez et autres princes et seigneurs estans debout, comme aussi estoit mondit Seigneur le Chancelier appuyé derrière la chaire dudit sieur Roy de Polongne, Me Anthoine Nicolaÿ, chevalier, conseiller de Sa Majesté en son privé Conseil et premier président desdits Comptes, ayant mis le genouil en terre devant ledit Sr Roy de Polongne et s'estant approché de luy estant debout tout descouvert luy auroit faict la harangue et porté la parolle pour ladite chambre, laquelle iceluy sieur Roy parlant audit sieur Nicolaÿ auroit remercié; Ce faicts, estans (2) mesdits sieurs descenduz, arriverent incontinent Messieurs de ladite Cour aussi vestus de robbes rouges vers ledit Sr Roy de Polongne pour en semblable luy faire la reverence et au mesme instant revint icelle chambre dans la grande

(1) [p.] 905.
(2) [p.] 906.

salle du pallais où estoit Sadite Majesté qui y receu peu après ledit sieur Roy de Polongne, audevant duquel Sadite Majesté seroit allée jusques au portail estant à l'entrée de ladite salle où il le festoya comme il fist en semblable tant mesdits sieurs de ladite Cour que de ladite Chambre et generaux des aydes.

Collationné par nous Conseiller maître à ce commis

COUSINET.

V

Paris, 28 juin 1593.

Arrêt de la Cour de Parlement de Paris, toutes chambres assemblées, ordonnant que des remontrances immédiates soient faites au Lieutenant-général du Royaume, en présence des Princes, pour assurer le maintien de la Loi salique et des lois fondamentales du royaume en empêchant le transfert de la couronne à un prince ou à une princesse qui ne serait ni Français ni Catholique.

Mémoires de la Ligue, Amsterdam, MDCCLVIII, t. v, p. 377. (Cet arrêt ne paraît pas avoir été transcrit sur le registre X[1A] 1727 des Archives Nationales, qui contient l'expédition des actes du Conseil de la Cour depuis le 1er avril jusqu'au 7 août 1593; les minutes qui ont servi à l'établissement de ces expéditions manquent elles-mêmes, semble-t-il, pour cette date du 28 juin. Il est donc probable que cette minute de l'arrêt du 28 juin 1593 a été supprimée avant la transcription du registre.)

Sur la Remontrance ci-devant faite par le Procureur du Roi et la matière mise en délibération, la Cour, toutes les Chambres assemblées, n'aïant, comme elle n'a jamais eu, autre intention que de maintenir la Religion Catholique, Apostolique et Romaine en l'État et Couronne de France, sous la protection d'un Roi Très-Chrétien, Catholique et François, a ordonné et ordonne que les Remontrances seront faites, cet après dîné, par Monsieur le Président le Maître, assisté d'un bon nombre de ladite Cour, à Monsieur de Mayenne, Lieutenant Général de l'État et Couronne de France, en la présence des Princes et Officiers de la Couronne étant de présent en cette Ville, à ce qu'aucun traité ne se fasse pour transférer la Couronne en la main de Princes ou Princesses étrangers; que les Lois fondamentales de ce Roïaume seront gardées et les Arrêts donnés par ladite Cour pour la déclaration d'un Roi Catholique et François soient exécutés, et qu'il ait à emploïer l'autorité qui lui est commise pour empêcher que, sous le prétexte de

Religion, la Couronne ne soit transférée en main étrangère, contre les Loix du Roïaume, et pour venir le plus promptement que faire se pourra au repos du Peuple, pour l'extrême nécessité de laquelle il est rendu, et néanmoins dès-à-présent, a déclaré et déclare tous faits, faits, et qui se feront ci-après, pour l'établissement d'un Prince, ou Princesse étrangère, nuls et de nul effet et valeur, comme faits au préjudice de la Loi Salique et autres Lois fondamentales du Roïaume de France. Fait à Paris, le 28 Juin 1593.

VI

Madrid, 13 juin 1700.

Lettre du roi d'Espagne Charles II au pape Innocent XII.

Archives des Affaires Etrangères, Espagne, t. LXXIX, p. 127. — Publiée par Hippeau, *op. cit.*, t. II, pp. 227-228.

13 Junio 1700.

Muy Santo Padre,

Vien informando se hallava V. Sd. de la capitulazion stipulada entre el Rey Christianissimo, el de Inglaterra, y Estados Generales de Holanda, con el motivo de considerar me en la menos salud que la que Nrõ Señr por su infinita misericordia sa buelto aprestar me, y de saver hecho concepto deque me faltara la subzesion y la vida para cuyos casos y pretextando a conserbazion de la paz y reposo de la Europa, y evitar las ezendidas guerras que ocasionarian las pretensiones de los que intentasen tener mejor derecho a mis Reynos los separan y distribuyen como V. Sd. avra entendido y reconozera de las copias inclusas del projecto y carta de mi Embasador en Paris, de que tanvien se infiere, sin la menor dubda, la gran parte de Christiandad que en las Indias y algunas islas se repartizan Iuntamente a Ingleses y Holandeses, como partizipes en estos Tratados, y garantes de su complimiento y observanzia par lo qual avra otro reserbado pacto, y convenio; launque mi confianza y fée viva en la divina Providenzia me asegura la vida e la subzesion correspondientes a mi hedad y Estado, toda via siendo tan catholico como amante de la unibersal tranguilidad del mundo, y tan atento como obligado à mirar la conserbazion de la Sagrada Iglesia Catholica Romana y que sus hisos y frailes no padezcan los peligros, tribulaziones, y angustias en que pudieran hallarse con tan ciertos y horrorosas riesgos, como se experimentarian con dolor grande de la Sta Sede, sillegase el caso de que por mis graves y muchos pecados viesen mis Reynos la fatal desgrazia de mi ultima hora sin dejarles subzesion mia, o Providenzia tàl que la supla sin embarazo y oposizion, y considerando mis primeros ministros que esta felizidad puede fazilmente conseguir, se constituyendo en el clamamiento de mi subzesion y para el enteso dominio de mis Reynos a uno de los hisos segundos de el serenissimo Delphin de Franzia me lo aconsejan y proponen; y deseando yo, como devo, que permanezca en todos mis Reynos la pureza y Religion, que tan radicada mantubieron mis pasados, y à tanta espensas i cuydado mio he puo curado subsista y se augmente, He querido para este fin ofrezer a Dios en sa Iglezia el sacrifizio de la propria volundad, poniendo (como lo hago) mis resoluziones i mis Reynos en las santas manos de V. Sd, para que, como Patre Unibersal, regimen y auxilio de todos los Monarchias se a Vra Sd quien dirija mis operaziones y yo asegure las que tanto deseo con el azertado consejo de V. Bd, con sus ofizios Paternales, con su mediazion suprema, y con la infalible verdad de su determinazion, para que, entendido el rectissimo dictamen de V. Sd., y hallando los efectos de su santo acuerdo, tome yo el mas firme a la seguridad de mantener inseparables los Reynos de mi Corona, la sacrada religion y sus cultos, y cumpla cabalmente todas las obligaziones de mi cargo. Y guarde à V. Bd como deseo.

Muy humilde i devoto hijo de V. Sd.

El Rey.

VII

Rome, 6 juillet 1700.

Réponse du pape Innocent XII au roi d'Espagne Charles II.

Archives des Affaires Etrangères, Espagne, t. LXXIX, p. 127. — Publiée par Hippeau, *op. cit.*, t. II, pp. 233-235.

6 julii 1700.

Charissimo in Christo Filio nostro Salutem et Apostolicam Benedictionem.

Dall' Ambasciatore della Maestà Vestra ci è stata resa la sua real carta in data del 13 de passato mese de giugno con la quale, invitandoci copia del trattato che sopra la divisione de suoi Regni e Dominii

in caso della mancanza (che Iddío non permettà) di Vestra Maestà senza succession è stato concluso trà li Plenipotenziarii di Francia, d'Inghilterra e di Olanda, ella si compiace di parteciparci come il suo Real consiglio, per il bene de suoi sudditi, per la sicurezza maggiore della publica tranquillità e per l'interesse principalmente della Religione Cattolica, giudicando che la Maestà Vestra sia in precisa obligatione di cercare ogni possibil maniera per conservare intiera la monarchia che Iddío le ha data e per evitare qualunque divisione della medesima, propone e consiglia alla Maestà Vestra per il più sicuro modo di conseguire l'intento il chiamare succesore alla sua Corona, in mancanza di prole, uno de' secondi figli del Delfino di Francia; sopra la quale proposizione e consiglio che ogni uno ben vede di quanto grave importanzia, passa la Maestà Vestra a ricchiederci con premurosa instanza il nostro parere, e appreso li nostri offizii, per quello che susseguentemente puo occorrere. . . . .
E, poichè Vestra Maestà ci constringe a dirle sopra di ciò il nostro sentimento, stimiano di non dover ci discortare dà quello del suo real consiglio, fundato sul necessario principio de assicurare, nel più riuscibile modo che si può, l'unione e conservatione intiera della monarchia. Quanto poi agl' uffizii che la Maestà Vestra ci richiede, non lasciaremo di efficacemente interporci sempre che potranno riputarsi opportuni e profittevoli per tutto ciò che in si importante contingenza può convenire alla nostra obligazione e all' amore tenerissimo con cui rimiriamo la Real persona della Maestà Vestra alla quale fra tanto, co piu affetuosi e cordiali sentimenti dell' animo, diamo la nostra apostolica e paterna benedizione.

Datum Romae, apud Sanctam Mariam Majorem, die 6 julij 1700, pontificatus nostri anno nono.

VIII

Versailles, 18 novembre 1700.

Lettres closes du Roi mandant au Parlement de venir en corps saluer le Roi d'Espagne au jour et à l'heure que le Grand Maître des Cérémonies fixera de sa part.

Paris, 19 novembre 1700.

Audience de la Cour donnée au Sr Des Granges, Maître des Cérémonies, porteur des lettres closes du Roi; lecture de ces lettres, fixation de l'audience du Roi d'Espagne au 22 novembre à 3 heures par le Me des Cérémonies et réponse du Premier président déclarant que la Compagnie ne manquera pas d'obéir aux ordres du Roi.

Archives Nationales, Carton X^{1B} 8886, Parlement civil, Conseil secret, avril 1700-juin 1701. Chemise cotée, « avril à décembre 1700. » Liasse des minutes de 36 pièces cotées : « xxxvj. Conseil secret, novembre 1700, Registré ». Pièce cotée « III ». Un feuillet de papier mesurant 190 mm. de large et 250 mm. de haut. Papier timbré : « GEN[éralité] DE PARIS. Petit Papier Dix Den[iers] le feuillet ». — Archives Nationales, Registre X^{1A} 8417.

Du dix neuf Novembre mil sept cens du matin.

Monsieur le Premier Président,

Ce jour, le Procureur général du Roy a dit que le Sieur Desgranges Me des Cérémonies estoit au parquet des huissiers et demandoit à parler à la Cour de la part du Roy, et aiant esté fait entrer et qu'il a eu pris place sur le banc du parquet entre Mrs Portail et Robert conseillers, il a présenté à la Cour la lettre de cachet du Roy dont la teneur suit

De par le Roy

Nos amez et feaux, Nostre frere et petit-fils le Roy d'Espagne estant prest de partir pour aller dans ses Estats, Nous desirons que les honneurs qui luy sont deus lui soient rendus. C'est pourquoy Nous vous mandons et ordonnons de le venir saluer en Corps ainsi qu'il s'est pratiqué en pareilles occasions au jour et à l'heure que le Grand Me ou le Me des Cérémonies vous dira de nostre part. Si n'y faite faute, Car tel est nostre plaisir. Donné à Versailles le 18e novembre 1700.

Signé : LOUIS

et plus bas

PHELIPPEAUX.

Ledit sieur Desgranges a dit que le Roy d'Espagne recevroit les Respects de la Cour, lundy prochain, à trois heures.

Monsieur le premier Président luy a dit que la Compagnie ne manquerait pas d'obéir aux Ordres du Roy; ledit sieur Desgranges s'est retiré et la lettre a esté portée aux Chambres des Enquestes et Requestes en la manière acoutumée.

veü.

IX

Paris et Versailles, 22 novembre 1700.

Procès-verbal du voyage de la Cour de Parlement de Paris se rendant en corps à Versailles, à l'audience du Roi d'Espagne, pour le saluer; harangue de M. le Premier Président et réponse du Roi d'Espagne.

Archives Nationales. Carton X^{1B} 8886. Parlement civil. Conseil secret, avril 1700-juin 1701. Chemise cotée : « avril à décembre 1700 ». Liasse des minutes de 36 pièces, cotée : « XXXVI. Conseil secret novembre 1700. Registrée ». Pièce cotée : « XI ». Quatre feuillets de papier mesurant 220 mm. de large et 325 mm. de haut. Papier timbré : GEN[éralité] de PARIS. MOYEN PAPIER. DEUX SOLS LA FEUILLE. — Archives Nationales, Registre X^{1A} 8417.

Du lundy vingt deuxieme novembre mille sept cens.

Messire Achilles de Harlay, Chevalier, 1er

M. Louis Molé
M. Louis Lepeletier
M. J. Antoine de Mesmes
M. N. Louis de Bailleul
M. A. Potier
M. A. de Hanyvel
M. C. François de Lamoignon
} *presidens*

Le duc de Gesvres, *gouverneur de Paris*

Mrs Croizet
Boucherat
Catinat
Benoist
} *Conseillers d'honneur*

Messieurs
Ranchet
Portail
Chevalier
Thibeuf
de Quelain
Joly
Lemeunier
Petit
Maunoury
Robert
Du Monceau
Dreux
Gaudart

Mrs Briçonnet, de Thumery, de la Garde, Leclerc, Sevin, Gilbert, Lambert.

Mrs Omer Joly, *advocat*
Henry Francois d'Aguesseau, *procureur général du Roy*
Antoine Portail, *advocat.*
Dongois
Hence
} *Secrétaires du Roy en la cour*
Geusse, *premier huissier*

Ce jour, suivant la lettre de cachet du Roy apportée vendredy dernier par le maistre des cérémonies, Messieurs et autres officiers en robes rouges et chaperons fourrés partirent de cette ville de Paris sur les onze heures du matin en carosses pour aller à Versailles complimenter le duc d'Anjou déclaré Roy d'Espagne suivant la reconnoissance portée par le testament du feu Roy Charles second. Ils se rendirent tous dans la salle appellée des Ambassadeurs où, environ une demie heure après, Monsieur de Pontchartrain Secrétaire d'Estat vint dire à Monsieur le premier président que le Roy n'avoit pas jugé à propos que celuy de Messieurs les Secrétaires d'Estat qui vient prendre ordinairement la Compagnie pour la conduire à l'audiance du Roy la menast devers le Roy d'Espagne, cela ne se devant faire que pour Sa Majesté, les seuls officiers des cérémonies aiant conduit le parlement à l'audiance de la feue Reine (1) d'Espagne lorsqu'il avoit esté la salüer par ordre du Roy. Peu de temps après, le Grand Maistre et le maistre des cérémonies vinrent en la salle; d'où ils conduisirent Messieurs en l'ordre accoustumé au Grand appartement du Roy. Monsieur le duc de Gesvres premier gentilhomme de la Chambre, Gouverneur de Paris, qui les attendoit en hault, après s'estre excusé sur son infirmité de ce qu'il n'avoit pu la joindre plutost, se mit entre Mr le premier président et Monsieur le président Molé qui est la place des gouverneurs de Paris lorsqu'ils marchent avec la Cour hors l'enceinte du palais. Le Roy d'Espagne estoit assis en un fautueil couvert de velours cramoisy avec de gros galons d'or et d'argent, placé au pié du lit de mesme estoffe. Il estoit en grand manteau de drap noir, un rabat de toille de Hollande et un long crespe à son chapeau pour le dueil du feu Roy d'Espagne son prédécesseur. Monsieur le duc de Beauvilliers premier gentilhomme de la chambre du Roy et gouverneur de Messeigneurs les princes et le fils de l'ambassadeur d'Espagne estoient derrière le fautueil et aux costez plusieurs personnes de qualité, hommes et dames, et la chambre estoit si plaine que la compagnie eut beaucoup de peine à y entrer.

Lorsque Messieurs furent approchez auprès du Roy d'Espagne, Monsieur le Premier Président et Messieurs luy firent les trois reverences que l'on a coustume de faire au Roy lorsqu'ils sont admis à l'audiance de Sa Majesté. Le Roy d'Espagne osta son chapeau à chacune de ces reverences et le remit et, après que le bruit eût esté appaisé,

Monsieur le Premier Président luy dit.

Sire.

Le Roy nostre Souverain Seigneur et Maistre aiant commandé

(1) [fo 1 vo].

à son parlement de venir rendre ses très humbles respects à Vostre Majesté, Nous profitons de cet honneur pour luy tesmoigner la joye que nous avons avec toute la France de son heureux advenement à l'une des plus nobles et des plus puissantes monarchies de l'Univers.

Nous n'aurions pas ozé nous flater, après tant de merveilles et de prospéritez dont les jours plutôt que les années du Roy sont signalés, que sa gloire et sa fortune pussent recevoir un nouvel acroissement.

Mais Dieu qui a voulu recompenser encore avec plus d'abondance le zèle avec lequel ce grand Prince a soustenu sa guerre et combatu pour ses interrestz, a repandu l'esprit de sa sagesse et de sa justice dans le cœur du feu Roy predecesseur de Vostre Majesté pour luy faire reconnoistre le droit qu'elle avoit de succéder à ses couronnes, après que Monseigneur et Monsieur le Duc de Bourgogne destinez successivement à un autre Empire auroient préféré le plaisir de vivre sujets du Roy à celuy de commander dès à présent à tous ces peuples qui vont estre soumis à Vostre Majesté (1).

Ce nous est, Sire, un grand sujet de joye, de voir la Maison qui règne heureusement en France depuis tant de siècles donner aujourd'hui un Roy à l'Espagne et, reconciliés par la paix avec une nation dont nous avons toujours estimé le mérite durant la guerre, nous la voions avec plaisir partager avec nous le bonheur d'obéir à des Princes qui surpassent de si loin tous les autres par leur naissance aussi bien que par leurs vertus.

Puissiés-vous, Sire, luy faire respecter en vostre personne toutes celles que nous admirons dans le Roy vostre ayeul et que Monseigneur a transmis à Vostre Majesté par la noblesse de son sang et par l'authorité de ses exemples.

Puissiés-vous surpasser par vostre justice et par vostre bonté les désirs & les espérances de vos sujets et avoir toujours dans le cœur la volonté de leur faire autant de bien que la fortune vous en a donné de pouvoir.

Pour cela, Sire, il ne faut que vous souvenir des paroles du Roy & des instructions qu'il donna à Vostre Majesté lorsqu'il déclara qu'il acceptoit pour elle le Royaume qui luy estoit déféré.

Et comme nous ne doutons point qu'Elle ne prene ce grand Prince pour modèle de sa conduite, nous voions avec un extrême plaisir qu'il va faire, par Vostre Majesté, la félicité de l'Espagne comme il fait par luy mesme le bonheur de la France.

Joüissés, Sire, de cette sorte, de tous ces Royaumes que Vostre Majesté reçoit de la main de Dieu. Joüissés des sources inépuisables

(1) [f° 2 r°].

des richesses du nouveau monde et joüissés encore avec bien plus de plaisir du bonheur de régner sur une nation si recommandable par ses vertus.

Vostre Majesté, Sire, éprouve déjà sa sagesse dans la conduite de ce grand cardinal si digne par les qualités sublimes de son cœur et de son esprit de gouverner vos Estatz en vostre absence.

Elle en voit la valeur et la politesse en celui de ses ministres qui a eu l'honneur de luy rendre le premier ses hommages et elle en verra bientost la fidélité dans ceux mesmes qui n'ont presque point ailleurs d'autre règle de leurs actions que les interrestz de leur commerce.

Quel bonheur, Sire, à un Roy de pouvoir rendre heureux tant de sujets qui sont si dignes de l'estre, de restablir durant la paix tous les malheurs que la guerre a causés et de se rendre encore plus aimable à son peuple et plus respectable à l'Univers par l'Eminence de ses vertus que par la vaste estendue de ses couronnes.

Ce sont, Sire, les Espérances que nous avons conçeü de Vostre Majesté (1) et les vœux que nous faisons pour elle comme ses très humbles et très respectueux serviteurs et comme les officiers très obéissans et les sujets très fidelles du Roy nostre souverain Seigneur.

Au commencement du discours de Monsieur le Premier Président et à chaque fois qu'il prononça le mot de Sire en faisant la révérence, le Roy d'Espagne osta son chapeau et le remit et, après que Monsieur le Premier Président eût fini, le Roy luy dit qu'il estoit très sensible à la part que la première Compagnie du Royaume prenoit à ce qui le regardoit, qu'il scavoit la considération que le Roy avoit pour elle et qu'il seroit bien aise d'avoir occasion de luy donner des marques de son estime et il adjousta d'autres paroles favorables, ausquelles Monsieur le Premier Président respondit et, après que luy et Messieurs eurent encore fait de profondes revérences, la compagnie sortit par la gallerie et fut reconduite en la mesme salle des ambassadeurs par les officiers des cérémonies et chacun revint ensuite à Paris.

veu (2).

(1) [f° 2 v°].
(2) [f°s 3 et 4 blancs].

X

Versailles, décembre 1700.

Lettres patentes du Roi déclarant que son petit-fils le Roi d'Espagne conserve les droits de sa naissance, comme s'il continuait de résider dans le Royaume, de sorte que lui et ses hoirs demeureront, le cas échéant, héritiers de la Couronne de France, malgré leur absence du royaume et leur naissance à l'étranger.

Archives Nationales, Carton J. 931. Trésor des Chartes II. Supplément. Mélanges Espagne Philippe V. Pièce nº 1. ORIGINAL parchemin 715 mm. de large et 430 mm. de haut, plus 145 mm. de repli. Scellées sur le repli, par deux incisions à senestre, en lacs de soie verte et rouge du grand sceau de cire verte du diamètre de 115 mm. — Archives Nationales, Carton X¹ᴮ 9003 : Lettres patentes janvier 1701-juillet 1703. Chemise cotée : année 1701. Liasse de 17 pièces en copies cotée : « XVII Patentes feburier 1701 registrées ». Pièce placée, sans cote, en tête de la liasse, avant la pièce cotée 1. Imprimé de 8 pp. in-fº, format in-4º portant comme titre : « LETTRES PATENTES DU ROY. Pour conserver au Roy d'Espagne le droit de succession à la Couronne de France. Données à Versailles, au mois de décembre 1700. Registrées en Parlement le 1er février 1701 [Armes Royales]. A Paris, chez François Muguet, Premier imprimeur du Roy et de son Parlement, rue de La Harpe, aux trois Rois. MDCCI ».

Lettres patentes pour conserver
au Roy d'Espagne les droits
de sa naissance.

Dup(lica)ta LOUIS PAR LA GRACE DE DIEU ROY DE FRANCE ET DE NAVARRE A TOUS PRESENS ET A / venir SALUT. Les prosperitez dont il a plu à Dieu de nous combler pendant le cours de nostre règne sont pour nous autant de motifs de nous apliquer non seulement pour le temps présent, mais encore pour l'avenir au / bonheur et à la tranquilité des peuples dont Sa divine providence nous a confié le gouvernement. Ses jugemens impénétrables nous laissent seulement voir que nous ne devons establir notre confiance ny dans nos forces, ny / dans l'estendüe de nos Estats, ny dans une nombreuse postérité, et que ces avantages que nous recevons uniquement de sa bonté n'ont de solidité que celle qu'il luy plaist de leur donner. Comme il veut cependant que les Roys/ qu'il choisit pour conduire ses peuples prevoyent de loin les événemens capables de produire les désordres et les guerres les plus sanglantes, qu'ils se servent pour y remédier des lumières que sa divine sagesse répand sur eux / Nous accomplissons ses desseins lorsqu'au milieu des réjouissances universelles de nostre Royaume, Nous envisageons comme une chose possible un triste avenir que nous prions

Dieu de détourner à jamais. En mesme temps / que nous acceptons le testament du feu Roy d'Espagne, que nostre très cher et très amé Fils le Dauphin renonce à ses droits légitimes sur cette couronne en faveur de son second fils le Duc d'Anjou nostre très cher et très / amé petit Fils institué par le feu Roy d'Espagne son héritier universel, Que ce Prince, connu présentement sous le nom de Philippes Cinq[uiesm]e Roy d'Espagne est prest d'entrer dans son Royaume et de respondre aux Vœux / empressez de ses nouveaux Sujets, ce grand evenement ne nous empesche pas de porter nos veuës au delà du temps présent et lorsque nostre succession paroist le mieux establie, Nous jugeons qu'il est également et du devoir de / Roy et de celuy de Père de déclarer pour l'avenir nostre volonté conforme aux sentimens que ces deux qualitez nous inspirent. Ainsy, persuadez que le Roy d'Espagne nostre petit Fils conservera toujours pour Nous, pour sa maison, / pour le Royaume où il est né la mesme tendresse et les mesmes sentimens dont il Nous a donné tant de marques, Que son exemple unissant Ses nouveaux Sujets aux nostres va former entr'eux une amitié perpétuelle et la / correspondance la plus parfaitte : Nous croyrions aussy luy faire une injustice dont Nous sommes incapables et causer un préjudice irréparable à nostre Royaume si nous regardions desormais comme étranger un Prince / que nous accordons aux demandes unanimes de la nation Espagnolle. A CES CAUSES et autres grandes considérations à ce nous mouvans, de nostre grâce spécialle, pleine puissance et authorité Royale Nous avons dit, déclaré / et ordonné et, par ces présentes signées de nostre main, disons déclarons et ordonnons, voulons et nous plaist que nostre très cher et très amé petit Fils le Roy d'Espagne conserve toujours les droits de sa naissance de la mesme / manière que s'il faisoit sa résidence actuelle dans nostre Royaume : ainsy, nostre très cher et très amé Fils unique le Dauphin estant le vray et légitime successeur et héritier de Nostre couronne et de Nos Estats et, après luy, / Nostre très cher et très amé petit Fils le Duc de Bourgogne, s'il arrive (ce qu'à Dieu ne plaise) que nostre d[it] petit Fils le duc de Bourgogne vienne à mourir sans Enfans masles ou que ceux qu'il auroit en bon et loyal mariage / décedent avant luy ou bien que lesd[its] Enfans masles ne laissent aprés eux aucuns enfans masles nez en légitime mariage, en ce cas nostred[it] petit fils le Roy d'Espagne usant des droits de sa naissance soit le vray et légitime / successeur de nostre Couronne et de nos Estats, nonobstant qu'il fût alors absent et résident hors de nostred[it] Royaume Et immédiatement aprés son decez ses hoirs masles procreez en loyal mariage viendront à lad[ite] succession, / nonobstant qu'ils soient nez et qu'ils habitent hors de nostred[it] Royaume. Voulant que, pour les causes susd[ites], nostred[it] petit Fils le Roy d'Espagne ny ses enfans masles ne soient censez et reputez moins habiles et / capables de venir à lad[ite] succession ny aux autres qui leur pourroient écheoir dans nostred[it] Royaume. ENTENDONS au contraire que tous droits et autres choses generalement quelconques qui leur pourroient à présent et à / l'avenir compéter et apartenir soient et demeurent conservées saines et entieres comme s'ils résidoient et habitoient continuellement dans nostre Royaume jusqu'à leur trepas et que leurs hoirs fussent originaires et regnicoles, / les ayant à cet effet, autant que besoin est ou seroit, habilité et dispensé, habilitons et dispensons par cesd[ites] presentes. SI DONNONS EN MANDEMENT à nos amez et feaux con[seill]ers les gens tenant nostre cour de / parlement et chambre de nos comptes à Paris, Présidens et Trésoriers generaux de France au bureau de nos finances estably aud[it] lieu et à tous autres nos officiers et justiciers qu'il appartiendra que ces présentes / ils fassent registrer et du contenu en icelles joüir et user nostred[it] petit Fils le Roy d'Espagne, ses enfans et descendans masles en loyal mariage pleinement et paisiblement, nonobstant toutes choses à ce contraires ausquelles / de nos mesmes grace et authorité que dessus Nous avons dérogé et dérogeons. CAR TEL est nostre plaisir Et, afin que ce soit chose ferme et stable à toujours, nous avons fait mettre nostre scel à cesd[ites] presentes. DONNÉ /à Versailles au mois de Décembre, l'an de grâce mil sept cent et de nostre règne le cinquante huit[iesm]e

LOUIS.

[et, sur le repli, à dextre :]
Par le Roy
PHELYPEAUX

[à senestre :]
Visa
PHELYPEAUX

[à senestre, en haut :]
Registrées, oüy et ce requerant le procureur g[e]n[er]al du Roy pour estre exécutées selon leur forme et teneur suivant l'arrest de ce jour. A Paris, en parlement, le premier febvrier mille sept cens un

DONGOIS

[à dextre, en haut :]
Registrées en la chambre des Comptes, oüy et ce requerant le procureur général du Roy pour estre exécutées selon leur forme et teneur, les bureaux assemblez, le dix febvrier mil sept cent un

RICHER

[au milieu, en bas :]

Registrées au bureau des finances de la generalité de Paris, oüy le procureur du Roy, pour estre executtées selon leur forme et teneur, suivant notre ordonnance de ce jour vingt-deux fevrier mil sept cens un

VIGNERON BERAUD FORNIER JACOB

ROLAND PASQUIER HENAULT

Par mesd[its] sieurs

BEDROICT

[Au revers, en haut à senestre :]

Nous Henry-Francois Daguesseau, chevalier, Conseiller ordinaire du Roy en son Conseil d'Estat, son procureur géneral et garde du Thrésor des Chartes, titres, papiers et registres de la Couronne, en execution des ordres du Roy, avons déposé au Thrésor des Chartes les présentes lettres patentes. A Paris, ce premier jour de fevrier mille sept cens deux

D'AGUESSEAU

XI

Versailles, 30 janvier 1701.

Lettres closes du Roi envoyant à sa Cour de Parlement à Paris ses lettres patentes par lesquelles il a conservé à son petit-fils le roi d'Espagne les droits de sa naissance et à ses descendants mâles la succession à la couronne de France nonobstant qu'ils fassent leur résidence à l'étranger, mandant au Parlement de procéder à l'enregistrement de ces lettres.

Archives Nationales. Carton X[1B] 8886 : Parlement civil. Conseil secret avril 1700-juin 1701. Chemise cotée : « janvier à juin 1701 ». Liasse des minutes de 66 pièces, cotée : « LXVI. Conseil secret febvrier 1701. Registré », Pièce cotée : « II. » Original. Un feuillet de papier mesurant 220 mm de large et 380 mm de haut. — Registre X¹ᴬ 8417. Conseil secret 15 nov. 1700-21 oct. 1701, f° 117 r°-v°. Copie, sauf l'adresse.

(Au verso :) A Nos amez et feaux Conseillers
les gens tenant notre Cour
de Parlement à Paris.

(Au recto :) DE PAR LE ROY

NOS AMEZ ET FEAUX nous vous envoyons nos lettres patentes par lesquelles nous avons conservé à nostre très cher et très amé frère et petit fils le Roy d'Espagne les droits de sa naissance et la succession à la couronne de France à ses descendans masles nonobstant qu'ils fassent leur résidence hors de nostre Royaume, à l'enregistrement desquelles lettres nous vous mandons de procéder. Si n'y faites faute, CAR TEL est nostre plaisir. DONNÉ à Versailles, le 30ᵉ jour de janvier 1701.

LOUIS.

PHELYPEAUX.

XII

Paris, 1ᵉʳ février 1701.

Arrêt de la Cour de Parlement de Paris, toutes chambres assemblées, sur les lettres closes du 30 janvier lui envoyant les lettres patentes de décembre 1700, vu les conclusions du procureur général (1), *ouï le rapport de Mʳ François Robert, Conseiller, ordonnant que ces lettres patentes seront enregistrées au greffe pour être exécutées selon leur forme et teneur.*

Archives Nationales, Carton X¹ᴮ 8886 : Parlement civil Conseil secret avril 1700-juin 1701. Chemise cotée : « janvier à juin 1701 ». Liasse de minutes de 66 pièces, cotée : « LXVI conseil secret febvrier 1701. Registré ». Pièce cotée « III ». Minute. Un feuillet de papier mesurant 225 mm. de large et 330 mm. de haut Timbré : « GEN[éralité] de PARIS. MOYEN PAPIER DEUX SOLS LA FEUILLE. ». — Archives Nationales, Registre X¹ᴬ 8417. Conseil secret 15 novembre 1700-21 octobre 1701, f° 117 r° : « du mardy premier fevrier mil sept cens un du matin Monsieur le Premier président », aux ff. 117 v°-118 r° sur parchemin.

1ᵉʳ febvrier 1701.

Veu par la Cour, toutes les chambres assemblées, les lettres pattentes du Roy données à Versailles au mois de novembre (2) mil sept

(1) Les conclusions du Procureur général manquent dans le Registre X¹ᴬ 8959 contenant les conclusions du 17 novembre 1700 au 27 octobre 1701.

(2) *Sic.*

cens signées Louis et, plus bas, par le Roy Phelypeaux et scellées du grand sceau de cire verte en lacs de soye par lesquelles, pour les causes y contenus, le Seigneur Roy auroit dit, déclaré et ordonné, veut et luy plaist que son très cher et très amé petit fils le Roy d'Espagne conserve à toujours les droits de sa naissance de la même maniére que s'il faisoit sa résidence actuelle dans le Royaume : ainsy, son très cher et très amé fils unique le Dauphin estant le vray et légitime successeur et hérittier de la Couronne et des Estats du Seigneur Roy et, après luy, son très cher et très amé petit filz le duc de Bourgogne, s'il arrive (et qu'à Dieu ne plaise) que le duc de Bourgogne vienne à mourir sans enfants masles ou que ceux qu'il auroit eu en bon et loyal mariage décèdent avant luy ou bien que lesdits enfants masles ne laissent après eux aucuns enfants masles nez en légitime mariage, en ce cas le Roy d'Espagne usant des droits de sa naissance soit le vray et légitime successeur de la Couronne et des Estats du Seigneur Roy, nonobstant qu'il fût alors absent et résident hors le royaume et, immédiatement après son déceds, ses hoirs masles procréez en loyal mariage viendront à ladite succession nonobstant qu'ils soient nez et habitent hors le royaume, Voulant le Seigneur Roy que son dit petit fils le Roy d'Espagne ny ses enfants masles ne soient censez ny réputés moins habiles et capables de venir à ladite succession ny aux autres qui leurs pouvoient escheoir dans le royaume, entend au contraire le Seigneur Roy que tous droits et autres choses generallement quelconques qui leurs pouvoient à présent et à l'advenir compéter et appartenir soient et demeurent / conservées, saisies et entières comme s'ils résidoient et habitoient continuellement dans le Royaume jusqu'à leur trépas et que leurs hoirs fussént originaires et regnicoles, les ayant le Seigneur Roy à cet effect, en tant que de besoin est ou seroit, habilité et dispencé par les dites lettres et ainsy que plus au long le contiennent les dites lettres à la Cour adressantes, Conclusions du procureur général du Roy, ouy le rapport de Me François Robert conseiller, la matière mise en délibération.

LA COUR a ordonné et ordonne que les dites lettres seront enregistrées au Greffe d'icelle pour estre executtées selon leur forme et teneur. Fait en parlement le premier febvrier mil sept cens un.

DE HARLAY F. ROBERT

F. ROBERT, du premier febvrier 1701. M. L[e] P[remier] P[résident].

XIII

[juillet 1702.]

Lettres patentes permettant aux Princes et Princesses de la Maison de Savoie, alliés du Roi, nés et à naître, de demeurer dans le Royaume, et leur accordant le privilège d'y posséder des terres ou des bénéfices, nonobstant leur qualité de Princes étrangers et leur résidence habituelle hors dudit royaume.

Archives Nationales. O¹*320. ff. 21-24.

Louis, par la grâce de Dieu Roy de France et de Navarre, à tous présens et à venir, salut. Les anciennes alliances que les Roys nos prédécesseurs ont eu avec la maison de Savoye venant d'estre renouvellées par deux mariages qui lient encore plus intimement cette maison aux deux couronnes de France et d'Espagne, nous avons estimé convenable de luy donner de nouvelles marques d'amitié, de distinction et de prééminence dans nostre royaume, affin que les Princes et Princesses qui la composent puissent tenir de grandes charges et hautes dignités proportionnés à leur grandeur, et posséder toutte sorte de biens par succession, acquisition, donnation, échange, legs ou autrement dans l'estendue de nos estats, pays, terres et seigneuries de nostre obeissance, même des bénéfices et autres biens d'église, ne voulans pas que nostre très cher frère le Duc de Savoye qui réside comme souverain dans ses estats voisins des notres, nostre très chère sœur la Duchesse Douairière de Savoye, nostre très chère sœur Anne d'Orléans, Duchesse de Savoye, nos cousins le Prince de Piedmont, Victor-Amé, et le duc d'Aouste, Charles-Emanuel, et autres enfans qui naistront de nostredit frère le Duc de Savoye et leurs descendans mâles et femelles qui sont sy étroitement unis à nostre sang puissent estre reputtez etrangers et, comme tels, déclarez incapables de recueillir les biens et successions qui pourroient leur eschoir en nostre royaume et affin qu'il ne puisse leur estre fait aucun obstacle ny trouble, nous leur avons accordé nos lettres sur ce nécessaires. Pour ces causes et autres bonnes considérations à ce nous mouvans, désirant donner en touttes occasions à nostre dit frère le Duc de Savoye de nouvelles marques de nostre sincère amitié, nous, de nostre grace spéciale, pleine puissance et autorité royale, avons permis et accordé et par ces présentes, signées de nostre main, permettons et accordons ausdits Princes et Princesses et à leurs dits enfans nez et à naistre, ensemble, à tous leurs descendans tant masles que femelles, sans limitation de degré, de pouvoir résider et demeurer dans nostre royaume, pays, terres et seigneuries de nostre obeissance et y avoir, tenir et posséder tous biens, meubles et immeubles, qu'ils y ont ou pouront cy aprez y acquérir, et recueillir toutes successions que de droit leur pouroient appartenir, en jouir, ordonner et disposer par testament, ordonnance de dernière volonté et donnations entre vifs et en quelque manière que ce soit; et que leurs héritiers ou ceux en faveur desquels ils en auroient disposez leur puissent succéder, prendre et appréhender la jouissance des dits biens, les tenans comme regnicoles, encore qu'ils fassent leur demeure hors nostre royaume. Comme aussy voulons qu'ils puissent accepter, tenir et posséder en nostre royaume terres et seigneuries de nostre obeissance, toutes charges et gouvernemens, bénéfices et dignitez écclésiastiques dont ils pouroient cy après estre justement et canoniquement pourveüs par bons et justes titres non dérogeans aux saints décretz et concordats d'entre nous et le saint Siège apostolique, privilèges et libertez de l'église gallicane et ce jusqu'à telle somme qu'ils pourroient obtenir de nous, de nostre saint Père le Pape et des collateurs ordinaires, et d'iceux prendre possession et jouissance comme les originaires de nostre royaume, sans qu'il puisse leur estre fait ou donné aucun trouble ou empeschement sous prétexte qu'ils ne seront pas originaires François, les ayant quant à ce habilités et dispensés, habilitons et dispensons, à condition toutes fois que si pour raison desdits bénéfices il survenoit procez ou différends, ils seroient tenus poursuivre les parties par devant les juges et officiers de nostre royaume auxquels la connoissance en appartiendra et que dans six mois aprez avoir esté aussy pourveu des bénéfices scituez en nostre royaume, ils seront tenus de raporter et mettre ez mains de nostre très cher et féal chevalier chancellier de France un bref apostolique en la manière accoutumée par lequel nostre saint Père le Pape accordera et consentira qu'encore que lesdits bénéfices vacquent en cour de Rome, il n'y sera pourveu qu'à nostre nomination ou par ceux de nostre royaume auxquels la disposition et collation en poura appartenir, sur peine de deschoir de l'effet du contenu en ces dites présentes, sans que, pour raison de nostre présente grâce, lesdits Princes et Princesses ne soient tenus de nous payer aucunes finances de laquelle à quelque somme qu'elle se puisse monter nous leur avons fait et faisons don et remise, et sans aussy qu'ils soient — (comme dit est) — obligez de faire leur résidence dans nostre royaume, dont par les raisons susdites nous les avons relevez et dispensez, relevons et dispensons par ces dites présentes. Sy donnons en mandement à nos amez et féaux conseillers les gens tenans nostre cour de Parlement et Chambre de nos comptes à Paris, présidens et trésoriers de France généraux de nos finances, baillifs, sénéchaux et autres officiers qu'il appartiendra, que du contenu en ces dites présentes ils fassent, souffrent et laissent jouïr et user les dits Princes et Princesses, les enfans nez et à naître de nostre dit frère le duc de Savoye, leurs descendans et ceux en faveur desquels ils pourront avoir disposez des dits biens, pleinement, paisiblement et perpétuellement, sans leur faire ny souffrir leur estre fait ou donné aucun trouble ny empeschement, nonobstant tous édits, ordonnances et réglemens à ce contraires auxquels et aux dérogatoires des dérogatoires y contenues nous avons dérogé et dérogeons par ces dites présentes en faveur des dits Princes et Princesses, sans tirer à conséquence. Car tel etc. et affin que etc.

Donné à etc.

XIV

11 mars 1712.

Dépêche de Louis XIV au Marquis de Bonnac, son ambassadeur près le Roi d'Espagne.

Archives des Affaires Etrangères, Espagne, tome 218, ff. 100-101.

M. le Marquis de Bonnac, le courrier que je vous depesche aujourd'hui est le troisième que je vous envoye en moins d'un mois de temps pour donner part au Roy d'Espagne des pertes que j'ai faites dans ma famille. Le Dauphin, mon arrière-petit-fils enlevé par la même maladie dont son père et sa mère sont morts, mourut aussi le 8 de ce mois et peu s'en est fallu que le duc d'Anjou, son frère, ne les ait suivis. Dieu a voulu le conserver. Mais, étant dans un âge aussi tendre, sa vie paroitra longtemps incertaine. On regardera le Roy d'Espagne comme pouvant devenir d'un jour à l'autre l'héritier presomptif de ma couronne, et cette situation pourra donner de nouveaux prétextes, à ceux qui craignent la paix, de traverser plus fortement que jamais sa conclusion. Cette même raison doit engager le Roy et la Reyne d'Espagne à s'intéresser sensiblement au repos et au bonheur de mon Royaume, car il peut devenir l'héritage du Roy mon Petit fils et de ses enfans. Si l'amitié que je suis persuadé qu'il a pour moy l'a conduit jusqu'a present, son intérêt y doit etre mêlé désormais et, lorsqu'il n'a devant lui qu'un enfant de 2 ans, il est naturel qu'il fasse les mêmes reflexions que toute l'Europe et qu'il croye qu'il pourroit un jour recueillir la succession de ses Peres.

Je suis persuadé que, plus il en approche, plus il se rendra facile sur les conditions qui peuvent conduire à la paix. Nos ennemis demanderont certainement des seüretés, qu'il sera peut-être difficile de leur donner, pour assurer que les couronnes de France et d'Espagne ne seront jamais réunies sur la meme tête. Il faut se préparer a toutes leurs demandes que je ne puis encore prévoir. Je ne sais pas même quelles sont les réponses qu'ils ont faites aux propositions de mes plénipotentiaires et je n'ai point eu de nouvelles d'Utrecht du 5 de ce mois qui estoit le jour marqué pour délivrer ces réponses. Cette negociation est lente; je comptois que les Anglois la ranimeroient; mais toute conjecture devient incertaine depuis les nouveaux malheurs que j'essuie; et je ne seraiz point surpris si les bonnes dispositions de l'Angleterre se ralentissent, lorsqu'on scaura dans ce Royaume la dernière perte que j'ai faite et que les ennemis de la paix appuyeront les reflexions à faire sur le danger de la reunion de la France et de l'Espagne.

XV

9 avril 1712.

Dépêche du marquis de Torcy, secrétaire d'État du Roi, à la Princesse des Ursins.

Archives des Affaires Etrangères, Espagne, tome 213, f° 79.

9 avril 1712.

Vous m'avez fait l'honneur de m'écrire, Madame, que vous prévoyiez comme moi le préjudice que la mort des Princes causerait à la négociation de la paix. L'effet commence à répondre au jugement que vous en avez fait. M. de Bonnac vous aura dit qu'immédiatement après que la nouvelle de la mort du dernier Dauphin eût été portée en Angleterre les ministres de cette couronne, sincèrement disposés à faire la paix, représentèrent au Roi la nécessité de prendre des mesures solides pour assurer que la monarchie de France et celle d'Espagne ne seraient jamais possédées par le même Prince. Je reçus de M. de Saint-Jean, secrétaire d'État d'Angleterre, un mémoire sur ce sujet dont la conclusion était que l'unique moyen d'empêcher un pareil inconvénient contraire au repos et à la liberté de toute l'Europe était que le Roi d'Espagne fit une renonciation de ses droits à la couronne de France en faveur de Monseigneur le Duc de Berry qui deviendrait ainsi l'héritier présomptif de la couronne si Monseigneur le Dauphin aujourd'hui vivant venait à mourir.

Je répondis par ordre du Roy à cette proposition et je marquai qu'elle était impraticable, contraire à nos lois, par conséquent que les mesures que l'on croiroit prendre sur un pareil fondement n'étant pas solides, n'empêcheroient pas le mal que l'on voulait prévenir. Je proposais ensuite de suivre la disposition du testament de Charles II comme vous le verrez, Madame, par la copie que je vous envoie du mémoire que je fis passer à Londres. J'en ai reçu la réponse avant hier. La crainte de la réunion des 2 monarchies est tellement augmentée, que les ministres les mieux intentionnés pour la paix assurent qu'il est impossible de la faire, si cet obstacle n'est levé. Vous serez instruite de leurs sentiments par les extraits que j'ai l'honneur de vous envoyer des lettres que m'ont écrites le Cte d'Oxford, grand Trésorier, M. de St. Jean secretaire d'État et Prior, celui qu'ils ont employé dans la negociation secrète et qui a toute leur confiance. Vous remarquerez, Madame, qu'ils insistent sur l'expédient qu'ils ont proposé comme le seul capable de rassurer l'Angleterre et le reste de l'Europe contre la crainte de la réunion des 2 monarchies. Comme ils déclarent que la guerre va recommencer plus vivement que jamais, si cet expédient n'est pas accepté, ou qu'on n'en trouve pas un autre équivalent, qu'on sait qu'ils ne prétendent ni menacer ni faire peur; qu'il est très vrai qu'ils n'auraient pas le pouvoir d'empêcher la nation anglaise de se porter à continuer la guerre avec plus de fureur que jamais, et qu'ils seroient peut être les premières victimes de cette resolution, il a fallu, pour ces raisons, que le Roi prit un parti dans une conjoncture qu'on peut regarder comme un moment de crise où l'on n'a pas même le temps de délibérer. Le besoin de la paix est très pressant, mais Sa Majesté a consulté avant toutes choses les intérêts du Roi son petit fils et je ne puis mieux vous faire connaître, Madame, qu'en vous envoyant comme je fais par son ordre les copies des lettres qu'elle m'a commandé d'écrire au grand Trésorier et au Secretaire d'Etat d'Angleterre.

Je souhaite qu'on se contente des projets que je propose; mais il est très difficile de le croire. Il faudra donc se resoudre par force à la continuation de la guerre, si les Anglais ne sont pas satisfaits. Les moyens de la soutenir sont plus épuisés que jamais pour ne pas dire qu'ils manquent absolument. Voilà cependant toutes les espérances de paix évanouies, et le roi d'Espagne regardé, une seconde fois, comme la cause de la ruine de la France. Pardonnez, Madame, si je vous parle si franchement, mais il est trop important que Sa Majesté Catholique soit informée de ce que l'on peut penser, pour le lui déguiser.

On va donc considerer ce Prince comme la cause de tout ce que le Royaume souffrira. Une nation qui se porte aux extrémités aussi légèrement que la nôtre sera d'autant plus vive dans son ressentiment qu'elle est persuadée que le Roi d'Espagne doit être encore plus sensible aux intérêts de la France depuis qu'il ne voit entre le Roi et lui qu'un enfant dont la santé est au moins incertaine.

Si vous me demandez quel parti Sa Majesté Catholique peut prendre dans une conjoncture aussi fâcheuse et aussi embarrassante, en vérité, Madame, je ne serais ni assez capable ni assez hardi pour lui donner conseil. Un politique alerte lui dirait de tout promettre pour faire la paix, parce que la renonciation qu'il fera, étant contre les lois, ne pourrait jamais subsister; mais je ne sais si le conseil serait de son goût et j'aime beaucoup mieux que d'autres que moi le lui donnent.

Le Roi ne propose aucun parti au Roi son petit-fils; c'est à lui de décider de celui qu'il croira devoir prendre; mais il faut que la résolution soit prompte et la réponse de même, car les instances vont être vives de la part de l'Angleterre et il est dangereux de laisser rompre la négociation.

Il faut compter que la réponse aux lettres que j'ai écrites par ordre de Sa Majesté sera de laisser au Roi d'Espagne le choix ou d'abandonner dès à présent l'Espagne et de revenir en France attendre le sort incertain d'un enfant qui le précède dans l'ordre de succession à la couronne ou de renoncer, ce qu'il ne peut faire valablement selon nos loix, aux droits qu'il a sur cette couronne. Ce nouvel embarras n'était pas nécessaire pour faire regretter les pertes que nous avons faites, mais je suis persuadé, madame, qu'il renouvellera encore l'affliction que le Roi et la Reine d'Espagne en ont ressentie.

XVI

11 avril 1712.

Dépêche du Marquis de Bonnac, ambassadeur de France, à Louis XIV.

Archives des Affaires Etrangères, Espagne, Tome 213, ff. 138 et suivants.

.....Ce qui regarde la succession sera encore plus difficile. Le Roy d'Espagne a vu avec beaucoup de reconnaissance et de sensibilité la manière dont Votre Majesté pense sur son sujet en cas que, par la mort de Mgr le Dauphin, il se trouva le plus proche héritier de Votre Majesté; mais, comme il a témoigné beaucoup de joie de ce qu'elle a rejetté la pensée des Anglois, il souhaiteroit aussi que Votre Majesté ne fût pas obligée de penser qu'il pût, au préjudice de ses enfans, céder la monarchie d'Espagne à Mgr le duc de Berry et, jusqu'à présent, il n'a formé d'autre idée sur cela que celle de retenir pour lui un des deux Royaumes et de laisser l'autre à un des princes ses enfans en cas que nos malheurs voulussent que Mgr le Dauphin, de qui il souhoite tres sincerement la conservation, vînt a mourir. Le Roy d'Espagne m'a dit qu'il lui paroissoit que, possédant actuellemennt la couronne d'Espagne, il ne pouvoit, sous quelque pretexte que ce fût, y renoncer et faire un préjudice aux Princes ses enfans dont ils voudroient tirer un jour raison, ce qui seroit une occasion veritable de guerre, et que, le testament du Roy Charles II l'appellant en premier lieu à la possession d'une monarchie qui estoit hereditaire, il seroit evident que Mgr le duc de Berry, qui estoit appellé en second lieu, ne pouvoit venir à la possession de cette monarchie qu'après luy et les Princes ses enfans. Il adjoute qu'il falloit considerer de plus que, Mgr le duc de Berry n'ayant point encore de Prince, l'établissement qu'on feroit en sa faveur seroit incertain et qu'il faudroit venir pour asseürer solidement ce qui seroit convenu là dessus en cas de la mort de Mgr le Duc de Berry. Sa Majesté m'a dit cependant qu'Elle ferait travailler, sans retardement, les plus habiles gens de son royaume à examiner toutes les précautionsà prendre pour prevenir la réunion des deux couronnes sur une même tête.

XVII

Madrid, 22 avril 1712.

Lettres de Philippe V à Louis XIV.

Archives des Affaires Etrangères, Tome 218, feuillets 181-185, et Tome 213, feuillet 165.

J'ai vu, par la lettre que Votre Majesté m'a fait l'honneur de m'écrire le 9 de ce mois et par les papiers que le Marquis de Bonnac m'a communiqué de sa part, le nouvel incident qui se rencontrait dans la négociation de la paix. Je connais fort bien toutes les raisons qui vous obligent à chercher les moyens de la faciliter, mais je ne puis m'empêcher de voir avec douleur que ceux qui nous restent pour y parvenir ne soient si extrêmes qu'à cause de l'ardeur avec laquelle on l'a toujours recherchée qui n'a fait que relever l'orgueil de nos ennemis et leur faire croire encore que nous achéterions la paix au prix qu'ils voudraient nous la donner.

J'ai vu par les papiers que le marquis de Bonnac m'a montrés que l'Angleterre a regretté l'expédient qu'on lui a proposé le 18 de mars dernier et qu'elle a persisté a demander que je renonce à la couronne de France, ou qu'on convienne d'un autre expédient egalement sûr pour dissiper dès a cette heure toutes les craintes qu'on pourrait avoir de la réunion des deux monarchies. J'y ai vu aussi que les deux propositions que le Marquis de Torcy avait envoyées le 8 de ce mois se réduisaient à ce que, si le cas arrivait que je vinsse a succéder à la couronne de France, je pusse choisir ou de passer dans ce Royaume, ou de retenir la couronne d'Espagne et, qu'en cas que je choisisse le premier parti, l'Espagne retombât sur la tête du Roy de Portugal, sur le prince qui epouseroit une des filles du feu Roy des Romains Joseph, ou sur M. le Duc de Savoye. Je crois avec d'autant plus de fondement que l'Angleterre n'admettra pas ces dernières demonstrations, que les projets qu'elles renferment ne regardent que l'avenir et ne peuvent être affermies par des seuretés présentes; je ne puis m'imaginer d'un autre côté que la témérité des Anglois aille jusqu'a prétendre que j'abandonne dès a présent, pour une succession incertaine, la possession certaine de la couronne d'Espagne, et que je me retire en France comme un prince particulier, ou à vouloir m'obliger à renoncer a la couronne de France pour moi et mes descendants en gardant seulement, de toute la monarchie d'Espagne, l'Espagne et les Indes.

Ce sont là mes reflexions. Pour en venir, à present, à la réponse que vous me demandez, je commencerai à vous avouer que j'ai été surpris de voir qu'avant de faire des propositions telles que les dernières, on n'ait pas songé a en faire qui fussent suivant les lois de la succession naturelle et rassurassent, en même temps, les ennemis de la crainte qu'ils ont de la réunion des deux monarchies, comme celle de laisser un de mes enfans dans l'un des deux Royaumes, si le cas arrivait que je deusse choisir entre l'un des deux, et de le laisser absolument entre les mains de ses sujets, sans que je me meslasse en aucune manière de le gouverner, ny d'y mettre aucun des miens auprès de luy, c'est ce qui seroit le plus juste et qui conviendroit davantage à la France et à l'Espagne et cela ne s'éloigneroit point de l'idée des ennemys, puisque, comme ils consentent qu'une branche de la maison de France possède la couronne d'Espagne dans ma personne et dans celles de mes descendans, ils trouveroient les mêmes seuretés contre la réunion des deux monarchies sur la même tête en consentant qu'elles se divisassent sur celles de deux de mes enfans.

J'espère que vous voudrez bien faire attention à une chose aussi juste que celle-là, et aussi conforme à votre tendresse paternelle, pour tâcher d'y faire entrer les ennemis en leur faisant comprendre le peu de raisons qu'ils auroient à s'y opposer. Mais si, malgré cela, les Anglois, aveuglés d'asseurer dès à cette heure que les deux couronnes ne se puissent jamais réunir, persistent à demander, comme il y a beaucoup de fondement de le craindre, que je renonce à la succession de France et que la continuation de la guerre ou la conclusion de la paix en dépendent, malgré l'obligation ou je suis d'avoir égard au droit naturel et incontestable que nous avons, moi et mes descendans, à la succession des deux couronnes, considérant la malheureuse situation où la France se trouve et voulant faciliter la paix de l'Europe, achever une aussi sanglante guerre et faire voir ma reconnaissance a mes sujets, qui ont contribué, par leur fidélité et par tous les efforts qu'ils ont faits, à me maintenir sur le trône, enfin par la tendresse que j'ai pour vous, qui me feroit sacrifier encore plus, si cela etoit possible pour votre bonheur et votre repos, je suis déterminé au cas ou l'on ne trouvera d'autre expedient pour conclure la paix, à renoncer a la succession de la couronne de France, en la manière dont vous le jugerez le plus a propos; je prétends aussi qu'en consideration d'un si grand sacrifice, l'Angleterre me fasse trouver, à la paix, de plus grands avantages que ceux qu'elle me veut donner, et je le pretends comme une chose qu'ils me doivent, puisque, faisant autant que je fais pour les assurer contre ce qu'ils craignent, il est bien juste qu'ils fassent, de leur côté, pour moi ce qu'ils auraient dû faire sans cela.

Je demande donc, qu'outre l'Espagne, les Indes, la Sicile et les places que je possède actuellement dans la Toscane, on me rende le Royaume de Naples, la Sardaigne, l'Estat de Milan et les places de Toscane que les ennemys occupent, ou du moins le Royaume de Naples avec ses places, ou l'Estat de Milan. Il faudroit aussi tascher de me faire rendre Gibraltar ce qui seroit d'une grande conséquence pour moy et qui dépend uniquement des Anglois. Je ne doute pas que, vous donnant une grande marque de ma tendresse, vous ne vouliez bien faire de vostre costé tout ce qui vous sera possible pour me faire avoir les avantages que je demande, et j'espère que vous voudrez bien aussi tenir ma résolution secrète jusqu'à ce que vous vous soyez asseuré que les ennemys soyent entièrement déterminés à conclure la paix aux conditions que je viens de dire.

Je me flatte que vous reconnoitrez, et toute la France avec vous, par le parti que je prends, que je contribue de mon costé a la paix plus que personne au monde ne pourroit se l'imaginer et que je n'ai été, ni suis ni ne serai jamais cause des malheurs communs que nous avons essuyés dans cette guerre ou qui pourroient arriver. Comme M. de Monteleon sera bientôt à Paris, il vous expliquera de bouche et plus en long ma résolution et je vous prie de l'entendre. Il ne me reste plus qu'à répéter a Votre Majesté que mon plus grand plaisir est de luy prouver de plus en plus la tendresse respectueuse que j'ay pour Elle qui sera de mesme tout le temps de ma vie.

PHILIPPE.

XVIII

18 mai 1712.

Dépêche de Louis XIV au Marquis de Bonnac, son ambassadeur en Espagne.

Archives des Affaires Etrangères, Espagne, Tome 214, feuillets 19 et suivants.

M. le Marquis de Bonnac, La réponse que j'attendois de Londres est arrivée dans le temps que ma dépêche du 16 de ce mois vous devoit estre envoyée. Cette réponse éclaira les doutes que je pouvais avoir sur les intentions de l'Angleterre lorsqu'elle a demandé que le Roy d'Espagne fût obligé de choisir dès a présent de conserver ses droits sur ma succession ou de s'en tenir à la possession de l'Espagne et des

Indes, de déclarer son choix et de l'inserer dans le traité comme une condition dont toute l'Europe seroit garante.

Vous aurez vu par ma lettre du 28 avril que j'interpretai alors cette demande en faveur du Roy mon petit fils que dans la reponse faite par mes ordres aux ministres d'Angleterre il fut etably, comme un fait hors de doute, qu'il suffiroit que le Roy d'Espagne declarast son choix et que, s'il vouloit conserver les droits de sa naissance, il continueroit de regner en Espagne jusqu'à ce que les cas où ma succession seroit ouverte en sa faveur fussent arrivés.

Cette interprétation est absolument contraire au sens que l'Angleterre donne à la demande qu'elle m'a faite. Elle pretend que le Roy d'Espagne choisisse, ou de conserver ses droits sur ma succession, ou de conserver l'Espagne et les Indes. Mais elle veut que cette option soit immédiatement suivie de son effet de sorte que, s'il préfère les droits de sa naissance à la Couronne qu'il porte aujourd'hui, il soit obligé d'abandonner dans l'instant cette mesme Couronne et de venir dans mon Royaume attendre une succession incertaine. Voila l'explication d'une lettre que je voulois trouver douteuse, parceque son obscurité favorisoit les intérêts du Roy mon Petit-fils. Je pourrois dès a present donner aux Anglois la satisfaction qu'ils demandent et leur déclarer que le Roy catholique préfère la possession de l'Espagne et des Indes à toute autre consideration; qu'il veut bien, pour les conserver, renoncer pour jamais pour luy et pour ses descendans au droit de sa naissance. Mais une pareille décision est si importante, que, quoyque la conclusion de la paix soit absolument nécessaire, j'aime mieux la différer de quelque temps que de manquer à faire connoitre au Roy d'Espagne ce que je crois pouvoir faire encore pour ses interets et ceux de ses enfans. J'ay tellement rejeté la proposition qui m'avoit été faite d'obliger mon petit-fils à quitter l'Espagne et à revenir, auprès de moi, mener une vie privée dans l'attente incertaine d'une succession, s'il voulait conserver ses droits sur la mienne, que le gouvernement d'Angleterre s'est enfin déterminé à me proposer un moyen de faire regner le Roy Catholique et de lui conserver, en même temps, les droits de sa naissance. Les lettres venues de Londres contiennent une proposition nouvelle de laisser au Roy mon petit-fils le royaume de Sicile, d'y ajouter les Etats du duc de Savoye, c'est a dire le Piemont, les duchés de Savoye et de Montferrat avec le Comté de Nice et de ceder au duc de Savoye l'Espagne et les Indes. Cet échange est si peu proportionné que je comprends aisément que le premier mouvement du Roy, mon petit-fils, sera de le refuser. Il y a si peu de comparaison a faire entre une monarchie composée de l'Espagne et des Indes et les Estats du duc de Savoye, mesme augmentés du Royaume de Sicile, que la décision pour le choix sera bientôt fait si le Roy mon petit-fils renferme ses veues dans son estat present et s'il compare seulement la valeur de l'Estat qu'on luy offre avec celle de la couronne qu'on luy propose de céder; mais, s'il refléchit sur l'avenir, cette nouvelle proposition luy doit paroître préférable à la conservation de l'Espagne.....

XIX

Madrid, 29 mai 1712.

Lettre de Philippe V à Louis XIV.

Archives des Affaires Etrangères, Espagne, Tome 218, feuillet 255.

Madrid, 29 mai 1712.

Votre Majesté me donne tant de marques de l'amitié qu'elle veut bien avoir pour moi, dans les deux lettres que j'ai reçues d'elle du 16e et du 18e de ce mois, que je ne puis lui marquer a quel point j'y suis sensible. L'idée qu'elle me met devant les yeux, de pouvoir me retrouver auprès d'elle, serait bien flatteuse pour moi si je croyais pouvoir embrasser le nouveau parti que l'Angleterre me propose, mais trop de raisons s'y opposent pour que je puisse l'accepter. Il me semble qu'il est bien plus avantageux à la France qu'une branche de notre maison règne en Espagne que de mettre cette couronne sur la tête d'un prince de l'amitié duquel elle ne pourrait s'assurer et cet avantage me paraît bien plus considérable que l'incertitude de réunir un jour à la France la Savoie, le Piémont et le Montferrat. Je crois donc vous marquer mieux ma tendresse et à vos sujets en m'en tenant à la resolution que j'ai déjà prise qu'en suivant le nouveau plan projetté par l'Angleterre. Je donne par là également la paix à la France, je lui assure pour alliée une monarchie qui, sans cela, pourroit un jour, jointe à ses ennemis, lui faire beaucoup de peine et je suis en même temps le parti qui me paraît le plus convenable à ma gloire et au bien de mes sujets, qui ont si fort contribué par leur attachement et leur zèle à me maintenir la couronne sur la tête. Je prie Votre Majesté d'être bien persuadée qu'elle trouvera toujours en moi un petit-fils plein de toute la tendresse et de toute la reconnaissance possible pour elle et qui tâchera de mériter de plus en plus ses pretieuses bontés.

PHILIPPE.

XX

Madrid, 5 novembre 1712.

Acte solennel de renonciation du roi d'Espagne aux droits que lui confère sa naissance, pour lui et pour ses enfants, sur la succession éventuelle à la Couronne de France, afin d'obtenir la paix, malgré la lésion énorme et très énorme qui en résulte pour lui et pour eux.

Archives Nationales, Carton X[1B] 9009 : Parlement civil, lettres patentes août 1711-juillet 1713. Chemise « janvier à juillet 1713 ». Liasse de XXIII pièces cotées « patentes mars 1713 registrées ». Pièce XV, imprimé de 32 pages in-f°, de format in-4° dont le titre est « Lettres patentes du Roy, Qui admettent la renonciation du Roi d'Espagne à la Couronne de France, & celles de M. le Duc de Berry & de M. le Duc d'Orléans à la Couronne d'Espagne, Et qui révoquent les Lettres Patentes de Sa Majesté du mois de décembre 1700. Données à Versailles au mois de Mars 1713 & Registrées en Parlement. A Paris, Chez la Veuve François Muguet & Hubert Muguet, Premier Imprimeur du Roy, & de son Parlement, rue de la Harpe, aux trois Rois. MDCCXIII », aux pages 9-19 de cet imprimé. — Arch. des Aff. Étr., Espagne, t. 217, f°s 7 et suiv.

Don Philippe, par la grâce de Dieu Roy de Castille, de Leon, d'Aragon, des deux Siciles, de Jerusalem, de Navarre, de Grenade, de Tolede, de Valence, de Galice, de Majorque, de Seville, de Sardaigne, de Cordoue, de Corsegue, de Murcie, de Jaen, des Algarbes, d'Algezire, de Gibraltar, des Isles de Canarie, des Indes Orientales et Occidentales, des Isles et Terre ferme de la Mer Océane, Archiduc d'Autriche, Duc de Bourgogne, de Brabant et de Milan, Comte d'Abspurg, de Flandres, de Tirol, et de Barcelonne, Seigneur de Biscaye et de Molina, etc. Par la teneur et l'exposé de cet Acte de renonciation et de desistement, et afin que la mémoire en demeure à jamais, soit notoire et manifeste aux Rois, Princes, Potentats,

Don Phelipe por la gracia de Dios Rey de Castilla, de Leon, de Aragon, de las dos Sicilias, de Jerusalem, de Navarra, de Granada, de Toledo, de Valencia, de Galicia, de Mallorca, de Sevilla, de Zerdeña, de Cordoüa, de Corzega, de Murcia, de Jaen, de los Algarves, de Algecira, de Gibraltar, de las Islas de Canaria, de las Indias Orientales, y Occidentales, Islas, y tierra Firme del mar Oceano, Archiduque de Austria, Duque de Borgoña, de Bravante, y Milan, Conde de Abspurg, de Flandes, Tirol, y Barcelona, Señor de Vizcaya, y de Molina, & c. Por la relacion, y noticia de este instrumento, y escriptura de renunciacion, y desistimiento, y paraque quede en perpetua memoria, hago notorio, y manifiesto a los Reyes, Principes,

Républiques, Communautez et personnes particulières qui sont et qui seront dans les siècles à venir, que l'un des principaux fondemens des Traitez de Paix à faire entre la Couronne d'Espagne et celle de France d'une part, et celle d'Angleterre de l'autre, pour la cimenter et la rendre ferme et permanente, et pour parvenir à la Paix générale, etant d'assurer pour toujours le bien universel,et le repos de l'Europe, et d'établir un équilibre entre les Puissances, en sorte qu'il ne puisse pas arriver que plusieurs étant réunies en une seule, la balance de l'égalité qu'on veut assurer, panche à l'avantage de l'une de ces Puissances, au risque et dommage des autres, il a été proposé et fait instance par l'Angleterre, et il a été convenu de ma part et de celle du Roi mon grand Père, que pour éviter en quelque tems que ce soit, l'union de cette Monarchie à celle de France, et pour empêcher qu'elle ne puisse arriver en aucun cas il se fit des renonciations reciproques pour moi et tous mes descendans à la succession de la Monarchie de France, le cas avenant, et de la part des Princes de France et de toute leur ligne présente et à venir, à la succession de la Monarchie d'Espagne, faisant réciproquement une abdication volontaire de tous les droits que les deux Maisons Roïales d'Espagne et de France pourroient avoir de se succéder mutuellement, sépa-

Potentados, Republicas, Comunidades, y personas particulares que son, y fueren en los siglos venideros, que siendo uno de los principales supuestos de los Tratados de Pazes pendientes entre la Corona de España, y la de Francia con la de Inglaterra, para cimientarla firme, y permanente, y proceder a la general, sobre la maxima de asegurar con perpetuidad el universal bien, y quietud de la Europa en un equilibrio de potencias, de suerte que unidas muchas en una, no declinase la valanza de la deseada ygualdad en vantaja de una, a peligro, y recelo de las demas: se propuso, y insto por la Inglaterra, y se combino por mi parte, y la del Rey mi abuelo, que para evitar en qualquiera tiempo la union de esta Monarchia, y la de Francia, y la posibilitad de que en ningun caso subcediese: se hisiesen reciprocas renuncias, por mi, y toda mi descendencia, a la subcesion posible de la Monarchia de Francia, y por la de aquellos Principes, y de todas sus lineas existentes, y futuras, a la de esta Monarchia, formando una relacion decorosa de abdicacion de todos los derechos, que pudieren asertarse, para subcederse mutuamente las dos casas reales de esta, y de aquella Monarchia, separando con los medios legales de mi renuncia, mi rama del tronco real de Francia, y todas las ramas de la de Francia de la troncal derivacion de la sangre real Española: previnien-

rant par les moïens justes de ma renonciation, ma branche, de la tige Roïale de France, et toutes les branches de France de la tige du sang Roïal d'Espagne, prenant aussi des mesures, suivant la maxime fondamentale et perpétuelle de l'équilibre des Puissances de l'Europe, afin que pendant qu'il est établi et justifié par cet acte que l'on évite en tous les cas imaginables l'union de la Monarchie d'Espagne avec celle de France, l'on prévienne l'inconvénient qui arriveroit, si au défaut de ma descendance le cas avenoit que la Monarchie d'Espagne pût retomber à la Maison d'Autriche, dont les États et leurs dépendances, même sans l'union de l'Empire, la rendroient formidable, motif qui a donné lieu, avec raison, en d'autres tems, à la séparation des États héréditaires de la Maison d'Autriche, du Corps de la Monarchie Espagnole; Pour cet effet il a été convenu et accordé par l'Angleterre, avec moi et avec le Roi mon grand père, qu'a mon défaut et à celui de mes descendans, le Duc de Savoye seroit appellé à la succession de cette Monarchie, lui, ses enfans et descendans mâles, nez en légitime mariage, et au défaut de ces lignes masculines, le Prince Amédée de Carignan, et ses Enfans et descendans mâles nez en légitime mariage : et au défaut de ses lignes, le Prince Thomas, frère du Prince de Carignan, ses Enfans et des-

dose assi mismo, en consequencia de la maxima fondamental, y perpetua del equilibrio de las potencias de Europa, el que assi como este persuade, y justifica evitar en todos casos excogitables la union de la Monarchia de España con la de Francia, se precaucionasse el incombeniente, de que en falta de mi descendencia se diese el caso de que esta Monarchia pudiese recaer en la casa de Austria, cuyos dominios, y adherencias, aun sin la union del Imperio, la haria formidable : motivo que hizo plausible en otros tiempos, la separacion de los Estados hereditarios de la casa de Austria del cuerpo de la Monarchia Española Combiniendose y ajustandose a este fin por la Inglaterra con migo, y con el Rey mi abuelo, que en falta mia, y de mi descendencia, entre en la subcesion de esta Monarchia el Duque de Savoya, y sus hijos, y descendientes masculinos nacidos en constante legitimo matrimonio : y en defecto de sus lineas masculinas, el Principe Amedeo de Cariñan, y sus hijos descendientes masculinos nacidos en constante legitimo matrimonio : y en defecto de sus lineas el Principe Thomas Hermano del Principe de Cariñan, sus hijos, y descendientes masculinos nacidos en constante legitimo matrimonio, que por descendientes de la Infante Doña Cathalina hija del Señor Phelipe segundo, y llamamientos expresos, tienen derecho claro, y co-

cendans mâles, nez en légitime mariage, qui, comme descendans de l'Infante Catherine, fille de Philippe II, et étant expressement appellez, ont un droit clair et connu, supposant l'amitié et l'alliance perpétuelle que le Duc de Savoye et ses descendans doivent rechercher et entretenir avec cette Couronne, et l'on doit croire qu'avec cette espérance perpétuelle et continuelle, il sera le centre invariable de la balance qui assure volontairement l'équilibre entre toutes les Puissances fatiguées de la guerre et de l'incertitude de ses événemens, et il ne sera au pouvoir d'aucune des parties d'altérer cet équilibre par aucun contract de renonciation ni de retrocession, puique la même raison qui porte à établir cet équilibre doit le rendre permanent, formant une constitution fondamentale qui règle par une loy inaltérable la succession pour l'avenir : J'ai résolu en conséquence de ce qui est ci-dessus exposé, par l'amour que j'ai pour les Espagnols, par la connoissance que j'ai de ce que je dois au leur, par les fréquentes expériences que j'ai faites de leur fidélité, et pour rendre grâces à la divine Providence, avec une entière résignation à ses volontez, de la grande faveur qu'elle m'a faite, en me plaçant et en me maintenant sur le Trone, et en m'élevant sur tant d'illustres sujets qui m'ont si bien servi, d'abdiquer pour moi et pour tous mes descendans le

nocido, supuesta la amistad, y perpetua alianza que se deve solicitar, y conseguir del Duque de Savoya, y su descendencia con esta Corona, deviendose creer, que con esta esperanza perpetua, y incesible, sea el fiel invariable de la valanza, en que amistosamente se equilibren todas las potencias fatigadas del sudor, y incertitudumbre de las batallas, no quedando algun arbitrio a ninguna de las partes para alterar este equilibrio federal por via de ningun contrato de renuncia, ni retrocesion, pues convence la razon de su permanencia, la que motiva el admitirle, formandose una constitucion fundamental que regle con ley inalterable la subcesion en lo porvenir. He deliberado en consequencia de lo referido, y por el amor a los Españoles, y conocimiento de lo que al suyo devo, y las repetidas experiencias de su fidelidad, y por retribuir a la divina providencia, con la resignacion a su destino, el gran beneficio de haverme colocado, y mantenido en el Trono de tan Ilustres, y benemeritos vazallos, el abdicar por mi, y todos mis descendientes, el derecho de subceder en la Corona de Francia, deseando no apartarme de vivir, y morir con mis amados, y fieles Españoles, dejando a toda mi descendencia el vinculo inseparable de su fidelidad, y amor : y paraque esta deliveracion tenga el devido efecto, y cese el que se ha considerado uno de los princi-

droit de succéder à la Couronne de France, desirant de vivre et de mourir avec mes aimez et fidèles Espagnols, laissant à toute ma descendance le lien inséparable de leur fidélité et de leur amour : afin que cette délibération ait l'effet qu'elle doit avoir, et pour faire cesser ce qui a été considéré comme un des principaux motifs de la Guerre, qui a jusqu'à présent affligé l'Europe de mon propre mouvement, de ma libre, franche et pure volonté, moi DON PHILIPPE par la grâce de Dieu Roi de Castille, de Léon, d'Aragon, des deux Siciles, de Jérusalem, de Navarre, de Grenade, de Tolede, de Valence, de Galice, de Majorque, de Seville, de Sardaigne, de Cordoue, de Corsegue, de Murcie, de Jaen, des Algarbes, d'Algezire, de Gibraltar, des Isles de Canarie, des Indes Orientales et Occidentales, des Isles et Terre Ferme de la Mer Océane, Archiduc d'Autriche, Duc de Bourgogne, de Braban et de Milan, Comte d'Abspurg, de Flandres, de Tyrol et de Barcelonne, Seigneur de Biscaye, et de Molina etc. Je renonce par le présent acte pour toujours et à jamais, pour moi-même, et pour mes héritiers et successeurs, à toutes prétentions, droits et titres que moi ou quelqu'autre de mes descendans que ce soit, aie dès-à-présent, ou puisse avoir en quelque tems que ce puisse être à l'avenir, à la succession de la Couronne de France, je les aban-

pales motivos de la guerra, que hasta aqui ha afligido a la Europa : de mi *proprio motu*, libre, expontanea, y grata voluntad, YO, Don Phelipe por la gracia de Dios Rey de Castilla, de Leon, de Aragon, de las dos Sicilias, de Hierusalem, de Navarra, de Granada, de Toledo, de Valencia, de Galicia, de Mallorca, de Sevilla, de Zerdeña, de Cordoüa, de Corzega, de Murcia, de Jaen, de los Algarves, de Algezira, de Gibraltar, de las Islas de Canaria, de las Indias Orientales y Occidentales, Islas y tierra firme del Mar Oceano, Archiduque de Austria, Duque de Borgoña, de Bravante, y Milan, Conde de Abspurg, de Flandes, Tirol y Barcelona, Señor de Vizcaya, y de Molina & c. por el presente instrumento, por mi mismo, por mis herederos, y subcesores, renuncio, abandono, y me desisto para siempre jamas, de todas pretenciones, derechos, y titulos, que yo, o qualquiera descendiente mio, haya desde ahora, o pueda haver en qualquiera tiempo que subceda en lo futuro a la subcesion de la Corona de Francia y me declaro, y he por excluido, y apartado, yo, y mis hijos herederos, y descendientes perpetuamente por excluidos, e inabilitados absolutamente, y sin limitacion, diferencia, y distincion de personas, grados, sexos, y tiempos, de la accion, y derecho de succeder en la Corona de Francia : y quiero, y consiento por mi, y los

donne et m'en desiste pour moi et pour eux, et je me déclare et me tiens pour exclus et séparé, moi et mes enfants, héritiers et descendans perpétuellement pour exclus et inhabiles, absolument et sans limitation, différence ni distinction de personnes, de degrez, sexe et tems, de l'action et du du droit de succéder à la Couronne de France : et je veux et consens pour moi et mesdits descendans que dès-à-présent comme alors, moi et mes descendans étant exclus, inhabiles et incapables, l'on regarde ce droit comme passé et transféré à celui qui se trouvera suivre en degré immédiat au Roi, par la mort duquel la vacance arrivera, et auquel successeur immédiat on déférera la succession de ladite Couronne de France, en quelque tems et en quelque cas que ce soit, afin qu'il l'ait et la possède comme légitime et véritable Successeur, de même que si moi et mes descendans n'eussions pas été nez, ni ne fussions pas au monde, parce que nous devons être tenus et réputez pour tels, afin qu'en ma personne ni en celle de mes descendans, on ne puisse considérer ni faire fondement de représentation active ou passive, commencement ou continuation de ligne effective ou contentive de substance, de Sang, ou de qualité, ni dériver la descendance, ou compter les degrez des personnes du Roi Très-Chrétien, Monseigneur et grand Père, ni

dichos mis descendientes, que desde ahora, para entonzes, se tenga por pasado, y transferido en aquel, que por estar yo, y ellos excluidos; inabilitados, y incapaces, se hallare siguiente en grado, e inmediato al Rey por cuya muerte vacare, y se huviere de regular y diferir la subcesion de la dicha Corona de Francia en qualquier tiempo, y caso, paraque la haya, y tenga, como legitimo, y verdadero subcessor, asi como si yo, y mis descendientes, no huvieramos nacido, ni fuessemos en el mundo, porque por tales hemos de ser tenidos, y reputados, paraque en mi persona, y la de ellos, no se pueda considerar, ni hazer fundamento de representacion activa, o pasiva, principio, o continuacion de linea efectiva, o contemptiva de substancia, sangre, o calidad, ni deribar la descendencia, o computacion de grados de las personas del Rey Christianissimo mi Señor y mi Abuelo, ni del Señor Delphin mi padre, ni de los gloriosos Reyes sus progenitores, ni para otro algun efecto, de entrar en la subcesion, ni preocupar el grado de proximidad, y excluirle de el a la persona que, como dicho es, se hallare siguiente en grado. Yo quiero, y consiento por mi mismo, y por mis descendientes, que desde ahora, como entonces, sea mirado, y considerado este derecho, como pasado, y trasladado al Duque de Berry mi hermano, y a sus hijos, y descen-

du Seigneur Dauphin mon père, ni des glorieux Rois leurs ancêtres, ni par aucun autre effet, entrer en la succession, ni prendre le degré de proximité, et en exclure la personne, qui, comme il est dit, suivra en degré. Je veux et consens pour moi-même et pour mes descendans, que dès-à-présent, comme alors, ce droit soit regardé et considéré comme passé et transféré au Duc de Berry mon Frère, et à ses Enfans et descendans mâles, nez en légitime mariage, et au défaut de ses lignes masculines, au Duc d'Orléans mon Oncle, et à ses Enfans et descendans mâles, nez en légitime mariage, et au défaut de ses lignes, à mon Cousin le Duc de Bourbon, et à ses Enfans et descendans mâles, nez en légitime mariage, et ainsi successivement à tous les Princes du Sang de France, leurs Enfans et descendans mâles, pour toujours et à jamais, selon le rang et l'ordre dans lequel ils seront appellez à la Couronne par le droit de leur naissance, et par conséquent à celui desdits Princes, qui, comme il est dit, moi et tous mesdits descendans étans exclus, inhabiles et incapables, se pourra trouver le plus proche en degré immédiat du Roi, par la mort duquel arrivera la vacance de la Couronne de France, et à qui devra appartenir la succession, en quelque tems et en quelque cas que ce puisse être, afin qu'il la possède comme véritable et légitime

dientes masculinos nacidos en constante legitimo matrimonio : y en defecto de sus lineas masculinas, al Duque de Orleans mi tio, y a sus hijos, y descendientes masculinos nacidos en constante legitimo matrimonio, y en defecto de sus lineas, al Duque de Borbon mi Primo, y a sus hijos, y descendientes masculinos nacidos en constante legitimo matrimonio, y asi subcesivamente a todos los Principes de la sangre de Francia, sus hijos, y descendientes masculinos para siempre jamas, segun la colocacion, y la orden con que ellos fueren llamados a la Corona por el derecho de su nacimiento, y por consequencia a aquel de los dichos Principes, que (siendo, como dicho es, yo, y todos mis dichos descendientes excluidos, inabilitados, e incapaces) se pudiere hallar mas cercano en grado immediato despues de aquel Rey, por la muerte del qual, subcediere la vacante de la Corona de Francia, y a quien deviere pertenecer la subcesion en qualquiera tiempo, y en qualquiera caso que pueda ser, paraque el la posea como subcesor legitimo, y verdadero, de la misma manera que si yo, y mis descendientes no huvieramos nacido. Y en consideracion de la mayor firmeza del acto de abdicacion de todos los derechos, y titulos que me asistian a mi, y a todos mis hijos, y descendientes para la subcesion de la referida Corona de Francia, me aparto, y

successeur, de la même manière que si moi et mes descendans nous n'étions point nez. Et pour plus grande stabilité de l'Acte d'abdication de tous les droits et Titres qui m'appartiennent et à tous mes Enfans et descendans à la succession de ladite Couronne de France, je me dépouille et désiste spécialement des droits qui pourroient m'appartenir par les Lettres Patentes ou Actes, par lesquels le Roi mon Grand Père me conserve, me réserve, et habilite, le droit de succession à la Couronne de France, lesquelles Lettres Patentes furent données à Versailles au mois de Décembre de l'année 1700. Et passées, approuvées et enregistrées au Parlement : Je veux qu'elles ne me puissent servir de fondement pour les effets qui y sont prévus : Je les rejette et y renonce, et les regarde comme nulles, d'aucune valeur, comme cancellées et comme si jamais elles n'avoient été données, je promets et m'oblige, en foy et parole de Roi, que de ma part et de celle de mesdits Enfans et descendans nez et à naitre, je procureray l'observation et l'accomplissement de cet Acte, sans permettre ni consentir qu'il y soit contrevenu directement, indirectement, en tout ou en partie, et je me desiste et sépare de tous et chacun les moïens connus et inconnus, ordinaires ou extraordinaires, et qui de droit commun ou par privliège spécial peuvent nous appartenir à moi

desisto expecialmente del que pudo sobrevenir a los derechos de naturaleza, por las letras patentes o instrumento por el qual el Rey mi Abuelo me conservo, reservo, y havilito el derecho de subcesion a la Corona de Francia, cuyo instrumento fuè despachado en Versalles en el mes de Diziembre del año de 1700, y pasado, aprovado, y registrado por el Parlamento : y quiero que no me pueda servir de fundamento para los efectos en el prevenidos, y le refuto, y renuncio, y le doy por nullo, irrito, y de ningun valor, y por cancelado, y como si tal instrumento no se huviesse executado : y prometo, y me obligo en fè de palabra real, que en quanto fuere de mi parte, y de los dichos mis hijos, y descendientes, que son, y seran, procurarè la observancia, y cumplimiento de esta escriptura, sin permitir, ni consentir, que se vaya, o venga contra ello directe, o indirecte, en todo, o en parte, y me desisto, y aparto de todos, y qualesquiera remedios, savidos, o ignorados, ordinarios, o extraordinarios, y que por derecho comun, o privilegio especial, nos puedan pertenecer a mi, y a mis hijos, y descendientes, para reclamar, decir, y alegar contra lo suso dicho, y todos ellos los renuncio, y expecialmente el de la lezion evidente, enorme, y enormissima que se pueda considerar haver inter-

et à mes Enfans et descendans pour réclamer, dire et alléguer contre ce qui est ci-dessus dit : je renonce à tous lesdits moïens, et spécialement à celui de la lesion évidente énorme et très énorme que l'on pourroit trouver dans le desistement et dans la renonciation du droit de pouvoir en aucun tems succéder à ladite Couronne et je veux qu'aucun desdits moïens ni autres de quelque nom, ministère, importance, ou qualité qu'ils soient, ne nous serve, ne nous puisse valoir, et si de fait, ou sous quelque pretexte, nous voulions nous emparer dudit Roïaume par la force des Armes, faisant ou excitant une guerre offensive ou défensive, je veux dès-à-présent comme alors qu'elle soit tenue, jugée et déclarée pour illicite, injuste, mal entreprise et pour violence, invasion et usurpation faite contre la raison et contre la conscience, et qu'au contraire l'on juge et qualifie pour juste, licite et permise celle qui sera faite ou excitée par celui qui au moïen de mon exclusion et de celle de mesdits enfans et descendans, devra succéder à ladite Couronne de France, que ses Sujets et naturels ayent à le recevoir, à lui obéir, à lui prêter le serment et hommage de fidélité, comme à leur Roi et Seigneur légitime, et à le servir, et ce désistement et renonciation pour moi et mesdits Enfans et descendans, doit être ferme, stable, valide et irrévocable, perpétuellement et

venido en la desistencia, y renunciacion del derecho de poder en algun tiempo subceder en la referida Corona : y quiero que ninguno de los referidos remedios, ni otros de qualquier nombre, y ministerio, importancia, y calidad que sean, nos valgan, ni nos puedan valer : y si de hecho, o con algun color, quisieremos ocupar el dicho Reyno por fuerza de armas, haciendo, o moviendo guerra ofensiva, ù defensiva : desde ahora para entonces se tenga, juzgue, y declare por illicita, injusta, y mal atentada, y por violencia, imbasion, y usurpacion hecha contra razon, y conciencia, y por el contrario se juzgue, y califique por justa, licita, y permitida, la que se hiciere, o moviere por el que por mi exclusion, y de los dichos mis hijos, y descendientes deviere subceder en la dicha Corona de Francia, al qual sus subditos, y naturales le hayan de acoger, y obedecer, hazer, y prestar el juramento, y omenage de fidelidad, y servir le, como a su Rey, y Señor legitimo. Y este desistimiento, y renunciacion por mi, y los dichos mis hijos, y descendientes, ha de ser firme, estable, valida, e irrevocable perpetuamente para siempre jamas : y digo, y prometo, que no he hecho, ni harè protextacion, o reclamacion en publico, o en secreto, en contrario, que pueda impedir, o disminuir la fuerza de lo contenido en esta escriptura, y que si la hiziere, aunque sea jura-

à jamais, et je dis et promets que je n'ai point fait et que je ne ferait point au contraire de protestation, ou de réclamation, en public ou en secret, qui puisse empêcher ou diminuer la force de ce qui est contenu en cet Acte et que, si j'en faisois, encore que ce fût avec serment, elle ne vaudra ni ne pourra avoir de force : et pour plus grande stabilité et sureté de ce qui est contenu en cette renonciation, et de ce qui y est statué et promis de ma part, j'engage de nouveau ma foi et parole Roïale, et je jure solemnellement par les Évangiles contenus en ce Missel, sur lequel je pose la main droite, que j'observerai, maintiendrai et accomplirai, le présent Écrit et Acte de renonciation, tant pour moi que pour tous mes successeurs, héritiers et descendans, dans toutes les clauses qui y sont contenues selon le sens et la construction le plus naturel, le plus littéral et le plus évident, que je n'ai point demandé, ni ne demanderai point d'être relevé de ce serment, et que si quelque personne particulière le demandoit, ou que si cette dispense m'étoit donnée *motu proprio* je ne m'en servirai, ni ne m'en prévaudrai, mais plutôt en ce cas, je fais un autre serment tel qu'il soit et demeure entier, nonobstant toutes dispenses qui m'auroient été accordées. Et je passe cet Acte devant le present Secrétaire et Notaire de ce Roïaume, et je le signe et ordonne qu'il soit

da, no valga, ni pueda tener fuerza : y para mayor firmeza, y seguridad de lo contenido en esta renuncia, y de lo dicho, y prometido por mi parte en ella, empeño de nuevo mi fè, y palabra real, y juro solemnemente por los Evangelios contenidos en este Misal, sobre que pongo la mano derecha, que yo observarè, mantendrè, y cumpliré este acto, y instrumento de renunciacion, tanto por mi, como por todos mis succesores, herederos, y descendientes en todas las clausulas en el contenidas, segun el sentido, y construccion mas natural, literal, y evidente, y que de este juramento, no he pedido, ni pedirè relaxacion, y que si la pidiere por alguna persona particular, o se concediere *motu proprio*, no usarè, ni me valdrè de ella; antes para en caso que se me conceda, hago otro tal juramento, para que siempre aya, y quede uno sobre todas las relaxaciones que me fuesen concedidas: y otorgo esta escriptura ante el presente Secretario, Notario de este mi Reyno, y lo firmè y mandè sellar con mi real sello, siendo testigos prevenidos, y llamados, el Cardenal Don Francisco de Judize Inquisidor general, y Arzobispo de Montreal, de mi Consejo de Estado, Don Joseph Frz de Velasco, y Tobar Condestable de Castilla, Duque de Frias. Gentilhombre de mi camara, mi Mayordomo-Mayor, Copero mayor, y Cazador mayor,

scellé de mon Scel roïal, étans témoins requis et appellez, le Cardinal Don Francisco de Judice, Inquisiteur Général et Archevêque de Montréal, de mon Conseil d'État. Don Joseph Fri de Velasco et Tobar Connestable de Castille, Duc de Fria, Gentilhomme de ma Chambre, mon Majordome-Major, Grand Sommellier et grand Veneur : Don Juan Claros Alonso Perez de Guzman et Bueno Duc de Medinasidonia, Chevalier de l'Ordre du Saint Esprit, mon grand Écuyer; Gentil-homme de ma Chambre et de mon Conseil d'État. Don Francisco Andres de Venavides Comte de Santistevan de mon Conseil d'État et Majordome-Major de la Reyne. Don Carlos Homodeï Lasso de la Vega, Marquis d'Almonacir et Comte de Casapalma, Gentilhomme de ma Chambre, de mon Conseil d'État et grand Écuyer de la Reyne. Don Restaino Cantelmo Duc de Popoli, Chevalier de l'Ordre du Saint Esprit, Gentilhomme de ma Chambre et Capitaine de mes Gardes du Corps Italiennes. Don Fernando d'Aragon y Moncada, Duc de Montalte, Marquis de Los Velez, Commandeur de Silla y Benasul dans l'ordre de Montessa, Gentilhomme de ma Chambre et de mon Conseil d'État, Don Antonio Sevastian de Toledo, Marquis de Mancera, Gentilhomme de ma Chambre, de mon Conseil d'état et Président du Conseil d'Italie, Don Juan

Don Juan Claros Alonzo Perez de Guzman el Bueno Duque de Medina Sidonia, Cavallero del orden de sancto Spiritu, mi Cavallerizo mayor, Gentilhombre de mi camara, y de mi Consejo de Estado, Don Francisco Andrez de Venavides, Conde de Santistevan de mi Consejo de Estado, y Mayordomo-Mayor de la Reyna, Don Carlos Homodei Lasso de la Vega, Marquez de Almonacir, y Conde de Casa palma, Gentilhombre de mi camara, de mi Consejo de Estado, y Cavallerizo-mayor de la Reyna, Don Restaino Cantelmo Duque de Populi, Cavallero de la orden de santo Spiritu, Gentilhombre de mi camera, y Capitan de mis Guardias de Corps Italianas, Don Fernando de Aragon y Moncada, Duque de Montalto, Marquez de los Velez, Comendador de Silla y Benaful en la orden de Montessa, Gentilhombre de mi camara, y de mi consejo de Estado. Don Antonio Sevastian de Toledo, Marquez de Mancera, Gentilhombre de mi camara, de mi consejo de Estado, y Presidente del de Italia, Don Juan Domingo de Haro, y Guzman, Comendador mayor en la orden de Santiago, de mi Consejo de Estado, Don Juachin Ponze de Leon, Duque de Arcos, Gentilhombre de mi camara, Comendador mayor en la orden de Calatrava, de mi consejo de Estado, Don Domingo de Judize, Duque de Jovenazo, de mi Consejo

Domingo de Haro y Guzman, Grand Commandeur de l'ordre de Saint Jacques, de mon Conseil d'Estat. Don Juachin Ponze de Leon, Duc d'Arcos, Gentil-homme de ma Chambre, Grand Commandeur de l'Ordre de Calatrava, de mon Conseil d'Estat. Don Domingo de Judice, Duc de Jovenazo, de mon Conseil d'Estat. Don Manuel Coloma Marquis de Canales, Gentilhomme de ma Chambre, de mon Conseil d'Estat, et Capitaine général de l'Artillerie d'Espagne. Don Joseph de Solis, Duc de Montellano, de mon Conseil d'Estat. Don Rodrigo Manuel Manrique de Lara Comte de Frigiliana, Gentilhomme de ma Chambre, de mon Conseil d'Estat, et Président du Conseil des Indes. Don Isidro de la Cueva, Marquis de Bedmar, Chevalier de l'ordre du Saint Esprit, Gentilhomme de ma Chambre, de mon Conseil d'Estat, Président du Conseil des Ordres, et premier Ministre de la Guerre. Don Francisco Ronquillo Briseno, comte de Gramedo, Gouverneur de mon Conseil de Castille. Don Lorenzo Armangual Évêque de Girone de mon Conseil, et Chambre de Castille, et Gouverneur du Conseil de Finances. Don Carlos Borja y Centellas, Patriarche des Indes de mon Conseil des Ordres, mon Grand Aumonier et Vicaire General de mes Armées. Don Martin de Guzman, Marquis de Montealegre, Gentilhomme de ma Chambre, et Capitaine de ma Garde des

de Estado, Don Manuel Coloma, Marquez de Canales, Gentilhombre de mi Camara, de mi Consejo de Estado, y Capitan General de la Artilleria de España, Don Joseph de Solis, Duque de Montellano, de mi Consejo de Estado, Don Rodrigo Manuel Manrique de Lara, Conde de Frigiliana, Gentilhombre de mi camara, de mi Consejo de Estado, y Presidente del de Indias, Don Isidro de la Cueva, Marquez de Bedmar, Cavallero de la orden de santo Spiritu, Gentilhombre de mi camara, de mi Consejo de Estado, Presidente del de Ordones, y primer Ministro de la Guerra, Don Francisco Ronquillo Brizeño, Conde de Gramedo, Govenador de mi Consejo de Castilla, Don Lorenzo Armangual Obispo de Girunda, de mi Consejo, y camera de Castilla, y Governador del de Hazienda, Don Carlos de Borja, y Cantellas, Patriarcha de las Indias, de mi Consejo de las ordenes, mi Capellan, y Limosnero mayor, y Vicario general de mis Exercitos, Don Martin de Guzman, Marquez de Montealegre, Gentilhombre de mi camara, y Capitan de mi Guardia de Alavarderos, Don Pedro de Toledo Sarmiento, Conde de Gondomar, de mi Consejo, y camara de Castilla, Don Francisco Rodriguez de Mendarosqueta, Comissario general de Cruzada, y Don Melchor de Avellaneda, Marquez de Valdecañas, de mi Consejo de Guerra

Allebardiers. Don Pedro de Toledo Sarmiendo, Comte de Gondomar de mon Conseil, et Chambre de Castille. Don Francisco Rodriguez de Mendarosqueta, Commissaire General de la Creuzade. Et Don Melchor de Abellaneda, Marquis de Valdecanas, de mon Conseil de Guerre, et Directeur General de l'Infanterie d'Espagne : MOY LE ROY.

y Director general de la Infanteria de España :

YO EL REY.

Moy Don Manuel de Vadillo y Velasco, Chevalier de l'ordre de Saint Jacques, Commandeur de Pozuelo, de celuy de Calatrava, Secretaire d'Estat de sa Majesté, Notaire et Ecrivain public en ses Royaumes et Seigneuries, qui ay été présent à la stipulation, et à tout ce qui est cy-dessus contenu. Je le certifie et, en témoignage de vérité, je l'ay signé de mon nom. A Madrid le cinquième Novembre mil sept cens douze.

DON MANUEL VADILLO Y VELASCO.

Yo Don Manuel de Vadillo, y Velasco, Cavallero de la orden de Santiago, Comendador de Pozuelo en la de Calatrava, Secretario de Estado de su Mayestad, Notario y Escrivano publico en sus Reynos, y Señorias, que presente fui al otorgamiento, y todo lo-demas de suso contenido, doy fee de ello : y en testimonio de Verdad lo signè, y firmè de mi nombre en Madrid à cinco de Noviembre de mil setecientos y dose.

D. MANUEL DE VADILLO Y VELASCO.

LE ROI,

Comme le 5 Novembre de la présente année 1712, j'ai passé, juré et signé par devant Don Manuel Vadillo y Velasco, mon Secretaïre d'État et grand Notaire des Roïaumes de Castille et de Léon et en présence des témoins l'acte public dont la teneur s'ensuit mot à mot : (1)

. . . .

EL REY

Por quanto en cinco de Noviembre de este año de mil setecientos y doze, ante Don Manuel de Vadillo y Velasco mi Secretario de Estado y Notario Mayor de los Reynos de Castilla y Leon y testigos, otorguè, jurè y firmè el instrumento publico del tenor siguiente, que a la letra es como se sigue :

. . . .

(1) Suit la teneur de l'acte précédent du 5 novembre.

C'est pourquoi par la considération des convenances, dont il est fait mention dans ledit Acte ici inséré, et afin qu'il paroisse autentiquement à toutes les parties où il conviendra, et qui prétendent se prévaloir de ce qui y est contenu, aussi bien que pour tous les effets qui doivent avoir lieu en droit, et qui peuvent deriver de sa stipulation, sous les clauses, conditions et suppositions qui y sont contenues : j'ai ordonné l'expédition de la Présente, signée de ma main : scellée du Sceau de mes Armes Royales, et contresignée de mon Secrétaire d'Estat et grand Notaire de ces Royaumes. A Buenretiro le sept novembre mil sept cens douze.

Signé : MOY LE ROY.

et plus bas :

MANUEL VADILLO Y VELASCO.

Por tanto para el resguardo de los combenios federales de que se hace mencion en el dicho instrumento aqui inserto, y para que conste authenticamente à todas las partes donde combenga, y pretendan valerse de su contenido, y para todos los effectos que huviere lugar en derecho y puedan derivarse de su otorgamiento devajo de las clausulas, condiciones, y supuestos en el contenidos, mandè despachar la presente firmada de mi mano, Sellada con el sello de mis Reales armas y refrendada de mi infrascripto Secretario de Estado, y Notario mayor de estos Reynos. En Buen-retiro a siete de Noviembre de mil setecientos y doze.

YO EL REY.

(L. S.)

MANUEL DE VADILLO Y VELASCO.

Luë & publiée, l'Audience tenant, & registrée au Greffe de la Cour, oüy & ce requerant le Procureur General du Roy, pour estre exécutée selon sa forme & teneur, suivant & conformément aux Arrests de ce jour. A Paris en Parlement le 15. Mars mil sept cens treize.

Signé : DONGOIS.

XXI

Paris, 19 novembre 1712.

Acte de renonciation de Philippe, Duc d'Orléans à la couronne d'Espagne.

Archives nationales, Carton X[1B] 9009 : Parlement civil, Lettres patentes août 1711-juillet 1713. Chemise « janvier à juillet 1713 ». Liasse de XXIII pièces cotée : « patentes mars 1713 registrées ». Pièce XV. Imprimé de 32 pages in-f°, de format in-4° dont le titre est : « Lettres Patentes du Roy,Qui admettent la renonciation du Roi d'Espagne à la Couronne de France, & celles de M. le Duc de Berry & de M. le Duc d'Orléans à la Couronne d'Espagne. Et qui révoquent les Lettres Patentes de Sa Majesté du mois de décembre 1700. Données à Versailles au mois de Mars 1713 & Registrées en Parlement. A Paris, Chez la Veuve François Muguet & Hubert Muguet, Premier Imprimeur du Roy, & de son Parlement, rue de la Harpe, aux trois Rois. MDCCXIII », aux pages 25-28 de cet imprimé.

PHILIPPE, PETIT-FILS DE FRANCE, DUC D'ORLÉANS, DE VALOIS, CHARTRES ET DE NEMOURS : A tous Rois, Princes, Republiques, Potentats, Communautez, & à toutes personnes, tant présentes que futures, faisons sçavoir par ces Présentes, que la crainte de l'union des Couronnes de France & d'Espagne, ayant été le principal motif de la présente Guerre, et les autres Puissances de l'Europe ayant toujours appréhendé que ces deux Couronnes ne fussent sur une même tête, on a posé pour fondement de la Paix que l'on traite présentement & qu'on espère cimenter de plus en plus, pour le repos de tant d'Estats qui se sont sacrifiez comme autant de victimes, pour s'opposer aux périls dont ils se croyoient menacez, qu'il falloit établir une espèce d'égalité et d'équilibre entre les Princes qui étoient en dispute, & séparer pour toujours, d'une manière irrévocable, les droits qu'ils prétendent avoir, & qu'ils défendoient les armes à la main, avec un carnage reciproque de part & d'autre.

Que dans la vue d'établir cette égalité, la Reine de la Grande Bretagne a proposé, & sur ses instances, il a été convenu par le Roy notre trés honoré Seigneur & Oncle, & par le Roy Catholique notre tres-cher Neveu, que pour éviter, en quelque temps que ce soit, l'union des Couronnes de France et d'Espagne, il seroit fait des renonciations reciproques : Sçavoir par le Roy Catholique Philippe V notre neveu, pour luy & pour tous ses descendans, à la succession de la Couronne de France, comme aussi par Monsieur le Duc de Berry, notre trés cher Neveu, & par Nous, pour Nous & pour tous nos descendans, à la

Couronne d'Espagne, à condition aussi, que la Maison d'Autriche, ni aucun de ses descendans, ne pourront succeder à la Couronne d'Espagne, parce que cette Maison, même sans l'union de l'Empire, seroit formidable, si elle ajoutoit une nouvelle puissance à ses anciens Domaines, & par conséquent cet équilibre qu'on veut établir pour le bien de tous les Princes et Etats de l'Europe cesseroit. Or il est certain que sans cet équilibre, les Etats souffrent du poids de leur propre grandeur, ou que l'envie engage leurs voisins à faire des alliances pour les attaquer & pour les reduire au point que ces grandes Puissances inspirent moins de crainte, & ne puissent aspirer à la Monarchie universelle.

Pour arriver à la fin qu'on se propose, & au moyen de ce que Sa Majesté Catholique a de sa part fait sa renonciation le cinquième du present mois, Nous consentons qu'au défaut de Philippe V nôtre Neveu, & de ses descendans, la Couronne d'Espagne passe à la Maison du Duc de Savoye, dont les droits sont clairs et connus, d'autant qu'il descend de l'Infante Catherine fille de Philippe II & qu'il est appellé par les autres Rois ses successeurs, de sorte que son droit à la succession d'Espagne est incontestable.

Et desirant de notre coté concourir à la glorieuse fin qu'on se propose, de rétablir la tranquillité publique, & prévenir les craintes que pourroient causer les Droits de notre Naissance, ou tous autres qui pourroient Nous appartenir, Nous avons resolu de faire ce desistement, cette abdication & cette renonciation de tous nos Droits, pour Nous & au nom de tous nos Successeurs & Descendans. Et pour l'accomplissement de cette resolution que Nous avons prise de notre pure, libre et franche volonté, Nous nous déclarons, & Nous tenons dès à présent, Nous, nos Enfans & Descendans, pour exclus & inhabiles, absolument & à jamais & sans limitation ni distinction de personnes, de degrez & de sexe, de toute action & de tout droit à la succession de la Couronne d'Espagne. Nous voulons & consentons pour Nous & nos Descendans, que dès maintenant & pour toujours, on Nous tienne Nous & les nôtres pour exclus, inhabiles & incapables, en quelque degré que Nous nous trouvions, & de quelque manière que la succession puisse arriver à notre Ligne & à toutes les autres, soit de la Maison de France, soit de celle d'Austriche, & de tous les Descendans de l'une & de l'autre Maison, qui, comme il est dit & supposé, doivent aussi se tenir pour retranchées et excluses, & que pour cette raison la succession de ladite Couronne d'Espagne soit censée dévoluë & transférée à celui à qui la succession d'Espagne doit être transférée, en tel cas & en quelque tems que ce soit, en sorte que nous l'ayons & tenions pour legitime & veritable Successeur parce que ni Nous, ni nos descendans ne devons plus être considerez comme ayant aucun fondement de representation active ou passive, ou faisant une continuation de Ligne effective, ou contentive de substance, sang ou qualité, ni tirer droit de notre descendance, ou de compter les degrez de la Reine Anne d'Autriche notre très-honorée Dame & Ayeule, ni des glorieux Rois ses Ancêtres : au contraire nous ratifions la renonciation que ladite Dame Reine Anne a faite, & toutes les clauses que les Rois Philippe III & Philippe IV ont insérées dans leurs Testamens : Nous renonçons pareillement à tout le droit qui nous peut appartenir & à nos Enfans & Descendans, en vertu de la Declaration faite à Madrid le 29. Octobre 1703 par Philippe V Roi des Espagnes notre Neveu, & quelque droit qui Nous puisse appartenir pour Nous & nos Descendans, Nous nous en desistons & y renoncons pour Nous et pour eux, promettons & Nous obligeons pour Nous, nosdits Enfans & Descendans presens & à venir, de Nous emploïer de tout notre pouvoir pour faire observer & accomplir ces Presentes, sans permettre ni souffrir que directement ou indirectement on revienne contre, soit en tout, soit en partie, & Nous Nous desistons de tous moïens ordinaires ou extraordinaires qui de droit commun ou par quelque privilège spécial, pourroient Nous appartenir, à Nous, nos Enfans et Descendans : ausquels moïens Nous renonçons absolument, & en particulier à celui de la lezion évidente, énorme & tres énorme qui se peut trouver en la renonciation à la Succession de ladite Couronne d'Espagne, & Voulons qu'aucuns desdits moïens ne Nous servent ni puissent Nous valoir : & que si sous ce prétexte ou sous toute autre couleur, Nous voulions Nous emparer dudit Roiaume d'Espagne à force d'armes, la guerre que Nous ferions ou exciterions, soit tenuë pour injuste, illicite & induëment entreprise, & qu'au contraire, celle que Nous feroit celui qui, en vertu de cette renonciation, auroit droit de succeder à la Couronne d'Espagne, soit tenue pour permise & juste, & que tous les sujets et peuples d'Espagne le reconnoissent, lui obéissent, le défendent, lui fassent hommage & lui prètent serment de fidélité comme à leur Roi & legitime Seigneur.

Et pour plus grande assurance & sûreté de tout ce que Nous disons & promettons pour Nous & au nom de nos Successeurs & Descendans, Nous jurons solemnellement sur les saints Evangiles contenus en ce Missel, sur lequel Nous mettons la main droite, que Nous le garderons, maintiendrons, & accomplirons en tout et pour tout, & que Nous ne demanderons jamais de Nous en faire relever, & que, si quelque personne le demande, ou qu'il nous soit accordé, *proprio motu*, Nous ne Nous en servirons ni prévaudrons : bien plus, en cas qu'on Nous l'accordât, Nous faisons un autre serment que celui-ci subsistera et demeurera toujours, quelque dispense qu'on puisse Nous accorder : Nous jurons et promettons encore, que Nous n'avons fait ni ne ferons, ni en public ni en secret, aucune protestation ni reclamation contraire qui puisse empêcher ce qui est contenu en ces Presentes, ou en diminuer la force, & que si Nous en faisions, de quelque serment qu'elles fussent accompagnées, elles ne pourroient avoir ni force ni vertu, ni produire aucun effet.

Et pour plus grande sureté nous avons passé & passons le présent Acte de renonciation, d'abdication et de desistement pardevant Maitre Antoine Lemoine & Alexandre le Fèvre Conseillers du Roy, Notaires Gardes-Notte & Gardes-scel au Châtelet de Paris, soussignez en notre Palais Royal a Paris, l'an mil sept cens douze, le dixneuf Novembre avant midy, & pour faire insinuer et enregistrer ces Presentes par tout où il appartiendra : nous avons constitué pour notre Procureur le porteur, & avons signé ces Presentes, & leur minutte demeurée en la possession dudit le Fèvre Notaire.

PHILIPPE D'ORLÉANS.

LEMOINE. LE FEVRE.

Nous Hierôme d'Argouges Chevalier, Seigneur de Fleury, Conseiller du Roy en ses Conseils, Maitre des Requêtes honoraire de son Hotel, Lieutenant Civil de la Ville, Prévoté et Vicomté de Paris, certifions à tous qu'il appartiendra, que Maitre Antoine Lemoine & Alexandre le Fèvre qui ont signé l'Acte de renonciation de l'autre part, sont Conseillers du Roi, Notaires au Châtelet de Paris & que foi doit être ajoutée, tant en jugement que dehors aux Actes par eux reçus, en foi de quoi Nous avons signé ces Presentes, icelles fait contresigner par notre Secretaire, et apposer le cachet de nos Armes. A Paris le vingt-un Novembre mil sept cens douze.

Signé : D'ARGOUGES.

Par mondit-Seigneur,
BARBEY.

Luë & publiée, l'Audience tenant, et registrée au Greffe de la Cour, oüy & ce requerant le Procureur General du Roy, pour estre executée selon sa forme & teneur, suivant & conformément aux Arrests de ce jour. A Paris en Parlement le quinze Mars mil sept cens treize.

Signé : DONGOIS.

XXII

Marly, 24 novembre 1712.

Acte de renonciation de Charles Duc de Berry à la Couronne d'Espagne.

Archives Nationales, Carton X¹ᵃ 9009. Parlement civil. Lettres patentes août 1711-juillet 1713. Chemise « janvier à juillet 1713 ». Liasse de XXIII pièces rotée : « Patentes, mars 1713 registrées ». Pièce XV. Imprimé de 32 pages in-f°, de format in-4°, dont le titre est : « Lettres Patentes du Roy, qui admettent la renonciation du Roi d'Espagne à la Couronne de France, & celles de M. le Duc de Berry & de M. le Duc d'Orléans à la Couronne d'Espagne. Et qui révoquent les Lettres Patentes de Sa Majesté du mois de Décembre 1700. Données à Versailles au mois de Mars 1713 & Registrées en Parlement. A Paris. Chez la Veuve François Muguet & Hubert Muguet, Premier Imprimeur du Roy, & de son Parlement, rue de la Harpe, aux trois Rois, MDCCXIII », aux pages 21-24 de cet imprimé.

CHARLES, Fils de France, duc de Berry, d'Alençon & d'Angoulesme, Vicomte de Vernon, Andely & Gisors, Seigneur des Châtellenies de Coignac & Merpins. A tous les Rois, Princes, Republiques, Communautez, & à tous autres Corps & particuliers presens & à venir scavoir faisons: Toutes les Puissances de l'Europe se trouvans presque ruinées à l'occasion des présentes guerres qui ont porté la désolation dans les frontières & plusieurs autres parties des plus riches Monarchies & autres Etats, On est convenu dans les Congrez & Traitez de Paix qui se négocient avec la grande Bretagne, d'établir un équilibre & des limites politiques entre les Roïaumes dont les interests ont été & se trouvent encore le triste sujet d'une sanglante dispute, & de tenir pour maxime fondamentale de la conservation de cette Paix, que l'on doit pourvoir à ce que les forces de ces Roïaumes ne soient point à craindre & ne puissent causer aucune jalousie, ce que l'on a crû ne pouvoir établir plus solidement qu'en les empêchant de s'étendre & en gardant une certaine proportion, afin que les plus foibles étans unis puissent se défendre contre de plus puissans, & se soûtenir respectivement contre leurs égaux.

Pour cet effet, le Roi notre très-honoré Seigneur & Ayeul, & le Roi d'Espagne, notre très-cher Frère, sont convenus & demeurent d'accord avec la Reine de la Grande Bretagne, qu'il sera fait des renonciations reciproques par tous les Princes presens & futurs de la Couronne de France & de celle d'Espagne, à tous droits qui peuvent appartenir à chacun d'eux sur la succession de l'un ou l'autre Roïaume, en établissant un droit habituel à la succession de la Couronne d'Espagne, dans la ligne qui sera habilitée & déclarée immédiate à celle du Roi Philippe V notre Frère, par les Etats d'Espagne qui ont dû s'assembler pour cette fin, en y faisant une balance immuable pour maintenir l'équilibre qu'on veut mettre dans l'Europe, & passant à particulariser tous les cas préveus de l'union, pour servir d'exemple de tous ceux qui peuvent se rencontrer : il a été aussi convenu & accordé entre le Roy notre très-honoré Seigneur & Ayeul, le Roy Philippe V notre Frère, & la Reine de la Grande Bretagne, que ledit Roy Philippe renoncera pour luy, & pour tous ses descendans, à l'esperance de succéder à la Couronne de France. Que, de notre côté, Nous renoncerons aussi pour Nous & pour nos descendans, à la Couronne d'Espagne, que le Duc d'Orléans notre très-cher Oncle fera la méme chose, de sorte que toutes les Lignes de France & d'Espagne respectivement, & relativement seront excluses pour toujours & en toutes maniéres de tous les droits que les Lignes de France pourroient avoir à la Couronne d'Espagne, & les Lignes d'Espagne à la Couronne de France, & enfin que l'on empêchera que, sous pretexte desdites renonciations, ni sous quelqu'autre prétexte que ce soit, la Maison d'Autriche n'exerce les prétentions qu'elle pourroit avoir à la succession de la Monarchie d'Espagne, d'autant qu'en unissant cette Monarchie aux Païs & Etats héréditaires de cette Maison, elle seroit formidable, même sans l'union de l'Empire, aux autres puissances qui sont entre deux, & se trouveroient comme enveloppées : ce qui détruiroit l'égalité qu'on établit aujourd'huy pour assurer & affermir plus parfaitement la paix de la Chretienté, & ôter toutes jalousies aux puissances du Nord & de l'Occident, qui est la fin qu'on se propose, par cet équilibre politique, en éloignant & excluant ainsi toutes ces branches, & appellant à la Couronne d'Espagne au défaut des Lignes du Roy Philippe V notre Frère & de tous ses Enfans & descendans, la Maison du Duc de de Savoye qui descend de l'Infante Catherine fille de Philippe II, ayant été considéré qu'en faisant ainsi succéder immédiatement ladite Maison de Savoye, on peut établir comme dans son centre cette égalité & cet équilibre entre ces trois puissances, sans quoy on ne pourroit éteindre le feu de la Guerre qui est allumé & capable de tout ruiner.

Voulans donc concourir par notre désistement & par l'abdication de tous nos droits pour Nous, nos Successeurs & descendans, à établir le repos universel & assurer la Paix de l'Europe, parce que nous croïons que ce moïen est le plus sûr & le plus précis dans les terribles circonstances de ce temps, Nous avons résolu de renoncer à l'espérance de succéder à la Couronne d'Espagne & à tous les droits qui nous y appartiennent & peuvent appartenir par quelque titre ou moïen que ce soit : & afin que cette résolution ait tout son effet, & aussi au moïen de ce que le Roy Philippe V notre Frère a, de sa part, fait sa renonciation à la Couronne de France le cinquième du présent mois de Novembre, De notre pure, libre & franche volonté, & sans que nous y soïons induits par aucune crainte respectueuse, ni par aucun autre égard que ceux ci-dessus exposez, Nous Nous déclarons & tenons dès maintenant Nous, nos Enfans & descendans, pour exclus & inhabiles absolument à jamais sans limitation, ni distinction de personnes, de degrez ni de sexe, de toute action & de tout Droit à la Succession de la Couronne d'Espagne. Nous voulons & consentons pour Nous, nosdits Enfans & descendans que dès maintenant & pour toujours on Nous tienne Nous & eux en conséquence des Presentes, pour exclus & inhabiles, de même que tous les autres descendans de la Maison d'Autriche, qui, comme il a été rapporté & supposé, doivent aussi être exclus en quelque degré que Nous Nous trouvions les uns & les autres, & que la succession nous arrive, Notre Ligne, celle de tous nos descendans, & toutes les autres de la Maison d'Autriche, comme il a été dit, devans en être séparées & excluses. Que par cette raison le Royaume d'Espagne soit censé dévolu & Transféré à qui la succession doit en tel cas être dévolue & transférée en quelque tems que ce soit, en sorte que Nous l'aïons & tenions pour legitime & veritable Successeur, parce que par les mêmes raisons & motifs, & en conséquence des Présentes, Nous, ni nos descendans ne devons plus être considerez comme ayant aucun fondement de représentation active ou passive, ou faisant une continuation de ligne effective, ou contentive de substance, sang, ou qualité ni même tirer droit de notre descendance, ni compter nos degrez des personnes de la Reine Marie-Thérèse d'Autriche notre trés honorée Dame & Ayeule, de la Reine Anne d'Austriche notre très honorée Dame & Bisayeule, ni des glorieux Rois leurs ancêtres : au contraire, nous ratifions les clauses de leurs Testamens, & les renonciations faites par lesdites Dames nos Ayeule & Bisayeule. Nous renonçons pareillement au Droit qui nous peut appartenir & à nos Enfans & descendans en vertu du Testament du Roy Charles II qui, nonobstant ce qui est rapporté cy-dessus, Nous appelle à la succession de la Couronne d'Espagne, la ligne de Philippe V venant à manquer. Nous Nous désistons donc de ce Droit, & y renonçons pour Nous, nos Enfans & descendans, Promettons & nous obligeons, pour Nous, & nosdits Enfans & descendans, de Nous emploïer de tout notre pouvoir pour faire accomplir ce présent Acte, sans permettre, ni souffrir que directement, ni indirectement, on revienne contre, soit en tout, soit en partie, & Nous nous désistons de tous moïens ordinaires ou extraordinaires, qui de Droit commun ou par quelque privilége spécial pourroient Nous appartenir à Nous, nos Enfans & descendans, ausquels moïens Nous renonçons aussi absolument, & en particulier à celui de l'évidente, énorme et trés-énorme lézion qui peut se trouver en ladite renonciation à la succession de la Couronne d'Espagne. Et voulons qu'aucun desdits moïens n'ait, ni ne puisse avoir d'effet, & que si sous ce prétexte, ou toute autre couleur, Nous voulions Nous emparer dudit Roïaume à force d'Armes, la Guerre que Nous ferions ou exciterions, soit tenuë pour injuste, illicite & induement entreprise, & qu'au contraire la Guerre que Nous feroit celuy qui, en vertu de cette renonciation, auroit droit de succéder à la Couronne d'Espagne, soit tenue pour permise & juste. Et que tous les sujets & peuples d'Espagne le reconnoissent, lui obéissent, le défendent, lui fassent hommage & lui prêtent serment de fidélité comme à leur Roi & légitime Seigneur.

Et pour plus grande sûreté de tout ce que Nous disons & promettons pour Nous & au nom de nos Enfans & descendans, Nous jurons solemnellement sur les Evangiles contenus au Missel sur lequel Nous mettons la main droite, que Nous le garderons, maintiendrons & accomplirons en tout et pour tout, que Nous ne demanderons jamais de Nous en faire relever & que, si quelqu'un le demande pour Nous, ou qu'il Nous soit accordé *motu proprio*, Nous ne nous en servirons, ni prévaudrons : Bien plus, en cas qu'on Nous l'accordât, Nous faisons d'abondant cet autre serment, que celui-ci subsistera & demeurera toujours, quelques dispenses qu'on puisse Nous accorder; Nous jurons et promettons aussi que Nous n'avons fait ni ferons, ni en public, ni en secret, aucune protestation ni réclamation contraires qui puissent empêcher ce qui est contenu en ces Presentes ou en diminuer la force, & que, si nous en faisions, de quelques serments qu'elles fussent accompagnées, elles ne pourront avoir ni force ni vertu, ni produire aucun effet.

En foi de quoi & pour rendre ces Presentes autentiques, elles ont été passées par devant Maistres Alexandre le Fèvre & Antoine Lemoine, Conseillers du Roi, Notaires Gardes-Notes de sa Majesté & Gardes-Scel au Châtelet de Paris, soussignez, lesquels ont du tout délivré le présent Acte. Et pour faire publier & enregistrer ces Presentes par tout où besoin sera, Monseigneur Duc de Berry a constitué ses Procureurs généraux & spéciaux les porteurs des Expéditions par *duplicata* d'icelles, ausquelles mondit Seigneur en a donné pouvoir & mandement spécial par cesdites Presentes. A Marly le vingt-quatrième jour de Novembre mil sept cens douze, avant midy, & a signé le présent *duplicata*, & un autre, & leur minute demeurée audit Lemoine Notaire :

Signé : CHARLES,

LE FEVRE. LEMOINE.

Nous Hierôme d'Argouges, Chevalier Seigneur de Fleury, Conseiller du Roi en ses Conseils, Maître des Requêtes honoraire de son Hôtel, Lieutenant Civil de la Ville, Prévôté & Vicomté de Paris, certifions à tous qu'il appartiendra que Maître Alexandre le Févre & Antoine Lemoyne, qui ont signé l'Acte des autres parts, sont Conseillers du Roi, Notaires Gardes-Notes de sa Majesté & Gardes-Scel au Châtelet de Paris, & que foi doit être ajoûtée, tant en jugement que dehors, aux Actes par eux reçûs : En foi de quoi, Nous avons signé ces Presentes, icelles fait contresigner par notre Secrétaire & apposer le Cachet de nos Armes. A Paris, ce vingt-quatre Novembre mil sept cens douze.

Signé : D'ARGOUGES. Par mondit Seigneur.

BARBEY.

Luë & publiée, l'Audience tenant, & registrée au Greffe de la Cour, oüy & ce requerant le procureur Général du Roi, pour être exécutée selon sa forme & teneur, suivant & conformément aux Arrêts de ce jour. A Paris, en Parlement, le quinze Mars mil sept cens treize.

Signé : DONGOIS.

XXIII

[Paris, 1er-14 février 1713].

Observations écrites des Gens du Roi, faites par le Procureur général à la Cour de Parlement de Paris, examinant, par ordre de S. M., le projet des lettres patentes sur la renonciation du roi d'Espagne au trône de France dont le texte définitif devra être enregistré par ladite Cour. La naissance d'un Prince du sang hors du Royaume ne peut l'empêcher de succéder à la Couronne; de plus, si un Prince peut renoncer à ses droits personnels, il ne peut renoncer aux droits éventuels de ses enfants.

Archives du Ministère des Affaires Etrangères, Espagne, t. 220, ff. 62-71.

Copie au net, contemporaine, faite, sans doute, pour être mise sous les yeux de Torcy, Secrétaire d'Etat.

Cette copie est insérée dans le volume, relié en maroquin aux armes de Torcy, entre plusieurs lettres, à lui adressées, datées de Madrid le 30 janvier 1713 et reçues par lui le 14 février.

f° 62 r°

…vrier 1713.
…bservations du Procureur Général …guesseau sur un projet de lettres …entes pour l'enregistrement des …nciations de Philippe V à la cou…ne de France.

LETTRES PATENTES

Comme la première qualité essentielle pour estre assis sur le Throsne de France et pour porter la plus ancienne et la plus illustre Couronne qui soit au monde est la qualité de François, que la naissance la donne et que tous nos sujets habitans en pays estrangers, leurs enfans lorsqu'ils y naissent, soit Princes de nostre sang, soit autres quels qu'ils soient, ne peuvent mesme recueillir la moindre succession dans nostre Royaume si ce défaut n'est corrigé par nos lettres, Nous eusmes soin &a.

OBSERVATIONS

On n'a point mis jusques à présent, dans la bouche de nos Roys, cette maxime qui suppose qu'un Prince est incapable de succéder à une couronne à laquelle la voix de la / nature l'appelle parce qu'il v°
est né ou qu'il demeure dans un pays estranger. On a bien prétendu que le droit d'aubaine devoit avoir lieu contre les souverains mesmes, lorsqu'ils vouloient recueillir une succession particulière ouverte dans ce Royaume et Mr Dupuy, qui a esté le grand deffenseur de cette opinion avec peu de succès dans la cause de Mr de Mantoüe, est luy-mesme forcé d'avouer que cette maxime est nouvelle, qu'elle est née au plus tost sous le règne de Charles 8 et qu'avant ce temps là, on trouve plusieurs exemples du contraire.

Il y a d'ailleurs une grande différence entre un Prince Estranger qui veut acquérir des biens particuliers dans ce Royaume par voye de succession et un Prince du sang destiné par sa naissance à porter la couronne de France.

L'un ne doit estre considéré que / comme un particulier : soumis f° 63 r°
en cette qualité aux loix qui réglent l'ordre des successions particulières, il n'est pas surprenant qu'on luy oppose le droit d'aubaine et sa qualité d'estranger.

L'autre, au contraire, a un droit fondé sur des loix supérieures à celles qui réglent les biens des particuliers : les maximes fondamentales de l'Estat et cette espéce de substitution perpétuelle qui appelle successivement les Princes du sang chacun dans leur ordre à la Couronne, valent bien des lettres de naturalité. Les princes et l'Estat sont unis par des liens indissolubles, ny le Prince ne peut aliéner l'Estat ni l'Estat ne peut perdre son Prince et, cependant, ils se perdroient reciproquement s'il estoit vray en général que la demeure d'un Prince du sang dans un pays Estranger fût suffisante pour anéantir le droit qu'il a à la Couronne. /

v° Aussi n'a-t-on jamais pensé à estendre cette espèce d'incapacité jusqu'aux souverainetez mesmes. Nos Roys auroient-ils souffert qu'on leur eüst dit qu'ils estoient incapables de succéder aux Royaumes de Castille et d'Arragon, de Naples et de Sicile et aux autres Estats sur lesquels ils avoient des prétentions, sous prétexte qu'ils n'étoient pas nez dans ces pays? Leur en a-t-on mesme jamais fait l'objection dans le temps que les plus grandes puissances de l'Europe employoient toute sorte de moyens pour combattre le droit de nos Roys sur ces couronnes? Avec quelle force n'avons-nous pas soutenu nous mesmes, il n'y pas encore cinquante ans, que la feüe Reine et feu Monseigneur le Dauphin son fils n'estoient pas privés du droit de succéder aux Estats du Roy Catholique quoy qu'ils fussent par
f° 64 r° raport à l'Espagne dans le mesme cas où le Roy d'Espagne / et ses enfans se trouvent par raport à la France et qu'ils eussent à combattre outre cela une renonciation qui auroit esté inutile, si le droit d'Aubaine eût pu les exclure? Les précautions extraordinaires et les solemnités excessives dont on demanda, dans le temps du mariage du Roy, que cette renonciation fût accompagnée, prouvent évidemment que l'Espagne en les exigeant et la France en les accordant supposèrent égallement pour principe que, sans une renonciation expresse et solemnelle, la Reyne et toute sa postérité, quoyque née en France, seroient capables à jamais de porter la couronne d'Espagne.

Rien ne seroit plus dangereux que d'establir aujourd'huy une maxime contraire! On sçait qu'en matiére de droit d'aubaine tout est réciproque; les nations, contre lesquelles nous l'observons, l'ob-
v° servent contre nous et les mesmes maximes / sur lesquelles nous establirons aujourd'huy la renonciation du Roy d'Espagne s'employeront quelque jour contre nos Roys et contre ce Prince. Ainsi, toutes les anciennes prétentions de nos Roys sur des couronnes estrangères (prétentions autrefois soutenües avec chaleur, suspendües à présent par le changement des affaires de l'Europe, mais non pas abandonnées et qu'un Roy ne doit mesme jamais abandonner parce qu'il peut venir des conjonctures ou il se trouveroit en estat d'en faire usage) toutes les prétentions que de nouvelles alliances

ont adjoutées ou peuvent adjouster aux anciennes seront effacées et anéanties par la maxime qu'on fait servir de fondement à ces lettres patentes : on opposera à la France qu'elle a solemnellement reconnu que, pour en porter la Couronne, il faut estre né et avoir son domicile dans ce Royaume. On luy soutiendra / que la loy doit f° 65 r°
estre réciproque pour les autres souverainetés. Le Roy d'Espagne mesme dont on veut appuyer la renonciation sur ce principe pourroit s'en repentir un jour, si les temps venoient à changer, si la Maison d'Autriche faisoit revivre ses prétentions, s'il se formoit un parti en Espagne contre l'authorité de ce Prince, on ne manqueroit pas de dire qu'il est Estranger et que la raison dont la France s'est servie pour le déclarer incapable d'y régner le rendoit encore plus incapable de régner en Espagne : il est tout au plus devenu Estranger pour la France, mais il est né Estranger pour l'Espagne : il ne faut pas douter qu'on ne le dise puisqu'on l'a desjà dit et que ceux qui ont escrit pour l'Archiduc contre le Roy Philipes 5 ont avancé, quoyque sans fondement, qu'il y avoit / une ancienne loy en Es- v°
pagne qui excluoit de la Couronne tout Prince Estranger. Que ne diront point un jour ses ennemis, si les conjonctures les favorisent, lorsqu'ils pourront adjouter que la justice d'une semblable règle reconnüe publiquement par la France, ne doit pas estre douteuse en Espagne? Ainsi, en voulant détruire le droit de Philipes 5 sur la Couronne de France, on esbranle mesme celuy de ce Prince sur la Couronne d'Espagne et il seroit inutile de répondre que ce dernier droit est appuyé sur un testament, puisque les Estrangers ne sont pas moins incapables des successions testamentaires que des successions légitimes et par conséquent mettre pour principe que l'incapacité qui se tire de la qualité d'estranger a lieu mesme à l'esgard des Couronnes, c'est reconnoistre publiquement que le Roy / d'Espagne n'avoit aucun droit sur cette monarchie et avoüer f° 66 r°
que la France soutient une cause injuste en combattant depuis douze ans pour ce Prince contre toute l'Europe.

Si l'on oppose à toutes ces raisons l'exemple des lettres patentes accordées en l'année 1573 au Roy Henry trois, alors Roy de Pologne, et en l'année 1700 au Roy d'Espagne mesme pour la conservation de leurs droits successifs, malgré le séjour de l'un en Pologne et de l'autre en Espagne, il est aisé de répondre que ces lettres, unique et peu solide fondement de l'opinion contraire, sont des lettres de précaution et non pas de nécessité : il est de la prudence de tous les hommes, et encore plus de ceux qui règlent la destinée des Empires, de prévoir et de prévenir jusqu'aux mauvaises difficultés. Combien de prétextes légers et chimériques ont / causé cependant de maux v°

trés réels et ont troublé la paix des plus grands Royaumes?Si jamais
cette prévoyance a esté nécessaire, c'estoit dans le temps des lettres
patentes de 1573. La France estoit agitée depuis plusieurs années
par les guerres civiles, que la Religion y avoit excitées. La Saint-
Barthélemy avoit allumé le feu qu'elle vouloit esteindre. Tous les
protestants regardoient le Duc d'Anjou, que la Pologne venoit d'élire
pour Roy, comme leur plus grand ennemi. Le Duc d'Alençon son
frère parroissoit avoir plus de penchant pour eux; il estoit à craindre
qu'il ne saisît le prétexte de l'absence du Roy de Pologne pour se
mettre en possession de la Couronne; il falloit luy oster ce prétexte,
tout imaginaire qu'il fust. Voilà le véritable motif de la précaution
f° 67 r° utile, mais non pas nécessaire qui fut prise par ces lettres / et elles
le marquent assés clairement. On n'y dit point que la premiére qualité essentielle, pour porter la couronne de France est d'estre né ou
de demeurer en France. Elles portent seulement qu'afin d'obvier à
tous doubtes et scrupules que le temps par les occasions pourroit
engendrer, le Roy déclare que le Roy de Pologne sera le vray héritier
de la Couronne. Ce sont donc encore une fois des lettres de pure précaution pour prévenir les doubtes que l'on auroit pu faire naistre
à la faveur des conjonctures. Ce sont des lettres de simple déclaration, où Charles neuf ne fait que déclarer ce qui est, sans donner
à Henry trois un droit qu'il n'eust pas auparavant.

v° Les lettres du mois de décembre 1700, tracées sur ce modèle
portent expressément que le Roy n'habilite / les descendans du Roy
d'Espagne à succéder à la Couronne qu'en tant que de besoin est ou
seroit, termes qui ne marquent qu'une précaution surabondante et
l'on en estoit alors si persuadé que Sa Majesté dit dans le préambule
de ces lettres qu'Elle croiroit faire au Roy son petit-fils une injustice
dont Elle est incapable si Elle regardoit désormais comme Estranger
un Prince qu'Elle accordoit aux demandes unanimes de toute la
nation Espagnole. On laisse à juger, après cela, s'il convient, à la
dignité du Roy et à la Vérité qui ne change point en douze ans
de temps, de poser pour premier fondement des nouvelles lettres
patentes dont il s'agit ce que le Roy luy mesme a déclaré, dans les
premières, qu'il regardoit comme une injustice dont il estoit incapable.

f° 68 r° Enfin, quand mesme malgré / toutes ces raisons on voudroit
establir cette nouvelle maxime que le Droit d'aubaine doit avoir
lieu à l'esgard des souverainetés, on n'auroit encore rien fait pour
exclure le Roy d'Espagne par une si foible couleur, il ne seroit pas,
après cela, de pire condition que les particuliers et il a esté jugé
par une infinité d'arrests qu'un François qui, après avoir establi

pendant longtemps son domicile dans un pays estranger et y avoir eu des enfans, revient dans sa patrie avec sa famille pour y passer le reste de ses jours, rentre dans tous ses droits et peut les exercer comme s'il ne les avoit jamais perdus : ce ne sera donc point le droit d'aubaine mesme le plus rigoureux et tel qu'il se pratique contre les particuliers, qui formera un obstacle invincible au retour du Roy d'Espagne s'il se trouve un jour l'héritier présomptif de la Couronne et, par conséquent, c'est sans aucune utilité et, si l'on / ose le dire, en pure v° perte qu'on establira icy la maxime dangereuse qu'un prince né en pays estranger est incapable de succéder à une couronne que l'ordre du sang luy défère.

Depuis que ces remarques sont faites, on a veü la renonciation du Roy d'Espagne et l'on y a remarqué que les Espagnols ont fort bien pris le véritable esprit des lettres patentes de 1700. Le Roy d'Espagne déclare qu'il se désiste spécialement de ce qui a pû estre adjousté aux droits de la nature par ces lettres patentes : c'est une expression très juste, qui marque que l'unique effet de ces lettres est de fortifier le droit naturel du Roy d'Espagne et non de luy en donner un nouveau. On pourroit imiter ce tour, qui est aussi simple que correct, dans les lettres patentes du Roy et retrancher soit du préambule soit du dispositif tout ce qui va au delà / de cette idée et qui fait entendre f° 69 r° qu'en détruisant les lettres de 1700 on anéantit entièrement le droit du Roy d'Espagne à la Couronne de France, comme si son droit n'eust subsisté que par le moyen de ces lettres. En effet, il s'agit aujourd'huy, non de l'incapacité du Roy d'Espagne qu'on ne peut jamais establir, mais de sa renonciation qui le suppose capable et qui, si elle est légitime, dérogera suffisament aux lettres du mois de décembre 1700, sans qu'il soit besoin d'y donner atteinte d'une autre manière, en establissant une maxime qui n'est conforme ni à la vérité ni aux interests des souverains.

TEXTE DES LETTRES PATENTES

Et pour porter la plus ancienne et la plus illustre couronne qui soit au monde.

OBSERVATIONS

Cela est vray, mais il reste d'examiner / si cet éloge, dans la v° bouche du Roy, n'a rien qui puisse blesser la délicatesse des Princes Estrangers, pour lesquels ces lettres sont faites autant au moins que pour la France.

TEXTE DES LETTRES PATENTES

En sorte que si les événements malheureux que nous prevoyions alors arrivoient.

OBSERVATIONS

Convient-il d'attribuer au Roy une si triste prévoyance : on regardoit alors ces événements comme possibles, mais dire qu'on les prevoyoit dez lors c'est dire qu'on les regardoit comme devant arriver. On pouroit dire : « en sorte que si nous avions le malheur d'éprouver des événements semblables à ceux dont nous avons fait depuis ce temps là une si triste expérience ».

TEXTE DES LETTRES PATENTES

Il vient enfin de déclarer dans l'assemblée des Estats du Royaume d'Espagne... qu'il renonce pour luy, pour ses héritiers et successeurs, &a.

OBSERVATIONS

On voudroit pouvoir se dispenser de remarquer icy que le Roy d'Espagne va par là beaucoup au delà de son pouvoir, que, suivant l'avis de tous les autheurs qui ont traité de ces sortes de renoncia-
f° 70 r° tions, suivant la propre doctrine de la France / sur la renonciation de la Reyne, quand le Roy d'Espagne pourroit (1) se nuire à luy mesme, il ne pourroit jamais nuire à ses enfans, encore soins à des enfans desjà nés dans le temps de sa renonciation et que tout ce qu'il a fait à cet égard est nul, inutile, inefficace, comme le seroit la renonciation
n[ot]a qu'un père feroit pour ses enfans à des biens substitués qui leur doivent estre déférés indépendamment de sa volonté et pour ainsi dire malgré luy. On sent bien qu'il est trop tard de relever ces maximes dans l'estat où sont les choses : mais le respect a fermé la bouche et l'a dû fermer à ceux qui ont esté chargés de faire ces observations jusqu'à ce que le Roy leur ait donné la liberté de parler, en leur ordonnant d'examiner le projet de ces lettres patentes. Ils représentent donc
v° ces grands principes, aussitost qu'il leur est permis de le / faire.

(1) A partir des mots « pourroit se nuire » jusqu'à « et pour ainsi dire malgré luy », la copie placée sous les yeux de Torcy a reçu, en marge, un trait marquant l'importance particulière qu'on attachait à cette observation et ce trait s'est trouvé appuyé du mot « N[ot]a ».

Ils ne doutent pas que tout cela n'ait esté pezé, examiné, balancé avec des lumières fort supérieures et ils n'ont pas la vanité de croire qu'ils puissent rien dire de nouveau sur ce sujet; ils sont persuadés qu'on n'a pas seulement envisagé cette grande difficulté par raport aux règles du droit public, mais qu'on a fait entrer encore plus dans cet examen toutes les suites qu'une renonciation si estendue peut avoir par raport au bonheur et à la tranquilité de ce Royaume : mais, quoy qu'ils comprennent parfaitement l'inutilité de ce qu'ils prennent la liberté de dire avec respect sur une matière si délicate, ils croyent néantmoins qu'il est de leur devoir de le dire, que le ROY, qui peut leur imposer silence, ne seroit peut estre pas content de leur zèle s'ils se l'imposoient eux mesmes et que, /puisque Sa Majesté témoigne f° 71 r°
par ses lettres patentes avoir eu tant de peine à consentir à cette renonciation, Elle ne sera point surprise que des magistrats plus instruits des maximes du droit public que de celles de la Politique remarquent la nullité d'une telle renonciation, à la première lecture du projet des lettres patentes qui doivent l'authoriser. C'est au ROY, encore une fois, qu'il appartient d'examiner si une PAIX appuyée sur un tel fondement peut estre solide et durable. Personne au moins ne souhaite plus ardemment qu'elle le soit que ceux qui sont le plus touchés de la crainte qu'elle ne le soit pas.

v° blanc

XXIV

Versailles, [1-10] mars 1713.

Lettres patentes du Roi déclarant, en vue de la paix, admettre les renonciations réciproques du Roi d'Espagne, du Duc de Berry et du duc d'Orléans, pour eux et pour leurs descendants, aux couronnes de France et d'Espagne, révoquer ses précédentes lettres patentes du mois de décembre 1700 dont la révocation sera mentionnée en marge de leur enregistrement dans les registres de la Cour de Parlement.

Arch. Nat., Carton X[1B] 9009 : Parlement civil, Lettres Patentes août 1711-juillet 1713. Chemise : « janvier à juillet 1713 ». Liasse de XXIII pièces cotée : « Patentes, mars 1713 R[egistrées] ». Pièce XV. Imprimé de 32 pages petit in-f°, format in-4°, dont le titre est : « LETTRES PATENTES DU ROY, qui admettent la renonciation du Roi d'Espagne à la Couronne de France & celles de M. le Duc de Berry & de M. le Duc d'Orléans à la Couronne d'Espagne, Et qui révoquent les lettres Patentes de Sa Majesté du mois de Décembre 1700. Données à Versailles au mois de Mars 1713 et Registrées en Parlement (armes royales). A Paris, chez la veuve François Muguet & Hubert Muguet, Premier Imprimeur du Roy & de son Parlement, ruë de la Harpe, aux trois Rois, MDCCXIII », aux pages 3-8 de cet imprimé.

LOUIS par la grâce de Dieu Roy de France et de Navarre : A tous présens et à venir, Salut. Dans les différentes révolutions d'une Guerre, où nous n'avons combattu que pour soutenir la justice des droits du Roy notre tres cher et tres amé Frère et petit-Fils sur la Monarchie d'Espagne, Nous n'avons jamais cessé de désirer la Paix. Les succès les plus heureux ne nous ont point éblouïs, et les événemens contraires dont la main de Dieu s'est servie pour nous éprouver, plûtôt que pour nous perdre, ont trouvé ce désir en Nous, et ne l'y ont pas fait naître : Mais les tems marquez par la Providence Divine pour le repos de l'Europe, n'étoient pas encore arrivez : la crainte éloignée de voir un jour notre Couronne, et celle d'Espagne portées par un même Prince, faisoit toûjours une égale impression sur les puissances qui s'étoient unies contre Nous, et cette crainte qui avoit été la principale cause de la Guerre, sembloit mettre aussi un obstacle insurmontable à la Paix. Enfin après plusieurs negociations inutiles, Dieu touché des maux et des gémissemens de tant de Peuples, a daigné ouvrir un chemin plus sûr pour parvenir à une Paix si difficile : mais les mêmes alarmes subsistant toûjours, la première et la principale condition qui Nous a été proposée par notre très-chère et très-amée Sœur la Reine de la Grande Bretagne, comme le fondement essentiel et necessaire des Traitez, a été que le Roy d'Espagne notredit Frere et petit-Fils, conservant la Monarchie d'Espagne et des Indes, renonçât pour luy et pour ses descendans à perpétuité, aux droits que sa naissance pouvoit jamais donner à luy et à eux sur notre Couronne : que reciproquement notre tres-cher et tres-amé petit-Fils le Duc de Berry, et notre tres-cher et tres-amé Neveu le Duc d'Orléans renonçassent aussi pour eux et pour leurs descendans mâles et femelles à perpétuité à leurs droits sur la Monarchie d'Espagne et des Indes. Notredite Sœur nous a fait representer que sans une asseurance formelle et positive sur ce point, qui seul pouvoit être le lien de la Paix, l'Europe ne seroit jamais en repos : toutes les Püissances qui la partagent étant également persuadées qu'il étoit de leur intérêt général et de leur sûreté commune, de continuer une Guerre, dont personne ne pouvoit prévoir la fin, plûtôt que d'être exposées à voir le même Prince devenir un jour le Maître de deux Monarchies aussi puissantes que celles de France et d'Espagne. Mais comme cette Princesse dont Nous ne pouvons assez louer le zele infatigable pour le rétablissement de la tranquillité générale, sentit toute la répugnance que Nous avions à consentir qu'un de nos Enfans, si digne de recueillir la succession de nos Pères, en fût necessairement exclus, si les malheurs dont il a plû à Dieu de Nous affliger dans notre Famille, Nous enlevoient encore dans la personne du Dauphin, notre très-cher et très-amé Arrière-petit-Fils, le seul reste des Princes que notre Royaume a si justement pleurez avec Nous, elle entra dans notre peine, et après avoir cherché de concert des moïens plus doux pour assûrer la Paix, Nous convinsmes avec notredite Sœur de proposer au Roi d'Espagne d'autres Etats inferieurs à la vérité à ceux qu'il possède, mais dont la considération s'accroîtroit d'autant plus sous son Règne, que conservant ses droits en ce cas, il uniroit à notre Couronne une partie de ces mêmes Etats, s'il parvenoit un jour à notre Succession : Nous emploïames donc les raisons les plus fortes pour lui persuader d'accepter cette alternative. Nous lui fîmes connoître que le devoir de sa Naissance étoit le premier qu'il dût consulter, qu'il se devoit à sa Maison et à sa Patrie, avant que d'être redevable à l'Espagne : Que s'il manquoit à ses premiers engagemens, il regreteroit peut-être un jour inutilement d'avoir abandonné des Droits qu'il ne seroit plus en état de soûtenir. Nous ajoûtames à ces raisons les motifs personnels, d'amitié et de tendresse que Nous crûmes capables de le toucher : le plaisir que nous aurions de le voir de tems en tems auprès de Nous, et de passer avec lui une partie de nos jours, comme Nous pouvions Nous le promettre du voisinage des Etats qu'on lui offroit : la satisfaction de l'instruire Nous-même de l'état de nos affaires, et de Nous reposer sur lui pour l'avenir : en sorte que si Deu nous conservoit le Dauphin, Nous pourrions donner à notre Roïaume en la personne du Roy notre Frere et petit Fils, un Régent instruit dans l'art de régner, et que si cet enfant si précieux à Nous et à nos Sujets, Nous étoit encore enlevé, Nous aurions au moins la consolation de laisser à nos Peuples un Roy vertueux, propre à les gouverner, et qui rëüniroit encore à notre Couronne des Etats tres considérables. Nos instances réïtérées avec toute la force et toute la tendresse necessaires pour persuader un Fils qui merite si justement les efforts que Nous avons faits pour le conserver à la France, n'ont produit que des refus réïtérez de sa part, d'abandonner jamais des Sujets braves et fidèles, dont le zele pour lui s'étoit distingué dans les conjonctures où son Trône avoit parû le plus ébranlé : en sorte que persistant avec une fermeté invincible dans sa première résolution, soutenant même qu'elle étoit plus glorieuse et plus avantageuse à notre Maison et à notre Roïaume, que celle que Nous le pressions de prendre, il a déclaré dans l'Assemblée des Etats du Royaume d'Espagne, convoquée pour cet effet à Madrid, que pour parvenir à la Paix generale, et assûrer la tranquillité de l'Europe par l'équilibre des Puissances, il renonçoit de son propre mouvement, de sa volonté libre, et sans aucune contrainte, pour lui, pour ses héritiers et successeurs, pour toûjours et à jamais, à toutes Pretentions, Droits, et Titres que lui ou aucun de ses descendans ayent dès-à-présent, ou puissent avoir en quelque tems que ce soit à l'avenir à la succession de notre Couronne; qu'il s'en tenoit pour exclus lui, ses Enfans, heritiers, et descendans à perpétuité, qu'il consentoit pour lui et pour eux, que dès-à-présent comme alors, son droit et celui de ses descendans passast et fut transféré à celui des Princes que la Loi de succession et l'ordre de la naissance appelle, ou appellera à hériter de notre Couronne, au défaut de notredit Frere et petit-Fils le Roy d'Espagne et de ses descendans, ainsi qu'il est plus amplement spécifié par l'acte de renonciation admis par les Etats de son Roïaume, et en conséquence, il a déclaré qu'il se desistoit specialement du droit qui a pû être ajoûté à celui de sa naissance par nos Lettres patentes du mois de Décembre 1700, par lesquelles Nous avons déclaré que notre volonté étoit, que le Roi d'Espagne et ses descendans conservassent toûjours les droits de leur naissance ou de leur origine, de la même manière que s'ils faisoient leur résidence actuelle dans notre Roïaume, et de l'enregistrement qui a été fait de nosdites Lettres patentes, tant dans notre Cour de Parlement, que dans notre Chambre des Comptes à Paris. Nous sentons comme Roi et comme Père, combien il eût été à désirer que la Paix generale eût pû se conclure sans une renonciation qui fasse un si grand changement dans notre Maison Roïale, et dans l'ordre ancien de succéder à notre Couronne : mais Nous sentons encore plus combien il est de notre devoir d'assûrer promptement à nos Sujets une Paix qui leur est si necessaire. Nous n'oublierons jamais les efforts qu'ils ont faits pour Nous dans la longue durée d'une guerre que Nous n'aurions pû soutenir, si leur zèle n'avoit eu encore plus d'étenduë que leurs forces. Le salut d'un peuple si fidèle, est pour Nous une loi suprême qui doit l'emporter sur toute autre considération. C'est à cette loi que Nous sacrifions aujourd'hui le droit d'un petit-Fils qui Nous est si cher, et par le prix que la Paix générale coûtera à notre tendresse, Nous aurons au moins la consolation de témoigner à nos Sujets qu'aux dépens de notre sang même ils tiendront toûjours le premier rang dans notre cœur. POUR CES CAUSES et autres grandes considérations à ce Nous mouvans, après avoir vû en notre Conseil ledit Acte de renonciation du Roi d'Espagne notredit Frere et petit-Fils, du 5 Novembre dernier, comme aussi les Actes de la renonciation que notredit petit-Fils le Duc de Berry, et notredit Neveu le Duc d'Orléans ont faite reciproquement de leurs droits à la Couronne d'Espagne, tant pour eux que pour leurs descendans mâles et femelles, en conséquence de la Renonciation de notredit Frere et petit-Fils le Roi d'Espagne, le tout cy attaché avec copie collationnée desdites Lettres patentes du mois de Décembre 1700, sous le contre-scel de notre Chancellerie, de notre grâce spéciale, pleine puissance et autorité Roïale, Nous avons dit, statué et ordonné, et par ces Presentes signées de notre main, disons, statuons et ordonnons, voulons et Nous plaît, que ledit Acte de renonciation de notredit Frere et petit-Fils le Roi d'Espagne, et ceux de notredit petit-Fils le Duc de Berry, et de notredit Neveu le Duc d'Orléans, que Nous avons admis et admettons, soient enregistrez dans toutes nos Cours de Parlement et Chambres de nos Comptes de nostre Roïaume, et autres lieux où besoin sera, pour être executez selon leur forme et teneur : et en consequence, voulons et entendons que nosdites Lettres patentes du mois de Décembre mil sept cent, soient et demeurent nulles et comme non avenuës, qu'elles Nous soient rapportées, et qu'à la marge des Registres de notredite Cour de Parlement et de notredite Chambre des Comptes, où est l'enregistrement desdites Lettres patentes, l'Extrait des Presentes y soit mis et inséré, pour mieux marquer nos intentions sur la revocation et nullité desdites Lettres (1). VOULONS que conformément audit Acte de renonciation de notredit Frere et petit-Fils le Roi d'Espagne, il soit desormais regardé et considéré comme exclus de notre succession, que ses héritiers, successeurs et descendans en soient aussi exclus à perpétuité et regardez comme inhabiles à la recuëillir. ENTENDONS qu'à leur défaut, tous droits qui pourroient en quelque temps que ce soit leur competer et appartenir sur notredite Couronne et succession de nos Etats, soient et demeurent transferez à notre tres-cher et tres-amé petit-Fils le Duc de Berry, et ses Enfans et descendans mâles nez en loyal mariage et successivement à leur défaut, à ceux des Princes de notre Maison Royale et leurs descendans, qui par le droit de leur naissance, et par l'ordre établi depuis la fondation de notre Monarchie, devront succeder à notre Couronne. SI DONNONS EN MANDEMENT à nos amez et feaux Conseillers, les Gens tenans notre Cour de Parlement à Paris, que ces Presentes, avec les Actes de renonciation faits par notredit Frere et petit-Fils le Roi d'Espagne, par notredit petit-Fils le Duc de Berry, et par notredit Neveu le Duc d'Orléans, ils ayent à faire

(1) En réalité, malgré cette prescription, les lettres patentes de décembre 1700 n'ont pas été rapportées au Roi : déposées par son ordre au Trésor des Chartes le 1er février 1702, elles y sont restées (Arch. nat., J. 931). De plus, en marge de l'arrêt d'enregistrement de ces lettres, du 1er février 1701, l'extrait de leur révocation n'a pas été inscrit (Arch. nat., X1A 8417, ffos 117 vo-118 ro). Enfin, l'original de ces lettres patentes de mars 1713, contrairement à ce qui s'était passé pour celles de décembre 1700, ne paraît pas avoir jamais été déposé par ordre du Roi au Trésor des Chartes.

lire publier et registrer, et le contenu en iceux garder, observer, et faire executer selon leur forme et teneur, pleinement, paisiblement et perpetuellement, cessant et faisant cesser tous troubles et empêchemens, nonobstant toute Loi, Statuts, Uz, Coûtumes, Arrêts, Reglemens et autres choses à ce contraires, ausquels et aux dérogatoires des dérogatoires y contenuës, Nous avons dérogé et dérogeons par ces Presentes pour ce regard seulement et sans tirer à consequence : CAR tel est notre plaisir. Et afin que ce soit chose ferme et stable à toûjours, Nous avons fait mettre notre Scel à cesdites Presentes. DONNÉ à Versailles au mois de Mars, l'an de grace mil sept cens treize, et de notre Regne le soixante-dixième. *Signé*, LOUIS. *Et plus bas*, Par le Roi, PHELYPEAUX. Visa, PHELYPEAUX. Et scellées du grand Sceau de cire verte, en lacs de soye rouge et verte.

Lûës et publiées, l'Audience tenant, et registrées au Greffe de la Cour, oüy et ce requerant le Procureur General du Roy, pour estre executées selon leur forme et teneur, suivant et conformement aux Arrests de ce jour. A Paris en Parlement le quinze Mars mil sept cens treize.

Signé : DONGOIS.

XXV

Versailles, 10 mars 1713.

Lettres closes du Roi mandant au Parlement de procéder à l'enregistrement des lettres patentes qu'il lui envoie, par lesquelles il autorise la renonciation du Roi d'Espagne à la Couronne de France avec celles du Duc de Berry et du duc d'Orléans à la Couronne d'Espagne.

Arch. Nat., Carton X[1a] 8895 : Parlement civil, Conseil secret juillet 1712-décembre 1713. Chemise cotée : 1713. Liasse de 60 pièces cotée : « LX. Conseil secret, mars 1713. Registrées ». Entre les pièces XXIX (11 mars 1713) et XXX (16 mars 1713) ont été insérées tardivement les 4 pièces non numérotées de la séance du 15 mars. La première de ces 4 pièces : Original, 1 feuillet de papier, 245 mm. de largeur et 375 mm. de hauteur avec la note, en haut à dextre : « apportée le 15e à l'assemblée ».

verso A Nos amez et feaux Con[seill]ers
les gens tenant nostre Cour
de Parlement à Paris.

recto DE PAR LE ROY

NOS AMEZ ET FEAUX, Nous vous envoyons nos lettres patentes concernant la renonciation du Roy d'Espagne à la Couronne de France et celle que notre petit-fils le duc de Berry et n[ot]re neveu le Duc d'Orléans ont réciproquement faite à la Couronne d'Espagne, à l'enregistrement desquelles lettres nous vous mandons de procéder. Si n'y faites faute, CAR TEL est n[ot]re plaisir. DONNÉ à Versailles le 10 Mars 1713.

LOUIS.

PHELYPEAUX.

XXVI

Paris, 15 mars 1713.

Procès-verbal du Conseil secret et de l'audience tenus sur les lettres closes du Roi par la Cour de Parlement garnie des Princes du sang et des Pairs du Royaume, toutes chambres assemblées, pour enregistrer les lettres patentes qui autorisent en vue de la Paix la renonciation du Roi d'Espagne à la Couronne de France, celles du duc de Berry et du duc d'Orléans à la couronne d'Espagne.

Arch. Nat., Carton X^{1B} 8895 : Parlement civil, Conseil secret juillet 1712-décembre 1713. Chemise cotée : 1713. Liasse de 60 pièces cotées : « LX. Conseil secret mars 1713 R(egistrées) ». 4e et dernière des 4 pièces non numérotées, insérées entre les pièces XXIX et XXX. Minute de 10 feuillets papier timbré : « MOIEN PAP(ier) II SOLS LA FEUILLE. GEN(éralité) DE PARIS ». Coté *zz* 358 v°. Registre X^{1A} 8429 : Parlement civil, Conseil secret 1er décembre 1712-26 octobre 1713, coté jadis *zz* ffos 358 v°-361 r°. (Au feuillet 114 r°, le registre passe du 11 au 16 mars en omettant d'enregistrer ce qui s'est passé le 15 mars. C'est seulement après le 26 octobre que l'enregistrement a eu lieu sous le titre : *Obmissions*).

Du Mecredy quinziesme Mars mil sept cens treize. f° 1 r°

Mre Jean Antoine de Mesmes, chevalier, Premier
M. André Potier
M. Jean Jacques Charron
M. Claude de Longueil
M. Estienne d'Aligre
M. Crestien de Lamoignon
M. Antoine Portail
M. Michel Charles Amelot

Conseillers de la grand Chambre

Laiques	Clercs
Le Nain	Le Musnier

Le duc de Berry
Le duc d'Orléans
Le duc de Bourbon
Le prince de Conty
Le duc du Maine, comte d'Eu
Le comte de Thoulouze, duc de Pentiévre,
L'Archevesque duc de Reims
L'Evesque duc de Laon
L'Evesque duc de Langres
L'Evesque Comte de Chalons

A. Portail	Robert	L'Evesque comte de Noyon
Chevalier	Brisart	Le duc de la Tremoïlle
Portail-Chatou	Cadeau	Le duc de Sully
Bruneau	Du Monceau	Le duc de Richelieu
Gaudart	Mandat	Le duc de St-Simon
Dreux	De la grange	Le duc de la Force
Huguet de Semonville	Pajot	Le duc de Rohan
	Pucelle	Le duc d'Estrées
Le Feron	De Vienne	Le duc de la Meilleraye
d'Huguet	Menguy	Le duc de Villeroy
de Verthamon	Joisel	Le duc de Saint-Aignan
Dorieu		Le duc de Rendan
de Bragelongne		Le duc de Tresmes
de Creil		Le duc de Coislin
Braier		Le duc de Charost
Chassepot		Le duc de Villars
de Castagnere		Le duc de Fits-James
de la porte		Le duc d'Antin
Fruguier		Le duc de Chaulnes
Testu de Balincourt		

Croizet, Le Mairat } conseillers d'honneur

de Gourgue, d'Ernoton, Carré, Le Boulanger } Mes des Requestes

f° 1 v° Leclerc de Lesseuille, de Thumery, Benard de Rezé, Feydeau, Amelot, Gilbert, Lambert, Cochet, Bochart, Frizon, Chevalier, de Lubert, Poncet, Rolland, Henault, le Feron, Dodun, Vallier, de la Garde, Lambert, Feydeau. } Presidens des Enquestes et Requestes

Conseillers des Enquestes et des Requestes
Canaye, de Latteignan, Ribodon, Ferrand, Jassaut, de Paris, de la Mouche, de Monthulé, Nigot, Turgot, Pinon, Faure, de Saint-Martin, Durand, Lorenchet, Daverdoin, Fontaine, Feydeau, Lemoine, Coste, d'Aguesseau, Meliand, Renoüard, Le Fevre d'Ormesson, Boutet,

Phelippeaux, Le Tellier, Carré, Le Cocq,
de Louvencourt, Lamblin, Dodun, Fraguier,
De la Grange, Chuberé, Esmery, Robert
et autres en grand Nombre.

CE JOUR, toutes les Chambres assemblées, sont venus en la Cour successivement les Princes et Ducs et Pairs cy-dessus nommez et, comme ils estoient en grand nombre, ils ont occupé le banc à droite, celuy de retour vis-à-vis de Messieurs les Presidens et aussy celuy qui est en retour jusqu'à la lanterne du costé du greffe, à l'exception de la derniére place du premier banc où Monsieur le Musnier est demeuré, de la derniére du second où Monsieur Robert conseiller est aussi demeuré et de celle de Monsieur Le Nain doyen où il est demeuré au bout du troisiesme banc prés de la lanterne du greffe un bureau devant luy : on avoit mis un banc couvert de fleurs de lis devant le banc de retour du costé du greffe où Messieurs les Ducs et Pairs ont passé lors que ces trois autres bancs ont esté remplis. f° 2 r°

Les Conseillers d'honneur, Maistres des Requestes et Conseillers de la Grand Chambre estoient sur le banc d'en haut derriére Messieurs les Présidens et sur des bancs que l'on avoit mis pour doubler les places.

Les Presidens des Enquestes et Requestes en leurs places où ils sont ordinairement les chambres assemblées en conseil.

Les Conseillers des Enquestes et des Requestes dans les barreaux des deux costez à l'ordinaire.

Sur les neuf heures du matin, la cour aiant esté advertie que Monsieur le Duc de Berry estoit à la Sainte Chappelle a député Messieurs les Présidens Portail et Amelot et Messieurs Gaudart et Cadeau conseillers pour l'y aller / recevoir et le conduire en la Cour. f° 2 v°

Peu de temps après, Monsieur le duc de Berry est entré, précédé de Monsieur le Duc d'Orléans, lesdits Sieurs Présidens et Conseillers aux costez de Monsieur le Duc de Berry qui estoit suivy des Ducs de Saint-Simon et de Saint-Aignan.

Monsieur le duc de Berry et Monsieur le duc d'Orléans ont pris leurs places traversant le parquet et Messieurs de Saint-Simon et de Saint-Aignan entre Messieurs les Pairs suivant leur rang.

Après que Monsieur le duc de Berry a été assis, Monsieur le Premier Président ostant son bonnet en luy faisant une profonde inclination puis s'estant couvert luy a dit :

MONSIEUR. La Cour m'a chargé de vous marquer combien elle est sensible à la joye de vous voir prendre aujourd'huy, dans ce PREMIER TRIBUNAL DE LA JUSTICE DU ROY, la place dûe à la grandeur de votre Naissance.

Elle respecte en vous le SANG AUGUSTE de cette longue suite de Roys et elle voit avec une extrême consolation, sur votre visage, ces traits aimables d'un Prince qui ne sera jamais assés regreté : Elle le retrouve en votre personne avec toutes ses eminentes qualitez : mais Elle l'y reconnoist sur tout à cette douceur et à cette bonté qui luy avoit si justement acquis la tendre et sincère affection de tout le Royaume.

Puissiés-vous à son exemple, par un attachement inviolable aux volontés du Roy et par une application continuelle à ce qui peut le soulager dans ses pénibles travaux, contribuer à la gloire et à la durée de son Régne. /

f° 3 r° Ce sont là les vœux et les espérances de la Cour qui m'a encore chargé de vous protester de sa part qu'elle cherchera avec empressement les occasions de vous marquer le profond respect qu'Elle a pour vous.

Monsieur le Duc de Berry qui s'estoit découvert lors que Monsieur le Premier Président lui avoit osté son bonnet avant que de commencer à luy parler, ostant encore son chappeau et le remettant aussi tost a dit qu'il estoit très Reconnoissant des sentimens que le Parlement parroissoit avoir pour luy, qu'il rechercheroit avec Empressement les occasions de marquer l'estime et la considération qu'il avoit pour la Compagnie et, en particulier, pour la personne de Monsieur le Premier Président.

Les Gens du Roy ont esté mandez et ils ont dit par la bouche de Me Guillaume François Jolly de Fleury l'un des advocats dudit Seigneur

Que les lettres patentes qu'ils aportent à la Cour par lesquelles il a plû au Roy d'approuver la Renonciation du Roy d'Espagne à la Couronne de France et celles que Monsieur le duc de Berry et Monsieur le Duc d'Orléans ont faites en conséquence à la Couronne d'Espagne doivent estre regardées comme le premier fondement et comme le présage certain de la Paix que les vœux des peuples demandent au Ciel depuis si long temps.

Que dix années d'une guerre qui a épuisé presque également les deux partys n'ont servy qu'à augmenter dans le cœur des ennemis du Royaume la crainte de voir un jour les couronnes de France et d'Espagne sur la mesme Teste : que les tristes evenemens qui ont

f° 3 v° ravy à la France les premières espérances / de la Monarchie ont encore adjouté de nouveaux degrez à leur inquiétude et, persuadez que cet Equilibre des puissances de l'Europe si nécessaire et si désiré ne pouvoit se maintenir sans mettre un obstacle perpétuel à la Réunion des deux plus grandes Monarchies qui puissent entrer dans cette balance politique, ils ont regardé la renonciation du Roy d'Espagne à l'une de ces deux monarchies comme la seule voye possible de parvenir à la paix generalle.

Que le Roy, partagé entre les loix fondamentalles de son Estat et son affection pour ses sujets fatiguez d'une longue et cruelle guerre, a cherché inutilement à concilier ces veües différentes en proposant au Roy d'Espagne de renoncer à la Couronne qu'il possède et de se contenter des Estats qu'on luy céderoit pour le dedommager du sacrifice qu'il fesoit à sa Patrie et au repos de l'Europe.

Mais que la possession présente de la Couronne d'Espagne, la fidélité et l'amour des Espagnols l'ayant emporté sur toute autre considération dans le cœur de ce prince, la résolution qu'il a prise de préferer l'Espagne à la France n'a laissé à ce Royaume qu'un choix plus triste que difficile entre la continuation d'une longue guerre et une promte paix dont la Renonciation du Roy d'Espagne doit estre le nœud.

Qu'ils sentent toute la grandeur du prix qu'une Paix d'ailleurs si désirable va couter à la France, que leur ministère les consacre si absolument à la deffense de cet ordre respectable par son ancienneté et plus respectable encore par sa sagesse qui, depuis tant de siècles, défère la couronne à un héritier unique et necessaire, que leurs sentimens ont esté d'abord / suspendus entre le désir de la paix et la crainte fº 4 rº de voir violer pour la première fois une loy à laquelle la France doit une nombreuse suite de Roys et la plus longue monarchie dont on ait jamais veu d'exemple dans le monde.

Qu'ils n'ont pas crû mesme devoir renfermer ces mouvemens dans le fond de leur cœur, qu'ils ont ozé les porter jusqu'aux pieds du Trosne et qu'ils en ont rapporté cette consolation que le Roy a bien voulu les instruire luy mesme des efforts inutils qu'il a faits pour donner à son Royaume une Paix si necessaire à un moindre prix : que c'est en entrant avec eux dans un détail si digne de sa bonté qu'il leur a fait connoistre qu'il avoit preveu tout ce qu'ils pouvoient luy représenter : qu'après avoir balancé dans une occasion si importante ce qu'il devoit à sa Couronne, au Roy d'Espagne et à ses sujets, il avoit cru, comme il s'en est expliqué par ses lettres patentes que le Salut de son peuple luy devoit estre plus cher que les droits du Roy son petit-fils, qu'il n'y avoit point pour luy de Loy plus inviolable que Son amour pour des peuples qui, par les efforts incroyables que leur zèle leur a fait faire au delà mesme de leurs forces pour soustenir une si longue guerre, avoient mérité qu'il sacrifiât ce qu'il avoit de plus cher à leur bonheur.

Qu'instruits par luy mesme de ses sentimens qu'il leur a permis d'expliquer à la cour et respectant comme ils le devoient la sagesse f° 4 v° supérieure avec laquelle ses refflections / profondes ont prévenu toutes celles que son Parlement pourroit faire en cette occasion pour luy marquer son zèle pour les loix du Royaume, ils ne devoient pas différer un moment à se conformer à ses intentions en requerant l'enregistrement et la publication à l'audience des lettres patentes où la renonciation du Roy d'Espagne et celles que Monsieur le Duc de Berry et Monsieur le duc d'Orléans ont faites en conséquence se trouvent revestües du caractère de l'autorité souveraine du Roy.

Que si l'Espagne s'aplaudit de s'approprier, par cette renonciation, des vertus qui estoient, pour ainsy dire, le bien de la France, nous joüirons du moins de la consolation d'admirer les mesmes vertus dans un Prince qui mérite autant notre attachement par ses qualités personnelles qu'il est digne de nostre respect par l'élévation de sa naissance et dont la bonté, la modération, l'affabilité retracent si parfaitement l'image d'un père qui a esté l'amour des peuples pendant sa vie et qui ne leur a jamais causé de déplaisir que par sa mort.

Qu'il ne leur reste plus pour accomplir les devoirs de leur ministére que d'observer à la Cour que, parmy les différens titres que le Roy d'Espagne a pris dans l'acte de renonciation, on trouve celuy de Roy de Navarre et de duc de Bourgogne, que la Cour conçoit aisément les conséquences dangereuses que cet acte pourroit avoir si elle approuvoit ces qualitez par son silence, qu'ils croiroient manquer à ce que leur devoir exige d'eux s'ils ne demandoient à la Cour qu'en f° 5 r° enregistrant ces lettres patentes / et les actes de renonciation, il luy plust de déclarer en mesme temps que c'est sans approbation des titres de Roy de Navarre, de duc de Bourgogne et autres qui peuvent estre contraires aux droits du Roy dans l'acte de renonciation du Roy d'Espagne.

Et que c'est dans ces veües que le Procureur général du Roy a pris des conclusions par écrit qu'ils laissoient à la Cour (1) avec les lettres patentes du Roy, les renonciations attachées sous le contrescel d'icelles et la lettre de cachet du Roy et se sont retirez.

Lesdites Lettres, Renonciations et conclusions du Procureur général du Roy ont esté mises entre les mains de Monsieur Le Nain,

(1) Ces conclusions écrites des Gens du Roi manquent dans le Registre X[1A] 8971 contenant les conclusions du procureur général, du 23 novembre 1712 au 26 octobre 1713. Ce registre, qui n'est pas folioté, passe du 14 au 16 mars 1713 sans rien indiquer pour le 15 : il n'y a pas d'omissions transcrites à la fin du registre. L'absence du procureur général à la séance solennelle, comme celle du chancelier est, d'ailleurs, à noter. Six princes, cinq pairs ecclésiastiques, dix-huit ducs étaient présents : vingt-cinq pairs étaient absents.

Doyen, qui a fait lecture de la lettre de cachet, desdites lettres patentes et renonciations, aprés laquelle Monsieur le Premier Président, prenant la parolle, a dit :

Qu'il ne pouvoit se dispenser de rendre compte à la Cour de ce que le Roy luy avoit fait l'honneur de luy dire au sujet de la Résolution qu'il avoit prise d'authoriser la renonciation du Roy d'Espagne par les lettres patentes dont on venoit de faire la lecture.

Que lorsque le Roy avoit bien voulû luy faire part de cette résolution, il avoit crû que le devoir de sa charge l'obligeoit de prendre la liberté de représenter à Sa Majesté qu'une telle renonciacion étoit absolument opposée aux Lois fondamentales de l'Estat qui, depuis tant de siècles, réglent si heureusement l'ordre de la succession à la couronne.

Que le Roy luy avoit fait l'honneur de luy répondre (1) que personne n'avoit mieux / senti que luy tout ce que l'on pouvoit dire et f° 5 v°
penser sur ce sujet.

Qu'il l'avoit assés fait connoistre en ne consentant à la Renonciation qu'après avoir inutilement tenté toutes les autres voyes de parvenir à la Paix.

Qu'il avoit voulû que ses lettres patentes mesmes en instruisissent ses peuples qui luy avoient marqué leur zèle par de si grands efforts et de si grands secours et dont il prefereroit le repos et le bonheur à tout autre considération.

Qu'ainsy, il avoit crû que rien ne devoit retarder l'avancement d'une paix si nécessaire à son royaume et qui ne pouvoit estre fondée que sur la renonciation du Roy d'Espagne son petit-fils.

Que le Roy après s'estre expliqué dans ces termes pleins d'affection et de tendresse pour ses peuples luy avoit permis de les raporter à la Cour et avoit adjouté que les preuves qu'il avoit du zèle du Parlement pour son service ne luy permetoient pas de douter que cette Compagnie n'entrast dans ses sentimens et qu'à l'exemple du Roy mesme elle ne fît de ses justes repugnances à donner atteinte aux Lois de l'Estat un sacrifice que demandoit dans cette conjoncture le bien de l'Estat mesme.

Monsieur le Doyen a fait lecture des conclusions du Procureur général du Roy, puis Monsieur le Premier Président a pris les voix en la manière accoutumée, premièrement de Monsieur le Doyen rapporteur, de Messieurs Le Musnier et Robert qui estoient à la dernière place de chacun des premier et / second bancs, puis de Messieurs les f° 6 r°

(1) Le scribe avait, d'abord par erreur, écrit « représenter ».

Conseillers [d'honneur, Maistres des Requestes et Conseillers] (1) de la Grand Chambre qui estoient tous ensemble en haut derrière Messieurs les Présidens, des Présidens des Enquestes et Requestes et Conseillers des Enquestes et Requestes, des Ducs et Pairs en remontant depuis les derniers jusqu'à l'archevesque duc de Reims sans oster son bonnet et les nommant par les titres de leurs pairies, de Monsieur le Comte de Thoulouze et de Monsieur le Duc du Maine leur ostant son bonnet et leur faisant une inclination, les nommant par les titres de leurs pairies, de Monsieur le Prince de Conty, de Monsieur le duc de Bourbon, de Monsieur le Duc d'Orléans et de Monsieur le Duc de Berry sans les nommer et leur faisant une profonde inclination, son bonnet à la main. Monsieur le duc d'Orléans a dit : « Monsieur, je ne dois pas opiner sur une affaire qui me regarde de si près, mais on ne peut pas douter que je ne fusse de l'advis commun puisque je ne suis venu que pour confirmer et ratifier par ma présence la Renonciation que j'ay faite à la Couronne d'Espagne, après avoir veu la Renonciation du Roy d'Espagne à la Couronne de France faite volontairement, comme il parroist non seulement par l'acte que l'on en vient de lire, mais comme il est de ma connoissance particulière par une lettre du Roy d'Espagne que j'ay veüe entre les mains de Monsieur le duc de Berry par laquelle il luy mande qu'il est très aise d'avoir renoncé à la Couronne de France en faveur d'un frère qu'il aimoit
f° 6 v° autant que luy mesme ». / Monsieur le duc de Berry a confirmé la mesme chose et dans les mesmes termes à peu près.

Et, enfin, Monsieur le Premier Président a demandé l'advis de Messieurs les Présidens sans les nommer son bonnet à la main.

L'Arrest conforme aux Conclusions du Procureur general du Roy a esté dressé séparément et lu à la Compagnie qui l'a approuvé d'un vœu commun.

Et, comme il portoit que les lettres patentes et les actes de renonciations seroient leües l'audience tenant, ce jour mesme,

Messieurs les Présidens sont allez à la Beuvette pour prendre leurs robes rouges et leurs manteaux.

Cependant, Monsieur le duc de Berry, Monsieur le duc d'Orléans et les autres Princes et Pairs se sont mis en haut en leurs places ordinaires, Monsieur le Doyen, suivant l'usage, le dernier sur le banc et, parce qu'il ne suffisoit, on a apporté un banc couvert de fleurs de lis venant seulement vis à vis Monsieur l'archevesque duc de Reims, sur lequel le surplus des pairs se sont placez.

(1) Le scribe a écrit en marge ces mots d'abord oubliés par lui. Le renvoi est paraphé : « veu, D[e] M[esmes] ».

Les Conseillers clercs ont pris leurs places ordinaires aux audiences publiques à la suite de Messieurs les Présidens.

Les Conseillers d'honneur, les Maistres des Requestes et les Présidens des Enquestes et Requestes se sont mis sur le banc d'en bas et sur celuy de retour vis à vis de celuy de Messieurs les Présidens au Conseil et sur des bancs qui furent apportez devant pour / placer ceux f° 7 r°
qui n'avoient pu tenir sur les deux bancs cy dessus.

Les Conseillers de la grand' chambre laïques sur le banc de Messieurs les Présidens de la Cour au Conseil et sur celuy de retour depuis la lanterne du greffe jusqu'à la chaire de l'interprète et sur des bancs qui furent apportez devant les premiers.

Les Conseillers des Enquestes et Requestes dans les Barreaux à l'ordinaire.

Et les gens du Roy dans les places qu'ils occupent aux assemblées des Chambres.

Messieurs les Presidens sont revenus par la lanterne du costé du greffe et, aprés avoir salué Messieurs les Princes qui, de leur costé, se sont levez et assis, ont pris leur places ordinaires aux audiences publiques.

Monsieur le Premier Président a ordonné que les portes fussent ouvertes.

Lecture a esté faite des Lettres patentes et des actes de renonciation du Roy d'Espagne et de Messieurs les Ducs de Berry et d'Orléans par l'un des greffiers en chef de ladite Cour, ensemble des lettres patentes du mois de décembre mil sept cens attachées sous le contrescel desdites lettres.

Me Guillaume François Joly de Fleury l'un des advocats dudit Seigneur Roy s'est levé et a fait un discours de mesme substance que celuy qu'il avoit fait au Conseil et a pris les mesmes conclusions que celles que le Procureur general du Roy avoit prises par écrit. / f° 7 v°

Monsieur le Premier Président a esté aux advis, premièrement à Messieurs les Présidens, ensuite à Messieurs les Conseillers clercs de mesme coté. Il est revenu à Messieurs les Princes, Messieurs les Pairs qui estoient après eux sur le banc, à Monsieur Le Nain, Doyen, qui estoit à l'extrémité du mesme banc, et au reste de Messieurs les Pairs qui estoit sur le banc du devant. Il est repassé ensuite devant Messieurs les Princes en leur faisant une profonde reverence, est descendu par le petit degré qui est à costé du greffier et est allé successivement à tous les bancs qui estoient en bas dans le parquet et dans les barreaux sur lesquels estoit le reste de la Compagnie en l'ordre cy dessus marqué et il est remonté par le mesme degré à sa place et a prononcé l'arrest conforme aux conclusions du Procureur général du Roy ainsy qu'il a esté dressé séparément dans la feüille de l'audience.

Monsieur le Duc de Berry, Monsieur le Duc d'Orléans et Messieurs les Princes du Sang sont descendus par le petit degré à costé du greffier et sont sortis traversant le Parquet et ont esté reconduits jusqu'à la Sainte Chapelle, précédez par quatre huissiers frapans de leurs baguettes. Et Messieurs les Presidens sont sortis en mesme temps par la lanterne du costé du greffe.

Et, lorsque Monsieur le Duc du Maine et Monsieur le Comte
f° 8 r° de Thoulouze / sont sortis, ils ont esté conduits jusqu'à la Sainte Chapelle par un huissier frapant de sa baguette à l'ordinaire.

Veu,

DE MESMES.

f° 8 v°, 9 et 10 blancs

XXVII

Paris, 15 mars 1713.

Arrêt, en Conseil secret, de la Cour de Parlement toutes chambres assemblées, garnie des Princes du Sang et des Pairs de Royaume, ordonnant, sur les lettres closes du Roi, que ses lettres patentes et les renonciations seront lues et publiées en audience publique, puis enregistrées au greffe pour être exécutées selon leur forme et teneur; que, les matières de cette qualité ne se délibérant qu'en cette Cour, le duplicata des dites lettres sera envoyé aux autres parlements du Royaume, comme aux bailliages et sénéchaussées du ressort, pour y être simplement lues, publiées et enregistrées dans le délai d'un mois.

Arch. Nat., Carton X^{1B} 8895 : Parlement civil, Conseil secret juillet 1712-décembre 1713. Chemise cotée : 1713. Liasse de 60 pièces cotée : « LX. Conseil secret, mars 1713. R(egistrées) ». Quatre pièces insérées entre les XXIX et XXX. La 2e de ces 4 pièces : Minute, 2 feuillets pap. 230 mm. de large et 335 mm. de haut, timbré « MOIEN PAP(ier) II SOLS LA FEUIL(le) GEN(éralité) DE PARIS. » Pièce cotée précédemment 22 361. — Registre X^{1A} 8429 : Conseil secret 1er décembre

1712-26 octobre 1713. Coté zz. Enregistrement tardif sous le titre *Obmissions*, f° 361 r°-v°.

Du mecredy quinziesme mars mil sept cens treize f° 1 r°
Du matin.

Monsieur le Premier President,

Ce jour, toutes les chambres assemblées, aprés avoir veu les lettres patentes du Roy données à Versailles au présent mois de mars 1713, signées Louis et plus bas Phelippeaux et scellées du grand sceau de cire verte en lacs de soye verte et rouge, par lesquelles pour les causes y contenues ledit seigneur Roy a dit, statué et ordonné veut et luy plaist que l'acte de renonciation que le Roy d'Espagne Philippes cinquiesme a faite tant pour luy que pour ses descendans à la Couronne de France le cinquiesme novembre 1712, comme aussi que les actes de renonciation de Monsieur le duc de Berry et de Monsieur le duc d'Orléans tant pour eux que pour leurs descendans masles et femelles à la couronne d'Espagne des dix neuf et vingt quatre dudit mois que ledit seigneur Roy auroit admis soient enregistrées dans toutes les cours de Parlement et Chambres des Comptes du Royaume ou autres lieux où besoin sera pour estre exécutées selon leur forme et teneur et, en conséquence, veut que les lettres patentes du mois de décembre 1700 soient et demeurent nulles et comme non advenues, qu'elles luy soient raportées et qu'à la marge des registres de la Cour et de la Chambre des Comptes où est l'enregistrement desdites lettres l'extrait des dites lettres du mois de mars 1713 y soit mis et inséré. Veut ledit Seigneur Roy que conformément audit acte de renonciation du Roy d'Espagne il soit désormais regardé et considéré comme exclus de la succession dudit Seigneur Roy, que ses héritiers, successeurs et descendans en soient aussi exclus à perpétuité et regardés comme inhabiles à la recueillir, entend qu'à leur deffaut tous droits qui pourroient en quelque temps que ce soit leur compéter et appartenir sur la couronne de France soient / et demeurent transferez à Monsieur f° 1 v° le duç de Berry et à ses enfans et descendans masles nez en légitime mariage et successivement, à leur deffaut, aux Princes de la maison Royale et leurs descendans qui, par le droit de leur naissance et par l'ordre establi depuis la fondation de la monarchie, doivent succeder à la Couronne de France, ainsi qu'il est plus au long contenu esdites lettres à la cour adressantes.

Veü aussi lesdits actes de renonciation de Monsieur le duc de Berry et de Monsieur le duc d'Orléans à la Couronne d'Espagne, des dix neuf et vingt quatre novembre 1712, et copie desdites lettres patentes du mois de décembre 1700 et de l'arrest d'enregistrement d'icelles du premier fevrier mil sept cens un, le tout attaché sous le contrescel desdites lettres patentes du présent mois de mars 1713. Conclusions du procureur général du Roy par lesquelles il auroit requis estre ordonné que lesdites lettres patentes dudit présent mois de mars, ensemble lesdits actes de renonciation attachées sous le contrescel d'icelles seroient lues et publiées, l'audience de ladite Cour tenant, et registrées au greffe d'icelle pour estre exécutées selon leur forme et teneur, sans approbation neatmoins des Tiltres de Roy de Navarre, de Duc de Bourgogne et autres pris par le Roy d'Espagne dans l'acte de sa renonciation, lesquels Tiltres ne pourroient nuire ni préjudicier aux droits du Roy et de la Couronne et que le duplicata desdites lettres patentes sera envoyé aux autres parlemens du Royaume, d'autant que les matières de cette qualité ne se délibéroient qu'en la Cour, comme aussy que copies collationnées d'icelles lettres seroient envoyées en tous les baillages et senechaussées du ressort de ladite Cour pour y estre luës, publiées et registrées, enjoint à ses substituts d'y tenir la main et d'en certifier la Cour dans le mois. Oüy le rapport de Me Jean Le Nain Conseiller, la matière mise en délibération. /

f° 2 r° LA COUR, conformément aux conclusions du procureur général du Roy, ordonne que lesdites lettres patentes du présent mois de mars et les actes de renonciation attachées sous le contrescel d'icelles seront lus et publiés, l'audience de ladite cour tenant, et registrés au greffe d'icelle pour estre exécutés selon leur forme et teneur, sans approbation neatmoins des tiltres de Roy de Navarre, de duc de Bourgogne et autres pris par le Roy d'Espagne dans ledit acte de sa renonciation lesquels ne pourront nuire ni préjudicier aux droits du Roy et de la Couronne, ordonne que le Duplicata desdites lettres sera envoyé aux autres parlemens du Royaume pour y estre pareillement lues, publiées et registrées comme aussy que copies collationnées desdites lettres seront envoyées aux baillages et senechaussées du ressort pour y estre aussy publiées et registrées, enjoint aux substituts du procureur général du Roy d'y tenir la main et d'en certifier la Cour dans un mois.

Veu,

DE MESMES.

f° 2 v°
blanc

XXVIII

Paris, 15 mars 1713.

Arrêt solennel, en audience publique, de la Cour de Parlement, toutes chambres assemblées, garnie des Princes et des Pairs, ordonnant, après lecture des lettres patentes et des renonciations, qu'elles seront enregistrées pour être exécutées selon leur forme et teneur, sans approbation des titres de Roi de Navarre et de duc de Bourgogne pris par le Roi d'Espagne, que des duplicata desdites lettres et renonciations seront envoyées aux autres Parlements du Royaume pour y être lues, publiées et enregistrées.

Arch. Nat., Carton X¹ᴮ 8895, Parlement civil, Conseil secret juillet 1712-décembre 1713. Chemise cotée « 1713 ». Liasse de 60 pièces cotées : « LX. Conseil secret mars 1713 R[egistrées] ». La 3ᵉ des 4 pièces insérées après coup entre les XXIX et XXX. Minute de 2 feuillets papier timbré : MOIEN PAP[ier] II SOLS LA FEUILLE. GEN[éralité] DE PARIS » Coté *zz.* — Registre X¹ᴬ 8429. Conseil secret 1ᵉʳ décembre 1712-26 octobre 1713, coté *zz.* Enregistrement tardif sous le titre : *Obmissions*, ff. 361 vᵒ-362 rᵒ.

Audience

Du mecredy quinziesme mars mil sept cens treize du matin.

Monsieur le Premier Président.

Ce jour, toutes les chambres assemblées, après que, judiciairement et l'audience tenant, lecture a esté faite par l'un des greffiers en chef de ladite Cour des lettres patentes du Roy données à Versailles au présent mois de mars signées par le Roy Phelippeaux et scellées du grand sceau de cire verte en lacs de soye rouge et verte par lesquelles, pour les causes y contenues, ledit Seigneur Roy auroit dit, statué et ordonné, veut et luy plaist que l'acte de renonciation que le Roy d'Espagne Philippes cinquième a faite tant pour luy que pour ses descendans à la couronne de France le cinquiesme novembre 1712 comme aussi que les actes de renonciation de Monsieur le duc de Berry et de Monsieur le duc d'Orléans, tant pour eux que pour leurs descendans masles et femelles à la Couronne d'Espagne des 19ᵉ et 24ᵉ dudit mois de novembre, que ledit Seigneur Roy auroit admis soient enregistrées dans toutes les cours de Parlement, chambres des comptes du royaume et autres lieux où besoin seroit pour estre exécutées selon

leur forme et teneur et, en conséquence, veut que les lettres patentes du mois dé décembre mil sept cens soient et demeurent nulles et comme non advenues, qu'elles luy soient raportées et qu'à la marge des registres de la Cour et de la Chambre des Comptes où est l'enregistrement desdites lettres patentes l'extrait desdites lettres du présent mois de mars y soit mis et inséré. Veut ledit Seigneur Roy que, conformément audit acte de renonciation du Roy d'Espagne, il soit désormais regardé et considéré comme exclus de la succession dudit Seigneur Roy, que ses héritiers successeurs et descendans en soient aussi exclus a perpétuité comme inhabiles à la recueillir : entend qu'à leur
f° 1 v° / deffaut tous droits qui pourroient en quelque temps que ce soit leur compéter et appartenir sur la couronne de France soient et demeurent transferez à Monsieur le Duc de Berry et à ses enfans et descendans masles nez en légitime mariage et successivement, à leur deffaut, aux Princes de la Maison Royalle et leurs descendants qui, par le droit de leur naissance et par l'ordre estably depuis la fondation de la Monarchie doivent succéder à la couronne de France ainsi que plus au long le contiennent lesdites lettres, Lecture pareillement faite des actes de renonciation de Monsieur le duc de Berry et de Monsieur le duc d'Orléans à la couronne d'Espagne desdits jours dix neuf et vingt quatre novembre dernier et de la copie des dites lettres du mois de décembre 1700 attachées sous le contrescel desdites lettres du présent mois de mars. Oüy Joly de Fleury, pour le Procureur general du Roy, qui a dit qu'après la lecture que le public accouru en foule à cette auguste cérémonie vient d'entendre des lettres patentes du Roy sur les renonciations qu'elles autorisent, ils ne pourroient rien adjouter qui ne fût au dessous des motifs expliquez par ces lettres et des témoignages que le Roy y donne de son affection pour ses peuples. Que l'interest des sujets fatiguez d'une longue guerre a combattu dans le cœur du Roy contre sa tendresse pour le Roy son petit-fils et l'interest des sujets a prévalu ; il a regardé leur bonheur comme une loy Supresme qui devoit l'emporter sur toute autre considération ; Quels termes plus touchans pourroient ils emploier que ceux dont le Roy s'est servi dans les lettres patentes : qu'il leur suffit donc de repeter ces expressions et de redire après le Roy mesmes à tous ceux qui les écoutent qu'aux dépens de son propre sang ses sujets tiendront toujours le premier rang dans son cœur. Puisse un Prince si magnanime joüir longtemps d'une paix qui lui coûte un si grand sacrifice : que la durée de ses jours égale nos souhaits et surpasse mesme nos plus flateuses espérances, qu'il ait la joye de voir croistre longtemps sous ses yeux un Prince dont la Conservation est l'objet des vœux de cette monarchie :
f° 2 r° Puisse-t-il le / former luy-mesme dans l'art de régner, le voir com-

mencer à suivre ses grands Exemples et ne remettre le sceptre entre ses mains que longtemps après qu'elles seront assés fortes pour en soutenir tout le poids et pour perpétuer dans ce royaume une Paix heureuse et inaltérable. Et a requis que, sur le reply desdites lettres du présent mois de mars et sur lesdits actes de renonciation desdits jours cinq, dix-neuf et vingt-quatrième novembre 1712, il soit mis qu'elles avoient esté luës, publiées, l'audience de la Cour tenant, et registrées au greffe d'icelle pour estre exécutées selon leur forme et teneur, sans approbation des titres de Roy de Navarre, de duc de Bourgogne et autres pris par le Roy d'Espagne dans sadite renonciation, lesquels titres ne pourroient nuire ni préjudicier aux droits du Roy et de la Couronne. Et, d'autant que les matières de cette qualité ne se délibèrent qu'en la Cour, que des duplicata d'icelles et desdits actes de renonciation fussent envoyez aux autres parlemens du Royaume et des copies d'icelles pareillement envoyées aux baillages et senechaussées du ressort pour y estre lues, publiées et registrées, enjoint aux substituts du procureur général du Roy d'y tenir la main et d'en certifier la Cour dans un mois, suivant l'arresté de ce jour.

LA COUR, ce requérant le Procureur General du Roy, a ordonné et ordonne que, sur le reply desdites lettres et sur lesdites renonciations, il sera mis qu'elles ont esté lues, publiées, l'audience tenant, et registrées pour estre exécutées selon leur forme et teneur, sans approbation des titres de Roy de Navarre, de duc de Bourgogne et autres pris par le Roy d'Espagne dans l'acte de sa renonciation qui ne pourront nuire ni préjudicier aux droits du Roy et de la Couronne, Et que, conformément au requisitoire du Procureur général du Roy, des duplicata desdites lettres et renonciations seront envoyez aux autres parlemens du Royaume et des copies collationnées aux baillages et Senechaussées du ressort pour / y estre lues, publiées et registrées, enjoint aux Substituts du Procureur Général du Roy tant desdits baillages et Sénéchaussées d'y tenir la main et d'en certifier la cour au mois. f° 2 v°

Veu,

DE MESMES.

SOURCES ET BIBLIOGRAPHIE

SOURCES ET BIBLIOGRAPHIE

I

MANUSCRITS (1)

Archives des Affaires Étrangères :

Angleterre, tomes 189, 217, 237, 277, 278, 300, 314.

Espagne, tomes 79, 85, 213, 214, 215, 216, 218, 220, 243, 269, 317, 340, 828.

France, Mémoires et documents, « France », tomes 32, 430, 457.

Archives Nationales :

J. 931, « Trésor des Chartes, II, Supplément, mélanges, Espagne, Philippe V » (Lettres patentes de 1700. — Mémoire du garde des Archives du duc d'Orléans, 1788).

K. 1632, « Monuments historiques, IX, Négociations, Espagne ».

K. 1684, *Id.* (Testament de Charles II).

O 1* 218 (Lettres de naturalité).

O 1* 220 (*Id.*)

X 1A 8417, « du Conseil Secret » (Voyage du parlement en corps à Versailles pour saluer Philippe V).

X 1A 8971 (Conclusions du procureur général).

X 1B 8895, « Parlement civil » (Lettres closes au Parlement, 1713, et séance du 15 mars 1713).

X 1B 8899, *Id.*

X 1B 9009, *Id.* (Lettres patentes de 1713).

Bibliothèque Nationale :

Manuscrits français, N° 1087 (Mémoire de Noailles) ;

N° 10670 (Mémoires inédits de Torcy, 3 vol.) ;

N° 23023, f° 492 (Remontrances de la Chambre des Comptes, 18 mars 1593) ;

(1) Outre les indications qui suivent, voir toutes les cotes données aux Pièces justificatives.

Manuscrits, nouvelles acquisitions françaises,
N° 741 (Juvenal des Ursins);
N° 7733 (Lettres patentes de 1573);
N° 21697 (Déclaration de Charles IX).

Musée Condé, Chantilly :

Manuscrits n° 1016 et n° 1599.

British Museum :

Manuscrit n° 8756 (Mémoires manuscrits du prince de Cellamare).

Archives de Simancas (d'après A. Baudrillart) :

Est. l. 4314, 4316, 8107.

Archives d'Alcala (d'après A. Baudrillart) :

Est. l. 2460, 2733.

Manuscrit (disparu) du P. Poisson : *La loy fondamentale de la succession à la couronne de France, avec un préambule sur ce qui a donné lieu à cet ouvrage* (d'après la reproduction communiquée par M. A. Baudrillart).

Archives Napolitaines :

Farnesiana, fasc. 58.

Oxenford Castle (d'après Wiesener) :

Stair's Papers.

II

IMPRIMÉS

1° *Livres et textes anciens.*

Richer, *Historiae* (dans l'édition Waitz, 1877).

Jean de Salisbury, *Polycraticus* (dans Migne, *Patrologiae cursus completus*, Paris, 1855, t. 189).

Li livres de Jostice et Plet, vers 1260 (dans l'édition Rapetti, Paris, 1850).

Las siete Partidas, vers 1260 (dans l'édition de Madrid, 1807).

Documents inédits sur l'avènement de Philippe le Long (G. Servois), dans l'*Annuaire-Bulletin de la Société de l'Histoire de France*, Paris 1864, II° partie, pp. 44-79.

Le songe du Vergier, vers 1376 dans *Traitez des droits et libertez de l'Église gallicane*, 1731, t. II).

Balde de Ubaldis, *Super usibus feudorum*, Parme, 1475.

Joannis de Terra Rubea *Tractatus de jure legitimi successoris in hereditate regni Galliae*, Lyon, 1526 (réédité dans Hotman, *Disputatio de controversia*, 1585).

JEHAN MASSELIN, député du bailliage de Rouen, *Journal des États généraux de France, tenus à Tours en 1484*, rédigé en latin, publié et traduit pour la première fois par A. BERNIER, Paris, 1835.

CLAUDE DE SEYSSEL, *La loi salique*, 1540.

— *La Grand Monarchie de France*, Paris, 1541.

DU MOULIN (1500-1566), *Opera* (dans l'édition de Paris, 1658).

MICHEL DE L'HOSPITAL, *Œuvres complètes* (éd. Dufey, 1824, 3 vol.).

— *Œuvres inédites* (même éd., 1825, 2 vol.).

ÉTIENNE PASQUIER, *Recherches de la France*, Paris, 1561 (réédité, Paris, 1611).

FRANÇOIS HOTMAN, *Francogallia sive tractatus isagogicus de regimine Regum Galliae et de jure successionis*, Genève, 1573.

JEAN BODIN, *Les six livres de la République*, 1577.

JEAN DU TILLET, *Recueil des Roys de France*, Rouen, 1577 (réédité, Paris, 1580).

— *Recueil des Traités entre les Roys de France et d'Angleterre*, Paris, 1580 et 1602.

FRANÇOIS DES ROSIÈRES, archidiacre de Toul, *Stemmatum Lotharingiae ac Barri ducum* tomi VII, Paris, 1580.

FRANÇOIS HOTMAN, *Disputatio de controversia successionis regiae inter patruum et fratris praemortui filium*, 1585.

[PIERRE DE BELLOY], *Examen du discours publié contre la maison royalle de France*, 1587.

La Satyre Ménippée ou *la Vertu du Catholicon d'Espagne*, 1593-1594 (dans l'édition de Ratisbonne, 1711).

CHARLES LOYSEAU, *Les Œuvres de Maistre Charles Loyseau*, Paris, 1608 (rééditées par Claude Joly, Paris 1666).

JACQUES-AUGUSTE DE THOU, *Histoire universelle*, Paris, 1604-1609 (dans l'édition traduite de l'édition latine de Londres, Londres, 1734).

JÉRÔME BIGNON, *Traité de l'Excellence des Rois et du Roïaume de France, traitant de la Préséance et des Prérogatives des Rois de France pardessus tous les autres et des causes d'icelles*, Paris, 1610.

DE L'HOMMEAU, *Maximes générales du droit français*, Rouen, 1612.

ANDRÉ FAVYN, *Histoire de Navarre*, Paris, 1612.

BERNARD DE LA ROCHE-FLAVIN, *Treize livres des Parlements de France*, Bordeaux, 1617 (réédité, Genève, 1621).

G. DU VAIR, *Œuvres du sieur du Vair*, Paris, 1618.

Nueva recopilacion de las leyes de Castilla, Madrid, 1640.

GUY COQUILLE, *Œuvres*, éd. Loysel, Paris, 1646 (rééditées, Paris, 1665).

CLAUDE JOLY, *Recueil de Maximes véritables et importantes pour l'institution du roi*, Paris, 1652.

Lettres du cardinal Mazarin pendant son ministère, édition Chéruel et vicomte d'Avenel, 9 vol., Paris, 1872-1906.

Négociations secrètes des Pyrénées, 4 vol., La Haye-Amsterdam, 1725.

Lettres du Cardinal Mazarin où l'on voit le secret de la paix des Pyrénées, publiées par l'abbé d'Allainval, 2 vol., Amsterdam [Paris], 1745.

Traité de Paix entre les couronnes de France et d'Espagne avec le contract de mariage du Roy très chrétien, Paris, 1660.

HARDOUIN DE PÉRÉFIXE, *Histoire du roy Henry le Grand*, Paris, 1661.

[DENIS GODEFROY ?], *Mémoires et Institutions pour servir dans les négociations et affaires concernant les droits du roi de France*, Amsterdam, 1665.

Traité des droits de la Reyne Très chrétienne sur divers États de la Monarchie d'Espagne, 1667.

Bouclier d'Estat et de Justice contre le dessein manifestement découvert de la Monarchie universelle, sous le vain prétexte des prétentions de la Reyne de France, s. l., 1667.

La vérité défendue des sofismes de la France et response à l'autheur des prétensions du Roy Tres-Chrestien sur les Estats du Roy Catholique (traduit de l'italien), 2 parties, s. l. (Elzévier), 1668.

BOSSUET, *Politique tirée de l'Écriture sainte*, 1681 (rééditée, Paris, 1709).

P. CLÉRIC, S. J., *Philippe V, roy d'Espagne, poème présenté à Monseigneur le duc de Berry*, Paris, 1701.

Lettres Patentes du Roy pour conserver au Roy d'Espagne le droit de succession à la couronne de France, à Paris, chez François Muguet, 1701 (Archives Nationales, X1 B 9003).

VIZÉ-DONNEAU, *Recueil de diverses pièces touchant les préliminaires de la paix*, Paris, 1709.

Lettres Patentes du Roy qui admettent la renonciation du Roy d'Espagne, mars 1713, à Paris, 1713 (Archives Nationales, X1 B 9009).

TORCY, *Journal inédit de J.-B. Colbert, marquis de Torcy*, publié par F. Masson, Paris, 1903.

— *Mémoires*, 3 vol., La Haye, 1756 (réédités, Londres, 1757).

— *Mémoires et Négociations de 1687 à 1713*, édition Michaud et Poujoulat, 3e série, t. VIII.

LORD BOLINGBROKE, *Letters and correspondence of Henry Saint-John, lord viscount Bolingbroke*, 2 vol., 1798.

— *Lettres historiques, politiques, philosophiques et particulières de Henri Saint-John, lord vicomte Bolingbroke*, 3 vol., Paris, 1808.

LOUIS XIV, *Mémoires de Louis XIV*, éd. Ch. Dreyss, 2 vol., Paris, 1860.

— *Œuvres de Louis XIV*, Paris, 1806.

FÉNELON, *Lettres de Fénelon à Louis XIV*, éd. Renouard, Paris, 1825.

— *Divers mémoires concernant la guerre de succession d'Espagne* (dans *Œuvres complètes*, éd. Gaume, 1850, t. VII).

VILLARS, *Mémoires du Maréchal de Villars*, publiés d'après le manuscrit original pour la Société de l'Histoire de France, par le marquis de Vogüé, 6 vol., Paris, 1884-1904.

Mémoires militaires relatifs à la Succession d'Espagne, 11 vol., Paris, 1825-1862.

Correspondance administrative sous le règne de Louis XIV (G.-B. DEPPING), 4 vol., Paris, 1851.

Recueil des principaux traitez faits et conclus depuis le traité de Westphalie en 1648 jusqu'au traité d'Utrecht en 1714, 4 vol., Paris, 1708-1714.

Les grands traités du règne de Louis XIV (VAST), dans la Collection des textes pour servir à l'étude de l'Histoire de France, 1899.

[CASIMIR FRESCHOT], *Actes et Mémoires concernant la paix d'Utrecht*, Utrecht, 1714.

[CASIMIR FRESCHOT], *Histoire du Congrès de la paix d'Utrecht*, Utrecht, 1716.

ROBERT WALPOLE, *Rapport du comité secret nommé par la Chambre basse du Parlement pour faire l'examen des livres et papiers qui roulent sur les négociations de la dernière paix et du traité de commerce*, traduction française, Amsterdam, 1715.

MARQUIS DE DANGEAU, *Journal de la cour de Louis XIV*, 19 vol., Paris 1854-1860.

LOUVILLE, *Mémoires secrets sur l'établissement de la Maison de Bourbon en Espagne, extraits de la correspondance du marquis de Louville, gentilhomme de la Chambre de Philippe V, et chef de sa maison française*, 2 vol., Paris, 1818.

Justification des Lettres Patentes de Louis XIV données à Versailles, au mois de mars 1713, manuscrit édité à Paris, 1824.

Duc de SAINT-SIMON, *Mémoires*, éd. Chéruel et Régnier, Paris, 1887 ; éd. Boislisle, 26 vol. parus, Paris, 1878-1914.

— *Écrits inédits de Saint-Simon*, publiés par P. Faugère, 8 vol., Paris, 1880-1893.

J. LE LONG, *Bibliothèque historique de la France*, Paris, 1719.

Mémoires secrets et Correspondance inédite du Cardinal Dubois, premier ministre (SEVELINGES), 2 vol., Paris, 1815.

Lettres intimes de J.-M. Alberoni au comte J. Rocca (E. BOURGEOIS), Paris, 1892.

Gazette de la Régence, janvier 1715-juin 1719, publiée par le comte A. de Barthémy, Paris, 1887.

BUVAT, *Journal de la Régence*, éd. Campardon, Paris, 1865.

Duc de SAINT-SIMON, *Papiers inédits du duc de Saint-Simon, lettres et dépêches sur l'ambassade d'Espagne (1721-1722)*, publiés par Ed. Drumont, Paris, 1880.

LE GRAND, prieur de Neuville-les-Dames et de Prevessin, *Traité de la succession à la Couronne ou la Couronne de France toujours successive linéale agnatique, avec un mémoire touchant la succession à la Couronne d'Espagne*, Paris, 1728.

J. DU MONT, baron de Carels Croon, *Corps universel diplomatique du droit des gens contenant un recueil des traitez*, Amsterdam, 1731.

ROUSSET, *Les intérêts présents des puissances de l'Europe, fondés sur les traités conclus depuis la paix d'Utrecht et sur les preuves de leurs prétentions particulières*, 2 t. en 3 vol., La Haye, 1733.

MONTESQUIEU, *De l'esprit des lois*, 2 vol., Genève, 1748 (dans l'édition Lefèvre, Paris, 1826).

MABLY, *Le droit public de l'Europe*, 2 vol., Amsterdam, 1748.

MONTGON, *Mémoires de M. l'abbé de Montgon, publiés par lui-même*, 5 vol., s. l., 1748, et 3e édition, 5 vol., Lausanne, 1752.

Marquis d'ARGENSON, *Mémoires et journal inédits du marquis d'Argenson, ministre des Affaires étrangères sous Louis XV*, publiés et annotés par le marquis d'Argenson, 5 vol., Paris, 1857.

— *Journal et Mémoires du marquis d'Argenson*, publiés pour la Société de l'Histoire de France, par E.-J.-B. Rathery, 9 vol., Paris, 1859-1867.

Recueil des instructions données aux ambassadeurs et ministres de France..., publié sous les auspices de la commission des Archives diplomatiques au ministère des Affaires étrangères, t. XI, Espagne, Paris, 1894, tomes XII et XII *bis*, *id.*, *ibid.*, 1898.

Recueil de mémoires et dissertations, Amsterdam, Paris, 1769.

CH. DUCLOS, *Mémoires secrets sur le règne de Louis XIV, la Régence et le règne de Louis XV*, Paris, 1808.

VOLTAIRE, *Le siècle de Louis XIV*, 1751 (dans l'édition Zeller, Paris, 1892).

DE SAINT-PHILIPPE, *Mémoires pour servir à l'histoire d'Espagne sous le règne de Philippe V*, tomes III et IV, traduction française, Amsterdam, Chatelain, 1756.

Du sacre des Rois de France ou Inauguration de Pharamond, et Exposition des Lois fondamentales de la Monarchie française, avec les preuves de leur exécution, perpétuées sous les trois races de nos Rois, réimprimé sur l'édition de 1772, publié par P.-J.-S.-DUFEY (de l'Yonne), avocat, Paris et Rouen, 1822.

[DE VARENNE?] *Considérations sur l'inaliénabilité du domaine de la Couronne*, Amsterdam, Paris, 1775.

LORD MAHON (Earl STANHOPE), *History of England from the peace of Utrecht to the peace of Versailles*, 7 vol., dans l'éd. Tauchnitz, 1853).

GUYOT, *Répertoire de jurisprudence*, 17 vol., Paris, 1785.

Gazette nationale ou le Moniteur universel, année 1789.

[LE MERCIER DE LA RIVIÈRE], *Essais sur les maximes et lois fondamentales de la Monarchie françoise ou Canevas d'un code constitutionnel, pour servir de suite à l'ouvrage intitulé : Les vœux d'un François*, Paris et Versailles, 1789.

MOUNIER, *Projet des premiers articles de la Constitution, lu dans la séance du 28 juillet 1789, par M. Mounier, membre du Comité chargé du plan de constitution*, à Paris, chez Baudouin, imprimeur de l'Assemblée nationale, seize pages, quatorze imprimées.

RIVAROL, *Œuvres choisies de Rivarol*, édition de Lescure, 2 vol., Paris, s. d.

Journal politique national, publié d'abord par M. l'abbé Sabatier et maintenant par M. Salomon, à Cambrai, s. l. n. d. (1790).

Comte d'ANTRAIGUES, député de la noblesse du Bas-Vivarais aux Etats Généraux de 1789, *Exposé de notre antique et seule légale constitution française d'après nos Loix fondamentales*, Paris, 1792.

[MONTJOIE], *Histoire de la Conjuration de Louis-Philippe-Joseph d'Orléans*, 3 vol., Paris, 1796.

MALOUET, *Mémoires de Malouet*, publiés par son petit-fils, le baron Malouet, 2 vol., Paris, 1874.

Recueil des traités de la France (DE CLERCQ), Paris, 1864.

2° *Livres modernes.*

W. COXE, *L'Espagne sous les Rois de la maison de Bourbon*, traduction Muriel, Paris, 1827.

P.-E. LEMONTEY, *Histoire de la Régence et de la minorité de Louis XV*, 2 vol., Paris, Paulin, 1832.

MIGNET, *Négociations relatives à la succession d'Espagne sous Louis XIV*, 4 vol., Paris, 1835.

W. GERARD, *The peace of Utrecht, a historical review of the great treaty of 1713-1714, and of principal events of the spanish succession*, 1835.

Dr H. ZÖPFL, *Die Spanische Successionsfrage*, Heidelberg, 1839.

Les droits directs et éventuels des Bourbons d'Espagne, de Naples et de Parme, Paris, 1840.

CH. GIRAUD, *Le traité d'Utrecht*, Paris, 1847.

GUIZOT, *La France et la Maison de Bourbon avant 1789*, dans la *Revue contemporaine* du 15 avril 1853.

F. COMBES, *La princesse des Ursins*, Paris, 1858.

LORD MACAULAY, *The history of England from the accession of James II* (dans l'édition Tauchnitz, 1861).

Comte DE SEILHAC, *L'abbé Dubois, premier ministre de Louis XV*, 2 vol., Paris, 1862.

MONNIER, *Le chancelier d'Aguesseau*, Paris, 1863.

CH. GIRAUD, *La bataille de Denain et la paix d'Utrecht*, dans la *Revue des Deux-Mondes* du 14 octobre 1870.

G. PICOT, *Histoire des États-Généraux*, Paris, 1872.

LOUIS VEUILLOT, *Derniers mélanges*, Paris, 1873.

JOHN MURRAY GRAHAM, *Annals and correspondence of the first and second Earls of Stair*, 2 vol., Edimbourg, 1875.

A. DARESTE, *François Hotman*, dans la *Revue historique*, 1e année, t. II, Paris, 1876.

A. GAEDEKE, *Die Politik Œsterreichs in der spanischen Erbfolgefrage*, 2 vol., Leipzig, 1877.

M. TOPIN, *L'Europe et les Bourbons sous Louis XIV*, Paris, 1879.

CH. HIPPEAU, *L'avènement des Bourbons au trône d'Espagne*, Paris, 1879.

J. VALFREY, *Hugues de Lionne*, Paris, 1881.

PÉLICIER, *Essai sur le gouvernement de la dame de Beaujeu*, Paris, 1882.

J. DU BOURG, *Le droit monarchique en 1883*, Paris, 1883.

H. TAINE, *Les origines de la France contemporaine*, 12 vol., Paris, 1875-1884 (dans la réédition de Paris, 1905).

S. LAURENTIE. *La conspiration de Cellamare*, dans le *Journal de Paris*, juin et juillet 1885; édition F. Laurentie, Paris, 1909.

A. BAUDRILLART, *Prétentions de Philippe V à la couronne de France*, mémoire lu à l'Académie des sciences morales et politiques, Paris, 1887.

Marquis DE VOGÜÉ, *Villars d'après sa correspondance*, 2 vol., Paris, 1888.

Marquis DE COURCY, *Renonciations des Bourbons d'Espagne au trône de France*, Paris, 1889.

J.-B.-V. COQUILLE, *La Coutume*, Paris, s. d.

A. BAUDRILLART, *Philippe V et la cour de France*, 5 vol., Paris, 1890.

A. LUCHAIRE, *Histoire des institutions monarchiques de la France sous les premiers Capétiens*, Paris, 1891.

O. WEBER, *Der Friede von Utrecht*, Gotha, 1891.

Marquis DE COURCY, *L'Espagne après la paix d'Utrecht*, Paris, 1891.

A. LEGRELLE, *La diplomatie française et la succession d'Espagne*, Paris, 1888-1892.

P. Viollet, *La question de la légitimité à l'avènement de Hugues Capet*, extrait des Mémoires de l'Académie des Inscriptions et Belles-Lettres, t. XXXIV, 1° partie, Paris, 1892.

— *Comment les femmes ont été exclues en France de la succession à la couronne*, extrait des Mémoires de l'Académie des Inscriptions et Belles-Lettres, t. XXXIV, 2° partie, Paris, 1893.

Louis Wiesener, *Le Régent, l'abbé Dubois et les Anglais*, 3 vol., Paris, 1893.

Dr E. Hancke, *Bodin : Eine Studie über den Begriff Souverainetät*, Breslau, 1894.

A. Baraudon, *La maison de Savoie et la Triple alliance*, Paris, 1896

G. de Manteyer, *L'origine des douze pairs de France*, extrait des Études d'histoire du moyen âge dédiées à Gabriel Monod, pp. 187-200, Paris, 1896.

Ch. Auvelin, *Le procès des armes de France*, dans le *Mercure de France*, t. XXII, n° 90, juin 1897.

G. Lacour-Gayet, *L'éducation politique de Louis XIV*, Paris, 1898.

E. Chénon, *Théorie catholique de la souveraineté nationale*, Paris, 1898.

E. Bourgeois, *Le secret du Régent*, Paris, s. d.

— *Le secret des Farnèse*, Paris, s. d.

P. Guilhiermoz, *Les deux condamnations de Jean Sans-Terre par la cour de Philippe-Auguste et l'origine des pairs de France*, extrait de la *Bibliothèque de de l'École des Chartes*, tome LX, 1899.

P. Bliard, S.-J., *Dubois, cardinal et premier ministre*, 2 vol., Paris, 1901.

A. Sorel, *L'Europe et la Révolution française*, Paris, 1903.

J. Hitier, *La doctrine de l'absolutisme*, Paris, 1903.

Paul Viollet, *Droit public. — Histoire des Institutions politiques et administratives de la France*, Paris, 1890-1903.

Auguste Longnon, *De la formation de l'unité française*, Paris, 1904.

Paul Viollet, *Histoire du droit civil français*, Paris, 1905.

E. Esmein, *Cours élémentaire d'histoire du droit français*, Paris, 1905.

A. Lemaire, *Les lois fondamentales de la Monarchie française*, Paris, 1907.

Général E. Kirkpatrick de Closeburn, *Les renonciations des Bourbons et la succession d'Espagne*, Paris, 1907.

F. Rousseau, *Règne de Charles III d'Espagne*, 2 vol., Paris, 1907.

H. de La Perrière, *Du droit de succession à la couronne de France dans la dynastie capétienne*, thèse de doctorat Paris, 1908.

E. Lavisse, *Histoire de France*, tomes VII, VIII, IX, Paris, 1908.

Olivier Martin, *L'assemblée de Vincennes et ses conséquences*, Premier supplément des travaux juridiques et économiques de l'Université de Rennes, Rennes, 1909.

Ch. Maurras, *Enquête sur la Monarchie*, Paris, 1909.

Pierre Laborderie, *Le droit public et le traité d'Utrecht*, dans *Feuilles d'histoire du XVII° au XX° siècle*, Paris, 1910.

H. de Curzon, *De la légitimité*, Poitiers, 1910.

J. de Maumigny, *Étude sur Guy Coquille*, Paris, 1910.

Prince Sixte de Bourbon, *Chambord et la Maison de France*, dans le *Correspondant* du 10 février 1911.

GUSTAVE THÉRY, *Mémoire sur les droits de la branche d'Anjou au trône de France*, Paris, 1911.

F. FUNCK-BRENTANO. *Le Roi*, Paris, 1912.

PAUL VIOLLET, *Le Roi et ses ministres*, Paris, 1912.

LOUIS MADELIN, *Le rêve des Capétiens*, conférences du « Foyer », I, 1913.

G. LACOUR-GAYET, *Un régime qui se meurt, une Révolution qui se prépare. — IV : Les hommes d'Etat*, dans la *Revue du Foyer*, 15 novembre 1913.

MOLINIER, HAUSER, BOURGEOIS, ANDRÉ, *Les sources de l'histoire de France*, 12 vol., Paris, 1901-1914.

Vu par le Président de la thèse,

Paris, 2 avril 1914.

E. CHÉNON.

Vu,

Le Doyen,

L. LARNAUDE.

Vu et permis d'imprimer,

Le Vice-Recteur
de l'Académie de Paris.

Pour le Vice-Recteur,

l'Inspecteur de l'Académie,

ISTRIA.

TABLE DES MATIÈRES

Pages.

INTRODUCTION I

L'HÉRITAGE ESPAGNOL. — TABLEAU GÉNÉALOGIQUE. VII

PREMIÈRE PARTIE

L'HÉRITAGE ESPAGNOL I

CHAPITRE PREMIER. — Le mariage d'Anne d'Autriche. . . . 5

CHAPITRE II. — Le mariage de Louis XIV et de Marie-Thérèse d'Autriche. 8

§ 1. — Mariage et contrat. 8

§ 2. — Contestation publique des renonciations. — Traité des droits de la Reyne 12

§ 3. — Les guerres de dévolution : le droit de dévolution. 15

CHAPITRE III. — Le testament de Charles II 19

CHAPITRE IV. — L'acceptation du testament de Charles II. — Philippe V prend possession du trône d'Espagne 27

§ 1. — Acceptation du testament de Charles II . . . 27

§ 2. — Droits de Philippe V au trône d'Espagne . . 31

§ 3. — Droits de Philippe V à la succession éventuelle en France. — Les lettres patentes de Louis XIV à Philippe V. 34

DEUXIÈME PARTIE

Pages.

LA LUTTE POUR LE DROIT 49

CHAPITRE PREMIER. — La guerre de la succession d'Espagne . 51

§ 1. — Les causes de la guerre. 52

§ 2. — Les faits 53

CHAPITRE II. — La lutte pour les renonciations. 60

§ 1. — Débuts de la conférence à Utrecht. — La mort des Dauphins 60

§ 2. — L'Angleterre exige des renonciations. — Défense de Louis XIV et de Philippe V. — Louis XIV cède 64

§ 3. — Philippe V est forcé de céder. 79

§ 4. — Nouveau projet anglais. — Philippe V le refuse. — Les renonciations solennelles 86

CHAPITRE III. — Les renonciations de Philippe V et l'opinion française. 93

§ 1. — L'opinion du duc de Saint-Simon 93

§ 2. — Les observations du procureur général d'Aguesseau 102

§ 3. — Enregistrement au Parlement de Paris des actes de Renonciation. 110

TROISIÈME PARTIE

LES LOIS FONDAMENTALES DE LA MONARCHIE FRANÇAISE. . . 121

TITRE PREMIER

Les trois lois fondamentales de la succession au trône . 123

CHAPITRE PREMIER. — La souveraineté est inaliénable. . . . 127

§ 1. — Pierre de Cugnières. 127

§ 2. — Le Songe du Vergier. 129

Pages.

CHAPITRE II. — La souveraineté n'est pas héréditaire, mais statutaire 131
§ 1. — Jean de Terre Rouge 131
§ 2. — Juvenal des Ursins 137

CHAPITRE III. — La royauté est une dignité et non la propriété du souverain. 138
Les États de 1484. — Philippe Pot. 138

TITRE II

Les lois fondamentales et les juristes, du XVIe siècle au traité d'Utrecht 141

CHAPITRE PREMIER. — Au temps de la Renaissance 141
§ 1. — Du Moulin. 141
§ 2. — Claude de Seyssel 142
§ 3. — Du Tillet. 146

CHAPITRE II. — Au temps de la Réforme 149
§ 1. — F. Hotman. 149
§ 2. — Jean Bodin. 151
§ 3. — Guy Coquille. 153
§ 4. — Le chancelier M. de l'Hospital 155

CHAPITRE III. — De la Ligue à la Fronde. 156
§ 1. — Pierre de Belloy 156
§ 2. — Loyseau 160
§ 3. — De l'Hommeau et Le Bret 160
§ 4. — Jérôme Bignon 161
§ 5. — Les États de 1614. 163

CHAPITRE IV. — Au temps de la Fronde. 164
§ 1. — La Roche Flavin. 164
§ 2. — Claude Joly. 166

CHAPITRE V. — Les Parlements et cours souveraines. 168

CHAPITRE VI. — Les premières années de Louis XIV. 172

QUATRIÈME PARTIE

Pages.

DU TRAITÉ D'UTRECHT A LA CONSTITUANTE : LA CONTINUITÉ DE LA TRADITION . . . 177

CHAPITRE PREMIER. — Les contemporains 181

CHAPITRE II. — La politique du Régent 195

§ 1. — Le but d'une Régence 195

§ 2. — Le juriste du Régent : le cordelier Poisson . . 210

CHAPITRE III. — L'affaire Montgon. — Louis XV malade. — Préparatifs du retour de Philippe V 216

CHAPITRE IV. — La tactique de la chancellerie d'Orléans et les menées du parti à l'Assemblée Nationale 225

CONCLUSION 239

PIÈCES JUSTIFICATIVES 243

BIBLIOGRAPHIE 331

Paris. — Typ. PH. RENOUARD, 19, rue des Saints-Pères. — 52462.

www.ingramcontent.com/pod-product-compliance
Ingram Content Group UK Ltd.
Pitfield, Milton Keynes, MK11 3LW, UK
UKHW012009240726
13965UKWH00001B/266

9 782013 457002